lonely planet

LONDRES

PARTIR EN FAMILLE

Élisabeth Fontanille

L'auteur Élisabeth Fontanille

Élisabeth a posé ses valises à Londres il y a bientôt dix ans. À la naissance de son deuxième enfant, elle part vivre deux ans à New York, mais revient finalement dans sa ville préférée en 2012. C'est en maman curieuse qu'elle sillonne régulièrement Londres avec ses deux bambins en quête de nouvelles adresses et d'activités *family friendly*.Elle raconte ses (més)aventures sur son blog zazainlondon.blogspot.com

L'illustratrice lili Bé

lili Bé est une artiste française qui vit à Londres. Elle partage sa vie entre son rôle de maman, son travail d'illustratrice et la tenue d'un blog très drôle (130cartons.com) qui dépeint la vie d'une maman française à Londres. Son talentueux coup de crayon illumine les pages du guide et du livret enfant.

En Voyage Éditions | un département place des éditeurs

PARTIR EN FAMILLE À LONDRES
4e édition

12, avenue d'Italie – 75627 Paris Cedex 13
Direction Frédérique Sarfati-Romano
Direction éditoriale Didier Férat
Fabrication Céline Premel-Cabic
Imprimé par L.E.G.O. (Legatoria Editoriale Giovanni Olivotto), Italie
Dépôt légal Mars 2016
ISBN 978 28161 54771

Conception et réalisation
Dominique Goldsztejn

Un grand merci à En Voyage Éditions et plus particulièrement à Frédérique Sarfati-Romano pour sa confiance et à Didier Férat pour ses précieux conseils. Merci à toutes les bonnes fées (elles se reconnaîtront) qui m'ont soutenue tout au long de cette aventure. Merci aussi à tous les charmants *kids* qui se sont prêtés à nos enquêtes sur place. Merci du fond du cœur à toute mon équipe pour me suivre dans toutes mes exigences. Et bien sûr merci à vous lecteurs, qui m'avaient témoigné au cours de ces années remerciements, suggestions et encouragements à continuer et à faire grandir cette collection. Vos messages me touchent énormément et permettent d'améliorer sans cesse la collection, alors surtout continuez à vous exprimer en écrivant à :
commentaires@tfbw.eu

Coordination
TFBW Éditions
Conception graphique
François Loudenot
Coordination éditoriale
Élise Lejeune, Coraline Borchiellini
Cartographie
Kamisphère
Contributions
Loïc Chauvin, Michèle Jouineau, Louise Letourneur, Eve Miller, Isabelle Petit

Ça y est, c'est décidé, vous allez emmener votre couvée à Londres. Excellente idée !

Nous avons conçu ce guide pour qu'il soit votre partenaire idéal au cours de cette escapade. Il s'adresse aussi bien aux adultes qu'aux petits globe-trotteurs. Musées, attractions, balades, jeux de piste, restaurants, goûters, pique-niques, shopping, hôtels... tout a été pensé et testé pour répondre aux besoins spécifiques d'une tribu en voyage.

Londres est une destination idéale pour un séjour en famille. Pleine de vie et de diversité, la capitale britannique se renouvelle constamment. Traditions et modernité se mélangent. Un château médiéval côtoie le plus grand gratte-ciel d'Europe. Le quartier des affaires de la City est installé au cœur même de l'ancienne ville romaine de Londinium. Les nombreux musées en offrent pour tous les goûts, de l'univers des dinosaures à celui de la conquête spatiale. Et tous proposent des activités au jeune public associant pédagogie et divertissement. La plupart sont gratuits. Londres est une ville verte. Ses nombreux parcs sont autant de terrains de jeux où les bambins peuvent se dépenser à loisir : courir après un ballon, faire du skate, nourrir les canards ou les écureuils.

On fait quoi aujourd'hui ? Quand est-ce qu'on mange ? Où est-ce qu'on dort ? On fait comment ? Ne cherchez plus, vous avez toutes les réponses entre les mains avec, en prime, un cahier de 24 pages de jeux pour vos lutins.

Allez, hop, c'est parti !

SOMMAIRE

lonely planet
LONDRES

LONDRES

PARTIR EN FAMILLE

24 PAGES DE JEUX

POUR DÉCOUVRIR LONDRES EN S'AMUSANT

Avec ce petit livre de jeux
TU VAS POUVOIR T'AMUSER !

HAVE FUN !

Amuse-toi bien !

N'oublie pas d'emporter dans ta valise des crayons de couleur, un crayon à papier et une gomme.

Carnet de voyage de la famille

....

Date du voyage : du .... au ....

Indique ici avec qui tu voyages :

....

....

....

....

....

....

....

Jeu des 7 erreurs

Regarde bien le dessin n° 2 et recherche les 7 différences par rapport au dessin n° 1.

Dessin n° 1

Dessin n° 2

Solution p. 25

À PRENDRE AVEC TOI POUR LA VISITE

Jeu au British Museum

(voir guide p. 63)

Emmène tes parents pour explorer les mystères des momies égyptiennes au British Museum. C'est l'un des plus grands musées du monde. Il possède une très belle collection de momies. ***(réponses p. 9)***

Point de départ: la Grande Cour (The Great Court). Monte l'immense escalier blanc devant toi. Tu peux prendre à droite ou à gauche, mais il faut que tu comptes le nombre d'arches; cela te permettra de savoir où aller ensuite.

1 Indique le nombre de marches: _ _

Fais un peu de calcul pour savoir dans quelle salle aller maintenant. Nombre de marches: _ _ + 15 – 22 = _ _ ?

Bravo ! Tu as maintenant le numéro de la salle où te rendre.
(Sinon, la réponse se trouve p. 9...)

Immédiatement sur ta droite, cherche une vitrine avec un objet dont les lettres du nom se sont mélangées.

2 À toi de les remettre dans l'ordre.
ETH DASTARND FO RU

_ _ _   _ _ _ _ _ _ _ _   _ _   _ _

Le sais-tu? Cet objet servait d'étendard en Mésopotamie en 2500 avant J.-C. Il a deux côtés: l'un représente la Paix, l'autre la Guerre. Repère le côté Paix. Pour t'aider à le reconnaître, il y a un roi assis avec ses convives en train de boire du vin.

3 Indique le nombre de chaises: _

Encore un peu de maths pour trouver la prochaine salle.
Nombre de chaises _ x 9 + 1 = _ _ ?

Encore bravo! Tu as le numéro de la salle où te rendre.
(Sinon, la réponse se trouve p. 9...)

Une fois arrivé dans la bonne salle, recherche la vitrine où il y a le cadavre le plus ancien du musée.

4 Quel âge a ce cadavre? _ _ _ _ ans

5 Pourquoi est-il appelé *Ginger* (Poil de carotte)?

....

Il est entouré de ses objets préférés pour se sentir à l'aise dans l'au-delà. Indique trois d'entre eux:

1. ....

2. ....

3. ....

Va maintenant dans la salle qui porte le numéro précédent de celle où tu te trouves. Sur ta gauche, dans la vitrine n° 3, tu peux voir une momie allongée.

⑥ A-t-elle toujours (coche la bonne réponse) :

ses cheveux ?	❑ OUI	❑ NON
ses yeux ?	❑ OUI	❑ NON
ses ongles ?	❑ OUI	❑ NON
ses intestins ?	❑ OUI	❑ NON
ses chaussures ?	❑ OUI	❑ NON

Le sais-tu ?

Tu vas voir un grand trou sur son côté. C'est par ce trou que l'on enlevait l'estomac, les poumons, les intestins et le foie qui étaient conservés dans des vases. Les embaumeurs plaçaient à l'intérieur du corps des linges contenant des aromates et du sel. Regarde dans la vitrine : tu vas pouvoir trouver le couteau en silex qui a servi à faire ce grand trou et un plat en verre qui contient le sel des embaumeurs.

Traverse la salle et recherche la vitrine n° 6 où se trouvent des vases regroupés par quatre. Chaque vase servait à conserver les viscères des momies. Leur couvercle représente un fils du dieu Horus sous différentes formes.

⑦ Pour les retrouver, retire les G et les P dans cette liste.

GHOGMPMGE PBAPBGOGUPING PFAGUPCOGNP PCHAGGCPAL

Réponses : _ _ _ _ _ - _ _ _ _ _ _ _ _

_ _ _ _ _ _ _ - _ _ _ _ _ _ _

Rends-toi à la vitrine n° 15. Tu vas y voir des *shabtis* (ouchebtis, en français). Ce sont des petites statuettes – pour la plupart en faïence –, qui étaient placées dans les bandages des momies.

8 À ton avis, à quoi servaient ces petites statuettes ? Mets une croix devant la bonne réponse.

- ❑ Ce sont des miniatures de la famille pour que le défunt ne se sente pas seul.
- ❑ Ce sont ses jouets quand il était enfant.
- ❑ Ce sont des statues de serviteurs qui vont servir le mort dans l'au-delà.

Va dans la salle 62 et regarde les vitrines n°s 28 et 29. Tu vas découvrir des momies d'animaux. Pour les Égyptiens, ils étaient sacrés, car ils servaient d'interprètes entre les hommes et les dieux. Chacun représentait un dieu.

9 Entoure ceux que tu repères :

Va maintenant dans la salle n° 61. Tous les objets exposés proviennent du tombeau de Nebamun, un riche comptable qui vivait à Karnak en 1350 av. J.-C.

Regarde avec attention la vitrine n° 4A.

⑩ Quels sont les objets que tu vois ? Raye les intrus.

harpe flûte bijou jeu de cartes cornemuse maquillage

⑪ Découvre le message caché !

Indice : chaque dessin représente une lettre.

A C E F H I J L M N O P R S

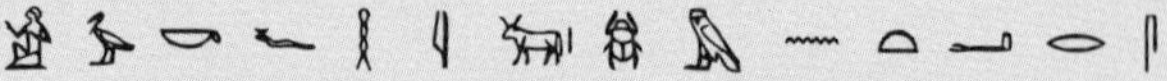

_ _

Dans l'antiquité, hommes, femmes et enfants se maquillaient. Ce maquillage ne servait pas qu'à les embellir ; il avait aussi des vertus sacrées et… thérapeutiques. Des chercheurs du CNRS ont découvert que les matières utilisées contenaient un peu de plomb qui prévenait des maladies oculaires.

⑫ Regarde le modèle ci-dessous et maquille l'œil droit.

Réponses

1. 63 marches, salle n° 56
2. The Standard of Ur
3. 7 chaises, salle n° 64
4. 5400 ans
5. À cause de ses cheveux roux
6. Cheveux et ongles
7. Homme, babouin, faucon, chacal
8. Ce sont des statues de serviteurs
9. Babouin, crocodile, faucon, poisson, chat
10. Harpe, maquillage, flûte
11. Jean-François Champollion a décrypté les hiéroglyphes

Jeu à la tour de Londres

(voir guide p. 98)

À PRENDRE AVEC TOI POUR LA VISITE

Nous allons explorer un château médiéval. C'est toi qui vas guider tes parents. La tour de Londres (Tower of London) est un monument historique situé au centre de Londres. C'est un symbole de la monarchie britannique. Tu vas découvrir plein de choses intéressantes tout en t'amusant. Tout le monde est prêt ? Tu as ton crayon ? On y va !
(réponses p. 15)

The Tower of London (LA TOUR DE LONDRES)

La première forteresse a été construite il y a 900 ans, par Guillaume duc de Normandie (Guillaume Ier d'Angleterre). Pendant sa longue histoire, la tour a servi à plusieurs usages.

1 Complète ces mots croisés pour découvrir son usage d'origine.

1. Le pont qui passe au-dessus des douves.
2. Les oiseaux noirs que l'on voit sur les pelouses.
3. La ville où tu te trouves.
4. L'endroit où on prend un bateau.
5. Les objets dorés sur les tourelles qui tournent dans le vent.
6. La rivière qui coule près de la Tour.

Réponse : un _ _ _ _ _ _

The Byward Tower (LA TOUR DU MOT DE PASSE)

En entrant dans la tour de Londres, tu vas trouver face à toi la Byward Tower (la "tour du mot de passe") qui cache une surprise macabre. Avant de passer sous l'arche de la tour, cherche quelque chose enfoncé dans le mur sur ta gauche situé derrière une petite vitre. Tu l'as trouvé ?

2 Indique ta découverte : ....

Indice : au Moyen Âge, il était interdit d'être gaucher car on soupçonnait les gauchers d'être des sorciers ; on leur coupait donc la main... gauche !

Et toi, es-tu droitier ou gaucher ?

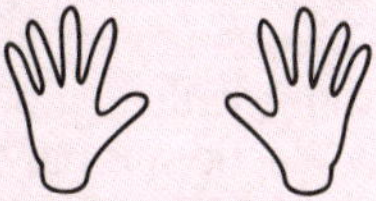

Entoure la bonne réponse.

The Saint Thomas Tower
(LA TOUR DE SAINT-THOMAS)

Maintenant, avance dans la ruelle devant toi jusqu'à la Saint Thomas Tower. Puis monte les marches pour arriver au 1er étage. Passe la première chambre. Regarde à droite les explications sur le lit du roi Édouard IV d'Angleterre.

3 Sur combien de matelas le roi dormait-il ? _

4 Touche les échantillons et devine ce qu'il y a à l'intérieur. Raye ceux qui n'y sont pas (il y a trois éléments à reconnaître).

papier	carton	paille	laine
coton	crin	plumes	soie

5 Le roi Édouard IV habitait cette tour il y a... Entoure la bonne réponse.

1000, 800, 500, 50 ANS ?

The Wakefield Tower (LA TOUR DE WAKEFIELD)

Continue ton chemin jusqu'à la Wakefield Tower. Entre dans une pièce où tu vas trouver, à droite, la petite chapelle personnelle du roi Henri VI d'Angleterre. Si tu as la chair de poule, ne sois pas surpris car les murs de cette pièce ont été témoins d'un crime.

Le sais-tu ? Édouard d'York convoitait la couronne de son cousin Henri VI et l'a fait emprisonner dans la tour de Wakefield. La nuit du 4 mars 1461, alors que le roi Henri VI priait agenouillé dans sa chapelle, il a été tué à coups de marteau. On soupçonne très fortement Édouard d'York d'être à l'origine de ce crime car au lendemain de sa mort, il est devenu le roi... Édouard IV d'Angleterre !

Arrivé sur les remparts de la tour de Wakefield, descends les marches qui se trouvent tout de suite à ta gauche, puis dirige-toi vers la cour intérieure près de la grande Tour blanche (White Tower).

The Wardrobe Tower (LA TOUR DE LA GARDE-ROBE)

Cherche maintenant des ruines situées au coin de la Tour blanche ; celle-ci portait autrefois le nom de Wardrobe Tower.

Y vois-tu un canon décoré de serpents verts ? Observe attentivement les rayons des roues. Que vois-tu ?

6 Mets une croix devant chaque bonne réponse.

- ❑ des fusils
- ❑ des croix de Malte
- ❑ des javelots
- ❑ des poignards
- ❑ une tête de chien
- ❑ une tête de chat
- ❑ une tête de lion
- ❑ des roses

7 Sur le canon, il y a une image grise. Vois-tu un barbu debout ? C'est saint Paul. Que jette-t-il dans le feu ?

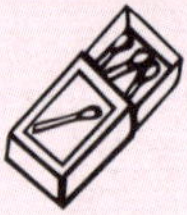
boîte d'allumettes

serpent

saucisse

brindille

The Yeoman Warders (LES HALLEBARDIERS DE LA REINE)

As-tu vu sur ton parcours des hommes portant un uniforme noir avec deux lettres rouges brodées sous une couronne ?

8 Quelles sont ces lettres ? _ _

Le sais-tu ? Depuis 400 ans, ce régiment protège le souverain et ses biens. Ces soldats à la retraite habitent dans la tour et ils ont un surnom qu'ils détestent – les Beefeaters ("mangeurs de bœuf") – car il y a 400 ans, lorsque les Londoniens mouraient de faim, les hallebardiers étaient servis à la table du roi et mangeaient à leur faim.

Crown Jewels (LES JOYAUX DE LA COURONNE)

Il est à présent temps de voir et d'admirer la couronne et les joyaux de la Couronne !

Le sais-tu ? Tous les joyaux de la Couronne furent détruits lors de la Guerre civile en Angleterre au XVIIe siècle, sauf deux objets qui avaient été cachés.

9 Essaie de les repérer et indique-les ici :

1. ....

2. ....

Observe la cape brodée en fil d'or, tu vas y voir trois emblèmes.

10 À quel pays correspond chaque emblème : Écosse, Angleterre ou Irlande ?

rose

trèfle

chardon

Réponses

1. Palais
1. Pont-levis 2. Corbeaux 3. Londres 4. Embarcadère
5. Girouettes 6. Tamise
2. Une main gauche
3. Trois matelas
4. Paille, crin, plumes
5. 800 ans
6. Des croix de Malte, des mains qui tiennent des poignards, une tête de lion
7. Serpent
8. E R, qui signifie Elizabeth Regina II – le nom en latin de la reine actuelle
9. Une cuillère et une bouteille en forme d'aigle
10. Angleterre = rose, Écosse = chardon, Irlande = trèfle

Londres Quiz

Q1. Quelle est la demeure actuelle de la reine d'Angleterre à Londres ?

❑ Buckingham Palace ❑ Tour de Londres

❑ Palais de Westminster

Q2. Où peut-on admirer les joyaux de la Couronne ?

❑ Buckingham Palace ❑ Tour de Londres

❑ V&A museum

Q3. Les gardes de Buckingham portent un costume rouge et un bonnet fait de… ?

❑ Peau de castor ❑ Poils d'ours

❑ Crins de cheval

Q4. Parmi les affirmations suivantes concernant la Tamise, laquelle est exacte ?

❑ Elle est plus longue que la Seine.

❑ En anglais, elle porte le nom de Thames.

❑ Elle se jette dans la mer du Nord.

Q5. Au milieu de Trafalgar Square trône la statue d'un général célèbre. Il s'agit de :

❑ Nelson ❑ Napoléon ❑ De Gaulle

Q6. De quelle couleur sont les célèbres bus à deux étages qui sillonnent Londres ?

❑ Blanc ❑ Bleu ❑ Rouge

buzz

Q7. Quel souverain a fait construire la partie la plus ancienne de la tour de Londres, qui porte le nom de White Tower ?

❑ Guillaume le Conquérant ❑ Henri VIII

❑ La reine Victoria

Q8. Dans certaines stations du métro londonien, une voix annonce :

❑ Mind your bag ❑ Mind the gap

❑ Mind your feet

Q9. Comment s'appelle la grande l'horloge de Londres ?

❑ Big Ban ❑ Big Ben ❑ Big Bang

Q10. En Angleterre, la monnaie est :

❑ Le dollar ❑ La livre ❑ L'euro

Réponses

1. Buckingham Palace
2. La tour de Londres
3. Poils d'ours
4. Thames
5. Nelson
6. Rouge
7. Guillaume le Conquérant
8. Mind the gap
9. Big Ben
10. La livre

Expressions amusantes

Chaque langue a des expressions amusantes pour décrire des situations. Amuse-toi à retrouver les équivalences entre l'anglais et le français. Il faut associer un chiffre de la colonne de gauche à une lettre de la colonne de droite. Pour t'aider un peu, on t'a mis la traduction.
Tu vas voir, c'est vraiment rigolo !

1 You cannot teach an old dog new tricks
On n'apprend pas à un vieux chien de nouvelles ruses

2 I'm going bananas
Je deviens une banane

3 You cannot have your cake and eat it
On ne peut pas avoir un gâteau et l'avoir mangé

4 It's raining cats and dogs
Il pleut des chats et des chiens

5 When pigs fly
Quand les cochons voleront

A Il pleut comme vache qui pisse

B On ne peut pas avoir le beurre et l'argent du beurre

C Quand les poules auront des dents

D Ce n'est pas à un vieux singe qu'on apprend à faire des grimaces

E Je deviens dingue

Solution p. 25

Méli-mélo

Les fils de pêche se sont tous emmêlés !
Retrouve ce que chaque enfant a pêché.

Solution p. 25

Labyrinthe

Mary a égaré son cupcake !
Aide-la à le retrouver.

Jeu d'ombres

Quelle ombre correspond à l'image du centurion ?

A B C D

Solution p. 25

Ces pages sont à toi!

Tu peux y écrire les nouveaux mots que tu as appris ou faire de jolis dessins. Ces pages sont à toi. Fais-en ce que tu veux!

Jeu du métro

Le métro de Londres est le plus vieux du monde ! Il a été construit en 1863. Les Londoniens l'appellent Underground ou encore le Tube (prononcer "tioub") à cause de la forme de ses tunnels qui ressemblent à un... tube.

Aujourd'hui, on a décidé d'aller faire du shopping près de la station **High Street Kensington** où se trouvent plein de boutiques. Mais il faut que tu nous aides à nous repérer dans le Tube.

On séjourne près de la station **West Hampstead** et on doit prendre au passage à la station **Bond Street** notre amie Eve qui connaît très bien Londres.

Combien de changements de ligne faut-il effectuer ?

Réponse

- ❑ 2
- ❑ 3
- ❑ 4

Solution p. 25

Solutions

Pages 2 et 3

1. Le rose aux joues
2. La plume sur le chapeau
3. Les carreaux de la chemise du papa
4. Les étoiles sur le parapluie
5. Le manche du parapluie en bec de canard
6. Les patchs aux genoux du grand garçon
7. Le sol

Page 18

1. D
2. E
3. B
4. A
5. C

Page 19

Fille 1 – Chapeau melon
Garçon 1 – Couronne
Garçon 2 – Théière
Fille 2 – Muffin

Page 21

C

Page 24

3

Où quand comment ?

Un peu d'histoire

Simple campement romain à l'origine, Londres s'est développée jusqu'à devenir, au XIXe siècle, la plus grande ville du monde. Au XXIe siècle, elle reste l'une des capitales politiques, financières et culturelles parmi les plus importantes.

Londres romain

Des peuplades celtes venues d'Europe centrale, les Bretons, habitaient sur les bords de la Tamise avant que les Romains n'envahissent l'Angleterre. En l'an 50, ces derniers fondent **Londinium**, la ville qui deviendra Londres, sur l'emplacement actuel de la City. Pas très contente, la reine **Boadicée** attaque la ville à la tête de tribus locales et la brûle. C'est un peu la Vercingétorix locale et, comme le chef gaulois, elle finit par être vaincue par les Romains. Londinium devient alors la capitale de la Bretagne romaine et suit les principes d'urbanisme très géométriques de toutes les cités romaines. En 250, elle compte 45 000 habitants. Au Ve siècle, avec l'effondrement de leur Empire, les Romains quittent la ville comme le reste de la Grande-Bretagne.

London Wall

Après la destruction de la ville par la reine Boadicée, les Romains reconstruisent Londinium et bâtissent un mur de protection, appelé aujourd'hui le London Wall. On peut en voir des vestiges près de la tour de Londres, à la sortie du métro Tower Hill, agrémentés d'une statue de l'empereur Trajan. Un autre fragment est visible au Museum of London.

Londres des Anglo-Saxons

Des peuples germaniques profitent du vide. Les Angles, les Jutes et les Saxons envahissent le pays et s'y installent. Plus connus sous le nom d'Anglo-Saxons, ils créent, au VIIe siècle, une nouvelle ville, Lundenwic, sur l'emplacement actuel de Covent Garden. Après les Anglo-Saxons, c'est au tour des Vikings de prendre la ville d'assaut. En 1016, le chef danois Canut le

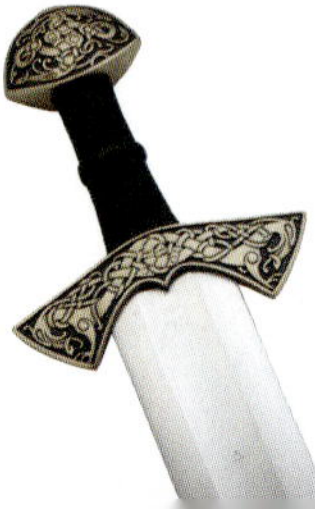

Grand devient le premier roi d'Angleterre. Il réussit à unir les Danois et les Anglo-Saxons et fait de Londres sa capitale. Il règne aussi sur le Danemark dès 1018 et la Norvège à partir de 1028.

Londres au Moyen Âge

Pourquoi partager le pouvoir quand on peut tout garder pour soi ? Les Anglo-Saxons reviennent au pouvoir en 1042 avec Édouard le Confesseur. Celui-ci s'installe à l'extérieur de la Cité, à Westminster, où il fait construire une abbaye. À sa mort, une guerre de succession s'engage : les Normands gagnent à Hastings avec **Guillaume le Conquérant** à leur tête. Devenu roi, il lance la construction de la tour de Londres pour contrôler la ville fraîchement acquise et se protéger d'éventuelles attaques extérieures. Une autre dynastie française succède aux Normands : les Plantagenêts. À partir de 1191, un lord-maire est élu chaque année par les corporations. Et dès 1215, une **Grande Charte des libertés** pose les limites du pouvoir du roi sur ses sujets.

Londres des Tudors (XVIe siècle)

Peut-être lassés des Français, les Anglais reprennent le pouvoir en 1485 avec les Tudors. Le deuxième de la dynastie, **Henri VIII**, a une vie amoureuse plutôt mouvementée. Quand il n'est pas satisfait de sa femme, soit il divorce – ce qui est un moindre mal –, soit il lui fait couper la tête ! Lorsque le pape lui refuse le droit de divorcer de sa femme, Catherine d'Aragon, il se proclame chef de l'**Église d'Angleterre**. Il en profite pour confisquer

les biens de l'Église catholique, soit la moitié de Londres, et les donne à ses amis. Sa fille, **Élisabeth Ire**, règne de 1558 à 1603. Pendant ces quarante-cinq années, le monde devient le vaste théâtre des aventures maritimes, commerciales, culturelles et coloniales de l'Angleterre. Sous les Tudors, Londres prospère et sa population atteint 200 000 habitants.

Londres des Stuarts (XVIIe siècle)

Après les Scandinaves, les Français et les Anglais, c'est le tour des Écossais. Cousin des Tudors, **Jacques VI d'Écosse** devient **Jacques Ier d'Angleterre** en 1603 et fonde la dynastie des Stuarts. Son successeur, Charles Ier, est très impopulaire et c'est la **révolution**. Eh oui, près de 150 ans avant la Révolution française ! Et les Anglais coupent la tête de leur roi en 1649, bien avant que celle de Louis XVI ne tombe. La République est proclamée en 1653 par Oliver Cromwell, mais elle ne durera que quelques années. La royauté reprend les rênes du pouvoir en 1659, avec Charles II. Le vent de la révolution a laissé des traces et le Parlement choisit de limiter le pouvoir royal en instaurant une monarchie constitutionnelle en 1689. Dans les années 1660, Londres va vivre des années difficiles d'une autre nature. En 1665, la Grande Peste tue quelque 90 000 personnes. En 1666, le Grand Incendie détruit 80 % de la ville, mais arrête l'épidémie de peste. **Charles II** entreprend alors la reconstruction de Londres. Les bâtiments en bois font place aux constructions en briques. C'est l'architecte Christopher Wren qui réorganise la ville comme le baron Haussmann le fera plus tard à Paris.

Feu d'artifice

Des catholiques, mécontents de l'intolérance religieuse de Jacques Ier, veulent s'en débarrasser en faisant sauter le Parlement le 5 novembre 1605. La Conspiration des poudres est découverte avant d'être mise en œuvre. Guy Fawkes, l'un des organisateurs, est arrêté puis exécuté. Depuis, le 5 novembre est célébré par de nombreux feux d'artifice.

Londres au XVIIIe siècle

Après les Écossais, c'est la dynastie allemande des Hanovres qui s'installe à la tête de la Grande-Bretagne, même si on reste entre cousins. Le roi **George III** fait l'acquisition en 1762 du palais de Buckingham pour en faire la résidence privée de sa femme, Charlotte. Londres devient une place industrielle et commerciale d'importance internationale. La ville s'étend de toutes parts et sa population atteint les 850 000 habitants.

Londres au XIXe siècle

En 1837, la reine **Victoria** accède au trône à l'âge de 18 ans. Elle y restera soixante-trois ans. L'Empire colonial britannique est une puissance colossale, unique dans l'histoire mondiale : il comprend un quart de la population de la planète et des terres émergées. Cependant, si les riches Londoniens qui habitent le West End vivent confortablement, les pauvres s'entassent dans un East End nauséabond. La situation sanitaire est catastrophique. Le creusement d'égouts, à partir de 1858, met fin à une série d'épidémies meurtrières. En 1863, le Tube fait son apparition : c'est la première ligne de métro du monde.

Londres au XXe siècle

En un siècle, la capitale britannique passe de moins de 1 million d'habitants à 7 millions. Au cours de la Seconde Guerre mondiale, Londres subit d'importants bombardements des Allemands : c'est le Blitz, qui a entraîné la destruction de nombreux bâtiments, forçant les Londoniens à se réfugier dans le métro. En 1940, le 4 Carlton Gardens abrite le Q.G. des **Forces françaises libres**. Non loin de là, c'est dans un café situé 49 Dean Street que le général de Gaulle rédige le brouillon du célèbre Appel du 18 juin. Pendant les *sixties*, Londres devient le symbole de l'explosion culturelle. C'est la capitale mondiale de la mode et de la culture pop avec des groupes comme les Beatles et les Rolling Stones.

L'appel du... 22 juin

Le célèbre discours d'appel à la résistance du général de Gaulle, que l'on dit avoir été diffusé le 18 juin 1940 sur les ondes de la BBC, n'a été ni enregistré ni émis ce jour-là. Les techniciens de la BBC étaient en effet trop occupés à préparer l'enregistrement du discours de Winston Churchill. Le général a donc dû recommencer le 22 juin, mais on garde toujours en mémoire la date du 18.

Londres au XXIe siècle

En 2012, Londres accueille les XXXes jeux Olympiques d'été et en profite pour développer son réseau de transports et redynamiser certains quartiers tombés en désuétude. C'est aussi l'année du jubilé de diamant de la reine **Élisabeth II**. En ce XXIe siècle, Londres est une capitale multiculturelle bouillonnante et abrite pas moins de 200 musées, 123 monuments historiques, 108 théâtres et 600 salles de cinéma. Avec la City, elle reste aussi l'un des tout premiers centres financiers de la planète avec environ 300 000 personnes travaillant dans ce secteur et plus de 480 banques. On compte plus de 8 millions d'habitants en 2016. On estime à 300 000 le nombre de Français qui vivent à Londres, faisant de la capitale anglaise la 6e ville française du monde. South Kensington est longtemps resté LE quartier français (appelée The Frog Valley) avec son lycée et son ambassade. Mais de nos jours, les *Frenchies* (comme les Anglais nous appellent) s'éloignent du centre afin de trouver des logements plus abordables dans des quartiers comme Fulham, Ealing ou Hampstead.

Vivre comme les Londoniens

Les Anglais aiment les traditions et les Londoniens aussi ! Alors, durant ces quelques jours à Londres, ouvrez grand vos yeux pour découvrir les rituels londoniens.

Boire du thé

Une journée sans une *nice cup of tea* est impossible. Cette tradition existe depuis plus de 200 ans. Parents et enfants boivent du thé au petit déjeuner, au travail pendant la pause (*tea break*), l'après-midi pour le goûter, à tel point que des scientifiques se sont penchés sur la question pour savoir si cela ne ralentissait pas la productivité des travailleurs. Il paraît que non...

Aller au pub

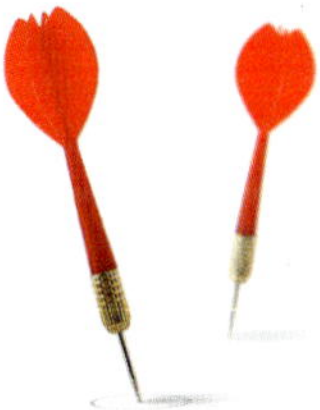

Le nom vient de *public house* (maison publique) car c'est un lieu de rencontre. Tout le monde y va quel que soit son niveau social. On y boit, on y parle, on y joue aux fléchettes, aux cartes, au billard. On y mange même. Les pubs traditionnels se reconnaissent à leurs enseignes joliment peintes. Les origines des noms sont souvent liées à l'histoire, à des animaux ou aux spécialités locales. Protection de la jeunesse oblige, les enfants ne sont acceptés qu'aux heures des repas !

Prendre un bus à impériale

Ces bus à deux étages sont aussi célèbres que les cabines téléphoniques et aussi rouges qu'elles. Les modèles changent avec les années, mais les plus typiques sont les

Routemasters (c'est leur nom en anglais) qui ont été modernisés. Les vieux bus (*Historic Routemaster*) ne circulent plus que sur la ligne 15.

Mind the gap

Si vous prenez le métro, vous entendrez comme une ritournelle, quand un train arrive à quai, une voix annoncer : *Mind the gap* ("Attention à l'intervalle"). Soyez vigilant à l'espace entre le métro et le quai car, parfois, les courbes du quai sont éloignées des voitures.

Regarder à droite

En Angleterre (et dans les anciennes colonies britanniques), on roule à gauche. C'est le seul pays en Europe à pratiquer la conduite "du mauvais côté". Pourtant jusqu'au XVIIIe siècle, il n'y avait pas vraiment de sens de la circulation... jusqu'à l'arrivée de Napoléon qui imposa à tous la circulation à droite, sauf aux Anglais invaincus qui, depuis, n'en démordent pas ! Vous verrez ainsi peintes au sol des signalétiques *look right/left* ("regardez à droite/gauche") à tous les feux de circulation : c'est pour rappeler aux touristes un peu étourdis de regarder du bon côté avant de traverser !

God save the Queen

Les Anglais sont très attachés à leur monarchie. et à la reine Élisabeth (63 ans de règne, plus que la reine Victoria). Dès qu'un événement touche la famille royale, les Anglais sont en effervescence : que ce soit le Jubilé de la Reine ou le mariage de Kate et William, considéré comme un jour férié !

Les jours fériés

Si les Bank Holidays sont à l'origine les jours de fermeture des banques, l'expression est employée pour tous les jours fériés. À ces occasions, quelques sites touristiques ferment leurs portes. Certains musées et galeries se contentent de réduire leurs heures d'ouverture, sauf les 25 et 26 décembre, dates auxquelles ils sont fermés. Les magasins et supermarchés restent souvent ouverts les jours fériés. Si un jour férié tombe le week-end, il est alors décalé au lundi suivant en *substitute day* (jour de remplacement).

- **New Year's Day** (Nouvel An)
- **Good Friday** (Vendredi saint)
- **Easter Monday** (lundi de Pâques)
- **May Day Holiday** (1er lundi de mai)
- **Spring Bank Holiday** (dernier lundi de mai)
- **Summer Bank Holiday** (dernier lundi d'août)
- **Christmas Day** (Noël)
- **Boxing Day** (jour des étrennes)

Londres en fêtes

La capitale anglaise est rythmée par une série d'événements, de festivals, de fêtes en tous genres. Voici nos préférés :

1er janvier : défilé du Nouvel An

Plus de 10 000 artistes originaires de 20 pays y participent. Le circuit démarre à 12h à Piccadilly, devant l'hôtel Ritz, et finit vers 15h30 à Parliament Street.

Entre le 21 janvier et le 20 février : Nouvel An chinois

Les plus grandes festivités ont lieu à Trafalgar Square et Leicester Square. Des musées y participent – British Museum et Victoria & Albert Museum. La date varie selon les années.

Entre le 2 février et le 9 mars : Pancake Race (Chandeleur)

Non seulement on mange des *pancakes* aussi à Londres pour la Chandeleur, mais en plus on court en les faisant sauter dans des poêles. La course la plus spectaculaire (pour ses costumes) est la Great Spitalfields Pancake Race, mais si vous voulez voir les députés et les lords courir avec une poêle, ne manquez pas la Parliament Pancake Race.

17 mars : St-Patrick
Cet événement fait honneur à la culture irlandaise avec un festival sur Trafalgar Square le dimanche précédant le 17 mars. La parade débute à 12h à Green Park et se termine vers 15h à Whitehall.

23 avril : fête de la St-George
Londres célèbre le saint patron de l'Angleterre avec des événements gratuits, notamment sur Trafalgar Square. Des drapeaux blancs avec une croix rouge flottent dans toute la ville.

Mai : Vaisakhi Festival
La date officielle du Vaisakhi (le Nouvel An sikh) est le 13 avril, mais le festival Vaisakhi se tient sur Trafalgar Square un dimanche en mai. Ambiance Bollywood.

2e samedi de juin : Trooping the Colour
Fantastique défilé militaire pour l'anniversaire de la reine qui passe en revue ses troupes (soit 1400 officiers). La parade part à 11h de Buckingham Palace vers Whitehall.

Juillet : Summer Streets
Tous les dimanches du mois de juillet, Regent Street est interdite aux voitures pour laisser place à des fêtes à thèmes et des animations pour toute la famille.

Dernier week-end d'août : carnaval de Notting Hill
Le plus grand festival de rue d'Europe ! L'ouest de Londres prend des airs de Caraïbe avec des chars, des costumes bariolés, des rythmes endiablés. Le dimanche est dédié aux enfants, donc préférez ce jour pour vous y rendre car le parcours est plus court.

Mi-septembre : Mayor's Thames Festival
Week-end spectaculaire pour fêter Londres et son fleuve, avec divertissements gratuits, musique live, danse et superbe feu d'artifice pour clore le spectacle.

Mi-octobre : Diwali on the Square
Diwali, la fête des lumières, est célébrée par les hindous, les sikhs et les jaïns. L'après-midi, un air de Bollywood flotte sur Trafalgar Square avec musique, spectacles et stands de dégustation.

Début novembre : Bonfire Night
Gigantesques feux d'artifice célébrant la chute du conspirateur catholique Guy Fawkes, qui essaya d'incendier

le Parlement le 5 novembre 1605. Les spectacles et feux de joie ont lieu durant le week-end le plus proche de cette date.

10 novembre : Remembrance Day

C'est le jour de commémoration des soldats morts lors de la Première Guerre mondiale. Les Anglais observent 1 minute de silence à 11h. L'événement est organisé le dimanche le plus proche du 11 novembre et des milliers de *poppies* (coquelicots) habillent la capitale. Les Londoniens le portent sur leurs vêtements, en boutonnière.

Mi-novembre : Lord Mayor's Show

Cet événement annuel commence par un défilé, avec le Lord Mayor (le maire) traversant Londres pour prêter serment à la Couronne. Il se termine avec un feu d'artifice spectaculaire à 17h, sur la Tamise.

Mi-novembre à début janvier : Winter Wonderland

Nombreux divertissements à Hyde Park pour célébrer l'hiver : manèges, grande roue de 50 m, patinoire, marché de Noël, stands de restauration.

À partir de mi-novembre : illuminations de Noël

À l'approche de Noël, les rues brillent de mille feux, notamment Oxford St, Regent St, Carnaby St et Covent Garden. Les grands magasins se parent de guirlandes et de lumières.

1re semaine de décembre : arbre de Noël sur Trafalgar Square

L'illumination de l'arbre de Noël de Trafalgar Square est absolument féerique (l'arbre est offert chaque année par la Norvège). Lors de la cérémonie, des cantiques de Noël *(carols)* sont chantés.

25 décembre : Noël

Des événements se déroulent dans tout Londres, avec des patinoires (p. 139), des décorations et des marchés en bois. Toute la magie de Noël pour les petits et les grands.

31 décembre : réveillon du Nouvel An

Des feux d'artifice spectaculaires ont lieu dans le centre de Londres. La tradition veut que la première personne qui franchira le seuil de la maison le jour de l'An soit celle qui portera chance. Alors, qui fera ce First Footing ?

TELEPHONE
lili Bé

On fait quoi aujourd'hui ?

Londres est une ville très étendue. Quinze fois plus grande que Paris, elle est découpée en 33 quartiers *(boroughs)* aux contours imprécis. Pour vous repérer plus facilement et simplifier vos déplacements, nous avons adopté un découpage en six zones articulé autour du centre sur les points cardinaux : est, ouest, sud, sud-est et nord.

Nord

1. Madame Tussauds (p. 112)
2. London Zoo (p. 118)
3. Camden Town (p. 122)

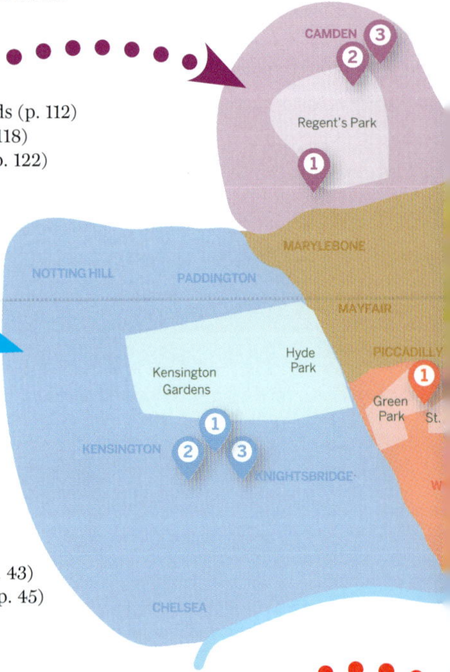

Ouest

1. Science Museum (p. 38)
2. Natural History Museum (p. 43)
3. Victoria & Albert Museum (p. 45)

Sud

1. Buckingham Palace (p. 66)
2. Big Ben (p. 74)
3. Churchill War Rooms (p. 76)

Centre

1. London Transport Museum (p. 54)
2. Somerset House (p. 58)
3. British Museum (p. 63)

Est

1. Tour de Londres (p. 98)
2. St Paul's Cathedral (p. 105)
3. Street art (p. 108)

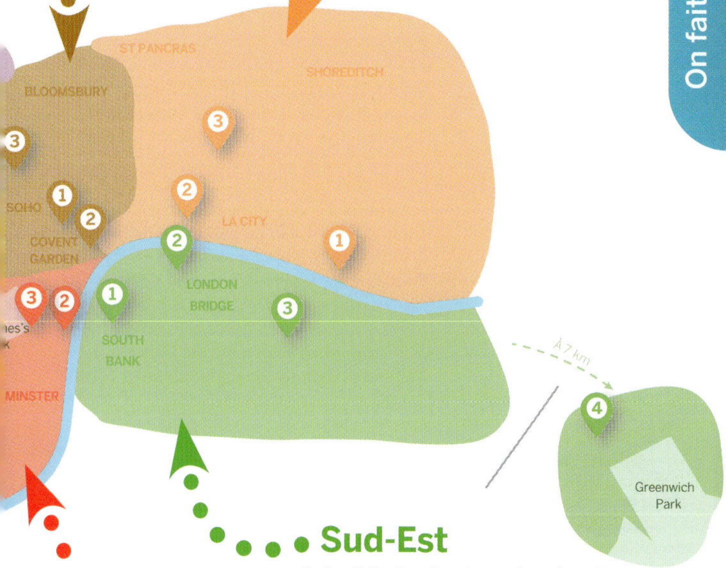

Sud-Est

1. Sea Life London Aquarium (p. 86)
2. Tate Modern (p. 87)
3. The Shard (p. 91)
4. Cutty Sark (p. 97)

SUIVEZ LE GUIDE

Pour visiter Londres, les options sont innombrables. Si vous avez l'embarras du choix, voici quatre parcours d'une journée qui alternent visites, pauses gourmandes et shopping. De quoi satisfaire toute la famille. Et s'il pleut ? De nombreuses options s'offrent à vous, notamment les musées qui sont pour la plupart gratuits. Pour finir, nous vous proposons des visites classées par thèmes.

Nos parcours

Parcours n° 1

On commence par la relève de la garde, un incontournable ! Après le déjeuner, on enchaîne avec un musée. Et on finit par du shopping chez Harrods.

• **10h45** • Rendez-vous au métro Green Park ou St James's Park. La **relève de la garde** ne débute qu'à 11h30, mais pour vraiment profiter du ballet des fantassins et de la fanfare, allez voir tous nos conseils p. 66. La relève n'a lieu tous les jours que de mai à septembre. Le reste de l'année, c'est seulement un jour sur deux. Les jours de pluie, la cérémonie peut être annulée.

• **12h30** • Déjeuner bucolique dans **St James's Park** (p. 77 et p. 195). S'il fait beau, vous pouvez pique-niquer sur l'herbe en contemplant les pélicans. Sinon, vous avez le restaurant **Inn the Park** (p. 192), où vous pouvez acheter sandwichs, salades et desserts.

• **14h** • Prenez le métro à St James's Park jusqu'à South Kensington. Puis direction le **Science Museum** (p. 38) où les enfants

pourront se dépenser tout en jouant aux petits scientifiques. Les futurs anthropologues préféreront le **Natural History Museum** (p. 43) où un diplodocus géant trône dans le hall d'entrée.

• **17h** • Pour le goûter, au choix : l'un des cafés de musée ou la **Pâtisserie des Rêves** (p. 183), qui se trouve sur la grande rue piétonne sur Exhibition Road.

• **18h** • Poursuivez à pied (15 min) jusqu'à chez **Harrods** (p. 217), ouvert jusqu'à 21h. Ne manquez pas les impressionnants (et bons) rayons d'alimentation du *Food Hall* au rez-de-chaussée.

Parcours n° 2

Aujourd'hui, nous vous proposons la visite d'un château fort dans la tour de Londres suivie d'un tour dans les airs au London Eye. Et pour finir, une promenade sur la Tamise.

• **10h** • Prenez le métro jusqu'à Tower Hill pour visiter de la **tour de Londres** (p. 98), une immense forteresse millénaire au bord de la Tamise. Un jeu de piste pour amuser les bambins vous attend dans le livret enfant (p. 10).

• **11h30** • Traversez le **Tower Bridge** (p. 102) et profitez d'un superbe panorama depuis la passerelle en verre. De l'autre côté de la Tamise, marchez vers l'ouest jusqu'au **Borough Market** (p. 234). C'est l'un des plus anciens et des plus grands marchés alimentaires de Londres (ouvert du mercredi au samedi).

• **12h** • Profitez de votre visite du **Borough Market** pour acheter de quoi vous composer un pique-nique parmi les dizaines de stands d'alimentation.

• **12h30** • Déjeunez ensuite soit dans le petit jardin de la **cathédrale de Southwark** (p. 200), à côté du marché, soit sur la pelouse devant la **Tate Modern** (p. 87) qui se trouve à 10 min à pied. Si la Tamise est à marée basse, prenez les escaliers et descendez sur les "plages" qui apparaissent quand l'eau se retire. On se croirait à la mer (en fouillant, on peut même découvrir des coquillages). Les jours où le marché est fermé, optez pour **Gabriel's Wharf** (p. 228). Un havre de paix méconnu, très agréable avec ses restaurants et ses nombreuses boutiques locales.

• **13h30** • Après le déjeuner, flânez le long de la Tamise, vers l'ouest, pour rejoindre le **County Hall**.

• **14h30** • Embarquez à bord d'un **London Duck** (p. 35), un étonnant véhicule amphibie jaune canard qui vous fera découvrir Londres sur terre... et sur l'eau (durée 75 min), éclaboussures et rires garantis. Autre suggestion, visitez le **Sea Life London Aquarium** (p. 86) pour admirer les grands requins à travers les baies vitrées ou voir les pingouins faire leur show.

• **16h** • Faites une pause goûter aux **Jubilee Gardens** (p. 200), où un grand *playground* fera le bonheur des enfants qui auraient besoin de se défouler. Les ados eux, préféreront découvrir les graffitis incroyables du **Banksy Tunnel** sur Leake Street (p. 80), juste en face des jardins.

• **17h** • Envolez-vous dans les airs avec le **London Eye** (p. 85) pour admirer Londres vue du ciel. Pensez à acheter vos billets à l'avance. En hiver, vous pourrez même admirer le coucher du soleil (et oui, il fait nuit dès 16h de décembre à février !).

Le soir venu, vous pouvez rester dans le quartier de Southbank pour y dîner (voir notre sélection de restaurants p. 195-198).

Parcours n° 3

Le matin, on va faire la bise aux people chez Madame Tussauds. L'après-midi on s'instruit en s'amusant (ou l'inverse) au British Museum. Puis, un tour à Covent Garden pour les accros du shopping.

• **10h** • Direction métro Baker Street pour débuter la journée avec la visite de **Madame Tussauds** (p. 112). Réservez les billets en ligne pour éviter la longue file d'attente qui peut durer parfois 2 h !

• **12h30** • Si les petits ventres de votre couvée crient famine, vous pouvez déjeuner dans **Regent's Park** (p. 116 et 209). Le **Regent's Bar & Kitchen** (p. 206) offre un cadre agréable pour déjeuner mais vous pouvez aussi y acheter de quoi pique-niquer dans le parc. En cas de pluie, vous trouverez de nombreuses alternatives parmi notre sélection de restaurants situés autour de **Baker Street** (p. 205).

• **14h** • Prenez le métro jusqu'à Euston Square et descendez Gower Street pour rejoindre

le **British Museum** (p. 63). Le livret enfant contient un jeu de piste (p. 4) pour découvrir le musée en s'amusant. Autre option, le **London Transport Museum** à Covent Garden (p. 54) pour jouer au chauffeur de bus !

• **16h30** • Nous vous conseillons de vous rendre à **Covent Garden** (p. 55) en passant par Neal Street, une rue commerçante très agréable. Sur place, allez applaudir les artistes de rue présents le week-end avant une pause goûter dans l'un des nombreux cafés.

• **18h** • Pour faire du shopping, vous n'aurez que l'embarras du choix (p. 218). De plus, la plupart des magasins sont ouverts jusqu'à 19h et le marché est couvert (pratique en cas de pluie). Si les enfants ont été sages, ne manquez pas la boutique **Build-A-Bear** (p. 222). Ils pourront donner vie à une peluche en choisissant son nom, ses vêtements et même lui donner un passeport !

Parcours n° 4

Une balade à faire le week-end pour découvrir le East End, l'un des quartiers les plus branchés de Londres où le *street art* a envahi les façades offrant de superbes graffitis qui vont ravir les pupilles des *kids*.

• **10h** • Pour débuter cette journée, vous avez le choix entre l'ambiance bucolique de la **Hackney City Farm** (p. 110) et faire la connaissance de l'âne Larry ou visiter le **Geffrye Museum** (p. 109), un musée qui met en scène l'intérieur de maisons londoniennes sur 400 ans.

• **11h30** • Prochaine étape (si c'est un dimanche) : le fameux **Columbia Road Flower Market** (p. 235), un pittoresque marché aux fleurs situé le long de **Columbia Road** qui se transforme (de 8h à 15h) en une oasis colorée et parfumée en plein cœur de la ville. Profitez en pour faire du lèche-vitrines dans les boutiques situées dans cette même rue (p. 228-230).

Autre option pour les fans de street art *: les visites guidées d'Alternative London, avec un spécialiste, qui sont organisées tous les samedis à 11h30 en français (p. 108).*

• **12h30** • Poursuivez votre chemin par Rivington Street. Pour avoir un avant-goût du *street art* londonien, jetez un œil à la terrasse du bar le **Cargo** qui abrite des œuvres de Bansky et de bien d'autres.

• **13h** • Pour le lunch, le quartier regorge de bonnes adresses (p. 200) mais nous vous recommandons **Tramshed**, un magnifique restaurant situé sous une verrière avec un menu enfant gratuit le week-end. Ou si vous êtes amateurs de *street food*, ne manquez pas d'aller à la découverte de la cuisine du monde au **Boiler House Food Hall** situé au 152 Brick Lane. Même si vous n'y mangez pas, la trentaine de stands présents vaut le détour.

• **14h** • Pour rejoindre **Brick Lane,** une rue haute en couleur, passez par la très étonnante et anarchique **Sclater Street** dont les murs sont recouverts de graffitis. Les fans de vintage se feront une joie de tenter de dénicher la perle rare au **marché aux puces** qui se tient tous les dimanches.

• **15h** • Partez maintenant à la découverte de **Brick Lane** avec ses nombreuses boutiques et restaurants (p. 202-203 et 228-230). Vous allez y trouver une concentration de restaurants indiens (ils sont les uns à côté des autres). Chacun rivalisant d'arguments pour vous convaincre d'être le meilleur. Toute en brique, se dresse the **Old Truman Brewery,** autrefois la plus grande brasserie de Londres. Faites un petit détour par **Hanbury Road** pour admirer d'autres fresques qui changent au gré des saisons ou découvrir les rayons vintage chez **Blitz** (p. 229). Une pause sucrée chez **Dark Sugars** s'impose (p. 230).

• **16h** • Tournez sur **Fournier Street** bordée de jolies maisons traditionnelles avec leur façade en brique et leurs volets en bois. Cette rue pavée est restée intacte depuis le XVIIIe siècle. Une étonnante église se dresse dans cette rue, **Christ Church**, dont le clocher ressemble à un obélisque !

• **16h30** • Traversez **Commercial Street** pour vous rendre au **Old Spitalfields Market** (p. 235). Les fans de shopping trouveront leur bonheur dans les nombreuses boutiques branchées et les gourmands pourront se délecter des savoureux cupcakes de **Lola's Cupcakes** (p. 204) aussi beaux que bons.

• **17h30** • Sortez du marché, tournez à droite sur **Commercial Street** jusqu'à **Whitechapel High Street** puis tournez encore à droite pour gagner la station de métro Aldgate. En chemin, regardez au 47 Aldgate High Street, vous verrez **The Hoop & Grapes**, l'un des plus anciens pubs de Londres qui a survécu au grand incendie.

Et s'il pleut

À Londres, il fait souvent beau… mais il y pleut aussi, malheureusement ! Les vastes musées, gratuits pour la plupart, sont un refuge idéal pour occuper les enfants. Ils pourront s'instruire tout en s'amusant grâce aux nombreuses activités et parcours spécialement conçus pour eux. On trouve aussi de très bons restaurants sur place.

Mettez-vous à l'abri dans les musées de South Kensington : le **Natural History Museum** (p. 43), le **Science Museum** (p. 38) ou le **V&A Museum** (p. 45).

Dans le centre, conduisez un bus au **London Transport Museum** (p. 54) ou révisez vos classiques à la **National Gallery** (p. 59) ou au **British Museum** (p. 63).

Si vous souhaitez initier vos *kids* à l'art moderne ou classique, dirigez-vous vers la **Tate Modern** (p. 87) ou la **Tate Britain** (p. 78), situés tous deux le long de la Tamise, et accessibles en bateau.

Et si votre porte-monnaie le permet, faites une virée dans l'un des centres commerciaux. **Westfield Stratford City** (p. 234) est le plus grand centre commercial d'Europe. Accès soit par le métro (station Stratford), soit par le train ultrarapide Javelin (sorte de TGV) depuis St Pancras. Sinon plus proche, le Westfield de **Shepherd's Bush** qui compte lui aussi une centaine d'enseignes et surtout le **Kidzania** (p. 53), une mini-ville à l'échelle des enfants où ils pourront apprendre plusieurs métiers.

Londres pour tous les goûts

Pour les petits ou plus grands qui veulent être prince ou princesse, scientifique, artiste, historien ou marin, Londres propose à chacun des activités adaptées.

Pour les princes et princesses

- Buckingham Palace, le palais de la reine avec la relève de la garde (p. 66)
- Kensington Palace, la résidence du prince William et de Kate (p. 49)
- Les Royal Mews, pour les carrosses, voitures et attelages (p. 72)
- La tour de Londres avec les joyaux de la Couronne (p. 98)
- Le château de Windsor, l'une des résidences de la reine (p. 132)
- Hampton Court Palace pour découvrir les secrets de Henri VIII (p. 131)

À la rencontre des animaux

- Le zoo de Londres et ses nombreux animaux sauvages (p. 118)
- Le Sea Life London Aquarium et ses créatures marines et aquatiques (p. 86)
- St James's Park, pour ses pélicans (p. 77)
- Greenwich Park, pour ses daims (p. 93)
- Hackney City Farm, pour rendre visite aux animaux de la ferme (p. 110)

Pour les artistes en herbe

- La Tate Modern, pour l'art moderne (p. 87)
- La Tate Britain, pour les "classiques" (p. 78)
- La National Gallery, pour les grands artistes européens (p. 59)
- Le V&A Museum, pour les arts décoratifs du monde entier (p. 45)

Pour les marins d'eau douce

- Le National Maritime Museum, pour l'histoire maritime du Royaume-Uni (p. 95)
- Les London Duck Tours, pour une balade en véhicule amphibie (p. 35)
- Le HMS Belfast, pour explorer un navire de guerre (p. 92)
- Le Cutty Sark, pour voir un clipper (p. 97)
- Une balade sur Regent's Canal, pour découvrir un Londres méconnu (p. 117)
- Faites une croisière sur la Tamise (p. 32)

Pour les petits scientifiques

- Le Science Museum, pour tout savoir sur les dernières découvertes technologiques (p. 38)
- Le Natural History Museum et sa galerie de dinosaures (p. 43)
- Le Royal Observatory, pour l'astronomie (p. 94)

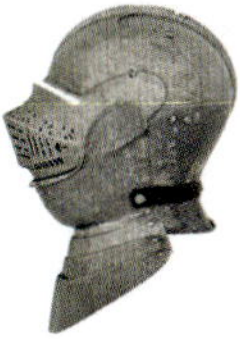

Pour les futurs historiens

- Le British Museum, pour l'histoire antique et sa belle galerie égyptienne (p. 63)
- La tour de Londres, pour sa forteresse royale datant du Moyen Âge (p. 98)
- Le Museum of London, pour l'histoire de Londres, de l'Antiquité au XXIe siècle (p. 106)

Pour le point de vue

- Le London Eye et sa grande roue (p. 85)
- The Shard à 300 m de haut (p. 91)
- Greenwich Park et sa vue panoramique (p. 93)
- Tower Bridge et sa passerelle en verre (p. 102)
- La cathédrale Saint-Paul du haut de son dôme (p. 105)
- The Monument et ses 311 marches (p. 104)
- Le Sky Garden en haut du Talkie-Walkie (p. 103)
- Hampstead Heath, point stratégique pour admirer la *skyline* (p. 120)

LONDRES SUR L'EAU

Au cœur de Londres, la Tamise (Thames en anglais) est le principal fleuve d'Angleterre. Elle relie Londres à la mer du Nord. D'une longueur de 346 km, elle prend naissance au pied des collines des Cotswolds dans le Gloucestershire. Naguère voie principale pour les bateaux de marchandises, la Tamise est surtout devenue une attraction, offrant aux touristes la chance de se balader en bateau et d'admirer les nombreux monuments historiques situés sur les berges. Au Nord, les canaux sont très agréables si vous souhaitez faire une balade bucolique.

Les ponts sur la Tamise

Il y a en tout 17 ponts. Les plus connus étant, d'ouest en est, le Westminster Bridge, le London Bridge, le Millenium Bridge et le Tower Bridge.

Le **Westminster Bridge** est le plus ancien des ponts du secteur central de la Tamise. Il est de couleur verte pour faire référence aux sièges en cuir de la Chambre des communes située au Parlement (p. 73). Reliant Big Ben (p. 74) à South Bank, de nombreux touristes s'y arrêtent pour prendre des photos.

Le **Millennium Bridge** a été inauguré le 10 juin 2000 (d'où son nom). Ce magnifique pont suspendu est uniquement réservé aux piétons qui veulent facilement aller de la Tate Modern (p. 87) à la cathédrale Saint-Paul (p. 105).

Jusqu'en 1750, le **London Bridge** était le seul pont qui traversait la Tamise. Il relie le quartier de la City à Southwark et sert de repère à ceux qui souhaitent visiter le Borough Market (p. 234) ou le Shard (p. 91).

Le pont du futur

Une compétition est en cours pour savoir quel architecte va concevoir le nouveau pont piéton entre Nine Elms et Pimlico, non loin de la Tate Britain. Les designs proposés vont du pont doté de cascades à ceux de forme bizarroïde. Pour voir les projets les plus fantasmagoriques, voir nepbridgecompetition.co.uk.

Proche de la tour de Londres (p. 98), le **Tower Bridge** est célèbre dans le monde entier en raison de son architecture atypique. Composé de deux tours, il est équipé d'un pont basculant pour laisser passer les navires. Il est ouvert aux visites toute l'année (p. 102).

La croisière s'amuse !

De nombreuses compagnies proposent des excursions le long de la Tamise, de Richmond à Greenwich. Les départs se font des *piers* (ponts d'embarquement), les plus utilisés sont ceux situés au pied du London Eye, Westminster, London Bridge et Tower of London. Vous pouvez acheter vos billets à l'avance ou sur place. Tarifs réduits si vous avez une Oyster Card.

Thames Clippers

London Eye à Greenwich (RB1)

Cette compagnie fonctionne comme les bateaux-bus à Paris et propose quatre trajets différents. L'Oyster Card (p. 256) est acceptée à bord. Sinon, vous pouvez acheter vos billets sur place avant d'embarquer sur le bateau (départ toutes les 20 min).

Tate to Tate (RB2)
Cette navette vous permet d'aller directement de la Tate Modern (p. 87) à la Tate Britain (p. 78)– ou vice versa par les eaux (durée 15 min). Une façon agréable de découvrir ces deux très beaux musées dans la même journée. Vous pouvez aussi utiliser cette navette comme un moyen de transport fluvial, il n'y a pas d'obligation de visiter les musées. Départ toutes les 40 min de Bankside Pier (Tate Modern) et Millbank Pier (Tate Britain).

thamesclippers.com • 020 7001 2200 •
De London Eye à Greenwich : adulte 6,50 £, enfant (5-16) 3,25 £ • Tate to Tate : adulte 7,50 £, enfant (5-16) 3,75 £ ON Y VA ! ☐

City Cruises

De Westminster à Greenwich

Embarquez pour une paisible croisière de 45 min au départ de Westminster. Nous vous conseillons de prendre le forfait famille River Red Rover : il vous permet de prendre le bateau où et quand vous voulez *(hop-on, hop-off)* et c'est gratuit pour les enfants ! Vous pourrez ainsi partir du Westminster Bridge, visiter les musées de Greenwich (p. 94-97) et revenir en bateau avec un seul ticket. Les offres combinées avec les principales attractions londoniennes sont également très intéressantes (London Eye, Cutty Sark, Shard, tour de Londres, le Sea Life Aquarium, Madame Tussauds, Tower Bridge).

citycruises.com • 020 7740 0400 •
River Red Rover adulte 18 £, enfant 9 £, famille (2 + 3) 36 £ ON Y VA ! ☐

Pour les amateurs de sensations fortes

Une façon originale de découvrir Londres est de monter dans l'un de ces camions qui nagent comme des canards sur la Tamise ou d'embarquer sur un RIB qui est un gros Zodiac lancé à grande vitesse. Si vous avez peur d'être mouillé, n'ayez crainte, on vous donnera des ponchos étanches !

London Duck Tours

Vous avez peut-être aperçu dans Londres de drôles d'engins jaunes mi-camions mi-bateaux. Ce sont des véhicules amphibies. Comme les canards *(ducks)*, ils peuvent se déplacer aussi bien sur la terre que sur l'eau. Après un tour de ville, du Parlement au palais de Buckingham, vous vous jetterez dans la Tamise pour une croisière de 30 min. Attention, les places extérieures peuvent être humides quand le vent souffle de travers.

Plan p. 82-83 7 A3 ON Y VA ! ☐

55 York Rd, SE1 7NJ (tickets), départ : Belvedere Rd • ⊖ Waterloo, Westminster • londonducktours.co.uk • 020 7928 3132 • tlj 9h-17h30 • adulte 24 £, enfant (1-17) 16 £, famille (2 + 2) 70 £ • réservation obligatoire

London RIB Voyages

Cette compagnie a créé un parcours pour les familles, le Captain Kidd's Canary Wharf. Pendant 50 min, un guide vous emmènera pour une grande aventure sur fond de musique rock. Vous aurez cependant le temps d'admirer les plus beaux monuments le long des berges.

Plan p. 82-83 6 A2 ON Y VA ! ☐

Boarding Gate One, The London Eye, Millennium Pier, SE1 7PB • ⊖ Waterloo, Westminster • londonribvoyages.com • 020 7928 8933 • tlj 10h-17h • adulte 42 £, enfant (– 14) 22,95 £

Thames RIB Experience

Cette compagnie propose le même parcours que London RIB Voyages et au même prix (voir ci-dessus). Cependant, si vous pensez ne pas tenir 50 min, surtout avec des petits, des excursions de 20 min partent de Tower Bridge.

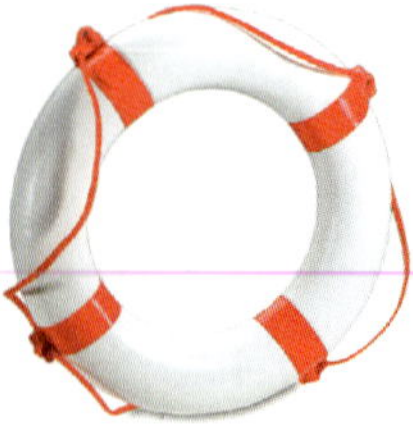

Plan p. 101 6 3 ON Y VA ! ☐

Tower Millenium Pier, EC3N 4DT • ⊖ Tower Hill • thamesribexperience.com • 020 3613 2347 • tlj 10h-15h (hiver), 10h-19h (été) • adulte 24,40 £, enfant (– 16) 21,50 £ • Restrictions : + 15 kg pour les enfants

La Tamise... par les airs

Emirates Air Line Cable Car

Ce funiculaire relie en 10 min Greenwich et les Royal Docks en offrant une vue superbe sur Londres. Une petite aventure qui va amuser vos lutins.

ON Y VA ! ☐

Edmund Halley Way, SE10 0FR • ⊖ North Greenwich, Emirates Royal Docks • emiratesairline.co.uk • 0343 222 1234 • tlj 8h-20h (hiver), 8h-21h (été), di à partir de 9h • sur place : adulte 4,50 £, enfant (5-15) 2,30 £ ; Oyster Card : adulte 3,50 £, enfant (5-15) 1,70 £.

Les péniches

Des péniches permettent d'admirer les magnifiques maisons qui bordent Regent's Canal. Un petit air de campagne au cœur de la ville ! Plusieurs compagnies assurent le service entre Little Venice et Camden.

London Waterbus Company

Cette compagnie est la seule à proposer des croisières combinées avec une entrée au zoo, idéal pour ne pas attendre (voir détails p. 117).

Jason's Trip

Ces bateaux naviguent tous les jours de 10h30 à 14h30, d'avril à novembre. Les croisières durent 45 min.

Plan p. 114-115 6 G2 ON Y VA !

Départ de Little Venice : à l'opposé du 42 Blomfield Rd, W9 2PA • ⊖Warwick Avenue • Départ de Camden Lock : 75 West Yard, NW1 8AF • ⊖Camden Town • jasons.co.uk • adulte 9 £, enfant (4-13) 8 £

Jenny Wren Canal Cruises

Cette société offre des circuits de 1h30 aller-retour (uniquement au départ de Camden) pour une balade paresseuse.

Plan p. 114-115 7 G1 ON Y VA !

Walker's Quay, 250 Camden High St, NW1 8QS ⊖Camden Town • walkersquay.com • 020 7485 4433 • 12h30 et 14h30 tlj (avr-nov) départ suppl. à 16h30 le we et tlj en août

Les canaux

Construit au début du XIXe siècle, Regent's Canal parcourt le nord de Londres de Paddington à la Tamise. Jusque dans les années 1960, le canal était utilisé pour transporter des marchandises. Depuis, c'est un lieu de promenade très prisé aussi bien par les cyclistes que par les touristes. La partie au niveau de Paddington est appelée à juste titre Little Venice.

South Kensington avec ses magnifiques musées et Hyde Park à proximité, constitue le morceau de choix d'une visite de Londres en famille, offrant des heures et des heures d'activités aux jeunes visiteurs. Les accros du shopping seront comblés par le fameux marché de Portobello Road au cœur de Notting Hill. Faites ensuite une pause zen à Holland Park avant de découvrir le tout nouveau Kidzania du Westfield, où les plus jeunes trouveront peut-être le métier de leurs rêves.

Faire des expériences
au Science Museum

À partir de 3 ans **Le Science Museum est l'endroit parfait pour permettre aux grands et aux petits de découvrir les inventions scientifiques et les progrès de la technologie tout en s'amusant.**

Dès votre arrivée au rez-de-chaussée, allez admirer les immenses **machines à vapeur** du **Energy Hall** dont certaines datent du siècle dernier et sont encore en état de marche ! Des **écrans interactifs** permettent aux enfants d'en savoir plus sur le rôle de ces machines et leur influence sur le commerce et l'industrie en Angleterre.

Poursuivez votre visite vers la section consacrée à la **conquête de l'espace** : vous y trouverez un satellite russe **Spoutnik**, la capsule américaine **Apollo X** qui a fait le tour de la Lune en 1969 ainsi qu'une réplique grandeur nature de la **capsule Eagle** qui a transporté les astronautes Armstrong et Aldrin sur la Lune la même année. Découvrez ensuite comment nous avons pu envoyer des engins spatiaux sur d'autres

Exploration spatiale
Le premier satellite artificiel envoyé dans l'espace en 1957 s'appelait le Spoutnik. Le premier homme à effectuer un vol dans l'espace, le 12 avril 1961, était russe. Il s'agissait de Youri Gagarine. Le premier homme à poser le pied sur la Lune, le 20 juillet 1969, était américain. Son nom était Neil Armstrong.

planètes et comment on peut vivre dans l'espace – respirer, manger, boire et… aller aux toilettes !

La très belle galerie **Making the Modern World** expose les objets qui ont marqué les tournants technologiques de ces deux derniers siècles. Outre la collection de voitures anciennes et la célèbre **Rocket** de Stevenson qui a été l'une des premières locomotives à vapeur, découvrez les prototypes de ces objets qui ont changé notre quotidien (fers à repasser, téléphones, grille-pain, etc.) et qui interpellent aussi bien les petits que les adultes !

L'**espace multimédia Antenna** dévoile les dernières grandes découvertes et inventions sous forme d'actualités scientifiques. À vous ensuite de donner votre avis sur ces nouvelles idées qui marqueront le futur ! Le **Pattern Pod** permet aux 5-8 ans d'explorer le monde magique des formes et des motifs *(pattern)*. Une borne interactive permet de créer des images kaléidoscopiques sur un écran à partir de motifs de flocons de neige, de fleurs ou de papillons.

C'est dans cette même section que l'on trouve un **cinéma Imax** qui projette des films sur la nature ou les sciences sur son écran haut de quatre étages. Une salle de **cinéma 4D** permet de revivre l'expérience des astronautes américains atterrissant sur la Lune.

Pour ceux qui s'interrogent ("D'où viens-je, où vais-je et dans quel état j'erre ?"), l'exposition **Who Am I ?** ("Qui suis-je ?") tente de répondre à vos questions à l'aide de bornes interactives qui ressemblent à de gros haricots métalliques (anglais simple facile à comprendre).

A
B
C
D
1
2
3
4
5
(50 m à pied)
Westbourne Park
Westway
Royal Oak
Ladbroke Grove
Westbourne Park Road
Chepstow Road
Westbourne Grove
Latimer Road
Portobello Road
Pembridge Villas
Bayswater
Queensway
Portobello Road
Kensington Park Road
Bayswater Road
NOTTING HILL
Notting Hill Gate
Notting Hill Gate
Kidzania
Holland Park
Kensington Church Street
Holland Park Avenue
Shepherd's Bush
Holland Park
Holland Park
Holland Road
High Street Kensington
Kensington High Street
SHEPHERD'S BUSH
KENSINGTON
Kensington Olympia
Earl's Court Road
Warwick Gardens
Cromwell Road
Earl's Court
Warwick Road
West Kensington
Barons Court
Nos adresses
Visites (p. 38)
Divertissements (p. 138)
Restaurants (p. 178)
Goûters (p. 182)
Pique-nique (p. 183)
Shopping (p. 214)
Hôtels (p. 240)

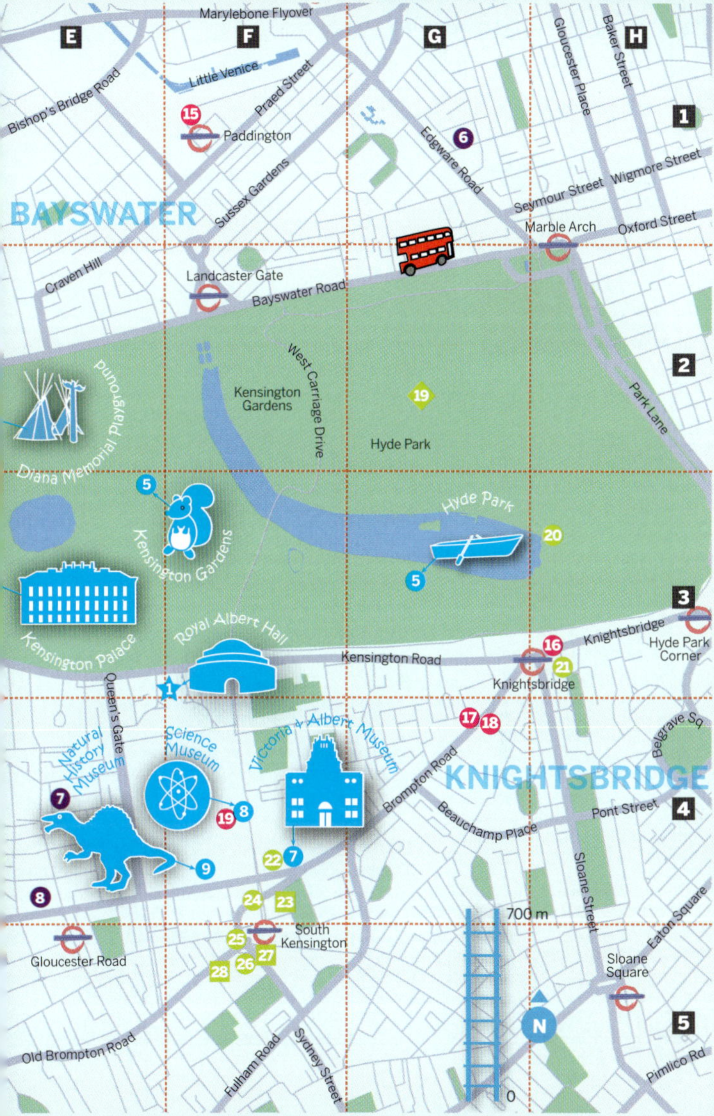
E
F
G
H
1
2
3
4
5
Marylebone Flyover
Little Venice
Praed Street
Bishop's Bridge Road
Paddington
Gloucester Place
Baker Street
Edgware Road
Sussex Gardens
Seymour Street
Wigmore Street
Marble Arch
Oxford Street
BAYSWATER
Craven Hill
Landcaster Gate
Bayswater Road
West Carriage Drive
Kensington Gardens
Hyde Park
Park Lane
Diana Memorial Playground
Kensington Gardens
Hyde Park
Kensington Palace
Royal Albert Hall
Kensington Road
Knightsbridge
Hyde Park Corner
Knightsbridge
Queen's Gate
Natural History Museum
Science Museum
Victoria & Albert Museum
Brompton Road
Belgrave Sq
KNIGHTSBRIDGE
Beauchamp Place
Pont Street
Sloane Street
Eaton Square
700 m
0
South Kensington
Gloucester Road
Sloane Square
N
Old Brompton Road
Fulham Road
Sydney Street
Pimlico Rd
15
6
19
5
20
5
16
21
1
17
18
7
19
8
9
22
7
8
24
23
25
27
26
28

Pour tout savoir sur l'**aviation**, grimpez au 3e étage. Toutes les machines volantes sont représentées, depuis les étranges **ornithoptères**, des engins qui volent en battant des ailes comme les oiseaux, jusqu'aux jets militaires les plus récents. À ce même étage, les amateurs de sensations fortes pourront expérimenter différents **simulateurs de vol**. Le Fly 360°, comme son nom le laisse supposer, vous fait tourner dans tous les sens pendant 2 à 4 min. Vous en sortirez… essoré. À éviter juste après le petit déjeuner ! Sinon, vous pouvez vous envoler dans un simulateur 3D avec la patrouille acrobatique de la Royal Air Force.

Sur ce même étage, un tout nouvel espace va ouvrir courant 2016 pour permettre aux visiteurs de découvrir les dernières avancées scientifiques de manière encore plus interactive en proposant expérimentations et shows.

Le **Garden** (le jardin), situé au sous-sol, s'adresse aux *kids* de 3 à 6 ans. Ils peuvent apprendre à construire des immeubles avec de gros cubes, ou encore jouer avec la lumière, l'eau ou les sons.

Avant de partir, faites un passage au **Science Museum Shop** (p. 216) qui regorge de gadgets qui feront craquer les visiteurs de tous les âges.

À table !

Après s'être rassasiés intellectuellement, vos scientifiques en herbe n'auront que l'embarras du choix pour remplir leur estomac. L'Energy Cafe propose salades, sandwichs et gâteaux. Le restaurant Blue Cafe propose des plats tout à fait honnêtes préparés avec des produits frais. Enfin, au 1er étage, une zone est réservée à ceux qui auront apporté un pique-nique.

Plan p. 40-41 8 F4 ON Y VA !

Exhibition Rd, SW7 2DD • ⊖ South Kensington • sciencemuseum.org.uk • 020 7942 4000 • tlj 10h-18h (19h, pdt vac. scol.) • gratuit (sf expo temp., simulateurs, IMAX et cinéma 4D)

Traquer les dinosaures
au Natural History Museum

À partir de 3 ans Le Muséum d'histoire naturelle possède une impressionnante collection de minéraux, de végétaux et d'animaux. Il abrite aussi des minuscules insectes rampants et de gigantesques dinosaures (heureusement disparus !).

Dès votre arrivée dans le hall gigantesque qui ressemble à une cathédrale, vous êtes accueillis par Dippy, un **diplodocus** de 26 m de haut ! À partir de 2017, Dippy va partir faire le tour de tous les musées d'Angleterre et sera donc remplacé par le squelette d'une baleine bleue.

Avec des enfants, il est difficile d'échapper à la **galerie des dinosaures**. Ces animaux ont vécu il y a 67 millions d'années. Vous saurez tout sur leur mode de vie et leur alimentation. Il y avait des espèces carnivores, d'autres herbivores et certaines préféraient le poisson. Certains, que vous pourrez admirer de près en montant sur la passerelle, ne sont présents que sous la forme de squelettes, mais d'autres ont l'air bien vivant, comme le T-Rex qui grogne et essaie d'attraper les enfants qui ne sont pas sages !

Heureux événement !
Non, les dinosaures ne naissaient pas dans des choux. Les bébés dinosaures n'étaient pas non plus apportés par les cigognes. Ils naissaient tout simplement dans des œufs.

Dans la même section, la galerie des **mammifères** montre les différentes espèces d'animaux qui allaitent leurs bébés (comme les êtres humains) : un cerf, un éléphant, un rhinocéros et, surtout, un modèle grandeur nature d'une baleine bleue (elle pèse 10 tonnes et mesure 25 m de long, soit l'équivalent de trois bus rouges !).

Dans la section verte, une salle abrite des bestioles rampantes, les **Creepy Crawlies**. On peut y observer des insectes en action : des fourmis découpeuses de feuilles, des araignées ou des termites creusant des galeries pour installer l'air conditionné dans leur HLM. Un peu plus loin, des vitrines exposent toutes sortes d'oiseaux empaillés, depuis le colibri jusqu'à l'autruche en passant par le fameux **dodo**, cet oiseau de l'île Maurice disparu depuis plus de deux siècles.

Si vous arrivez dans le musée par l'entrée située sur Exhibition Road, un grand escalator vous fait traverser le centre d'une **maquette de notre planète**. Mais il faudra d'abord amadouer l'incroyable stégosaure qui trône au bas de l'escalator ! Vous saurez tout sur la **formation de la Terre**, sur son évolution, depuis sa création, après le Big Bang, jusqu'à aujourd'hui. Vous y découvrirez l'évolution des êtres vivants, des premières bactéries jusqu'aux mammifères actuels. Plus loin, un **simulateur de tremblement de terre** vous permettra d'expérimenter les secousses que la ville de Kobé a connues en 1995.

Pour prendre un peu l'air, le **Wildlife Garden**, est ouvert du 1er avril au 31 octobre. Il abrite pas moins de **2 600 d'espèces différentes** d'oiseaux, d'insectes et des centaines de plantes.

Activités enfants Pour les moins de 7 ans, des sacs à dos d'activités sont à disposition à l'accueil. Ils contiennent un chapeau d'explorateur, des jumelles, une loupe, un cahier d'activités (texte en anglais) et un cahier de dessin. Plusieurs thèmes sont proposés.

Les 7-14 ans et leurs parents peuvent visiter le laboratoire Investigate où ils pourront manipuler fossiles de dinosaures et morceaux de météorites (11h à 17h, week-ends et vacances scolaires).

Notre conseil Ce musée est très populaire et il est donc fréquent de piétiner une heure (parfois même deux !) avant de pouvoir y entrer. Pour gagner du temps, achetez en ligne des tickets pour l'une des expositions temporaires et choisissez l'horaire qui vous convient. Le personnel du musée vous laissera alors passer devant tout le monde. Ce petit privilège vous coûtera 24 £ (forfait famille).

Plan p. 40-41 9 F4 ONYVA ! ☐

Cromwell Rd, SW7 5BD • ⊖ South Kensington • nhm.ac.uk • 020 7942 5000 • tlj 10h-17h50, le dernier ve du mois 10h-22h30 • gratuit (sf expo temp.)

S'initier à la mode

au Victoria & Albert Museum

À partir de 3 ans **Ce musée est une véritable caverne d'Ali Baba. Il possède une collection de plusieurs millions d'objets venus des quatre coins du monde : vêtements, meubles, peintures, sculptures, bijoux…**

C'est le **plus grand musée du monde** consacré aux arts décoratifs et au design. Certains des objets ont près de 3 000 ans. Plusieurs journées ne suffiraient pas à parcourir ses 11 km de salles. Il faudra être sélectif. Pour rendre toute

Le tigre de Tipû Sâhib
Cette pièce de bois sculptée représente un tigre en train de dévorer un soldat anglais. Elle a été réalisée par un artisan français en 1790, à une époque où les Indiens et les Français n'aimaient pas beaucoup les Anglais. À l'intérieur est caché un orgue. Si on l'actionne, on croit entendre les rugissements du lion et les cris du soldat.

cette accumulation d'objets digeste pour les enfants, le musée a aménagé des activités tactiles qui leur sont destinées *(*Hands On*)*.

Les British Galleries montrent l'évolution de la **mode en Grande-Bretagne** des années 1500 à 1900 dans tous les domaines, que ce soit l'habillement, le mobilier ou les bijoux. Dans ces salles, les filles peuvent essayer une robe à crinoline et les garçons le gant d'une armure (ou vice versa !).

Les futurs rois et reines pourront dessiner, sur un ordinateur, leur propre blason. Les unes comme les autres s'amuseront à la poupée géante en habillant un mannequin homme ou un mannequin femme comme à l'époque des Tudors (l'une des dynasties royales britanniques au XVIe siècle). Les armures médiévales et japonaises au rez-de-chaussée impressionneront les petits guerriers.

Les actrices et acteurs en herbe se délecteront dans les salles consacrées au **théâtre** (3e étage). Ils pourront s'attarder devant les costumes exposés. Comme ceux de la comédie musicale ***Le Roi Lion*** ou celui du prince charmant dans ***La Belle au bois dormant***, réalisé en 1921 pour les Ballets russes. Les visiteurs peuvent enfiler des costumes, or la grande majorité est faite pour des adultes (il n'y a pas de raison que seuls les enfants s'amusent !). Par ailleurs, le musée propose de petites pièces d'une vingtaine de minutes jouées, en anglais, par une troupe d'acteurs qui mettent en scène l'histoire d'un objet. Les futurs grands couturiers et petites *fashionistas* ne manqueront pas de surveiller les expositions temporaires consacrées régulièrement à la haute couture ou au design.

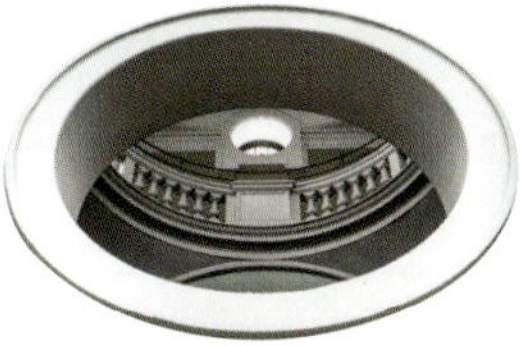

Activités enfants Pour les 5-12 ans, des sacs d'activités sont disponibles avec près d'une dizaine de thèmes, comme se mettre dans la peau d'un empereur indien ou dans celle d'un détective à l'époque victorienne (en anglais, à retirer au Sackler Centre). Pour les 7-12 ans, deux ou trois parcours sont proposés (demandez les *trails* aux *information desks*). Aux beaux jours, les tout-petits pourront barboter dans la pataugeoire du jardin.

Notre conseil Ne manquez pas le café au sous-sol (p. 181), autant pour son décor que pour ses gâteaux. C'était, à l'époque, le premier restaurant de musée du monde.

Plan p. 40-41 7 F4 ON Y VA ! ☐

Cromwell Rd, SW7 2RL • ⊖ South Kensington • vam.ac.uk • 020 7942 2000 • tlj 10h-17h45 (ve 22h) • gratuit (sf expo temp pour + 12 ans)

Faire un tour en barque
à Hyde Park et Kensington Gardens

Tous âges C'est le plus grand espace vert dans le centre de Londres. On peut s'y promener, mais aussi... faire du vélo, du skate, du tennis, du cheval, de la barque et même s'y baigner.

Hyde Park et Kensington Gardens ne font qu'un seul et grand parc de 250 ha, soit plus que 300 terrains de football ! C'est l'endroit

idéal pour se détendre loin de l'agitation de la grande ville ou pour respirer un grand bol d'air après plusieurs heures de visite dans l'un des musées de South Kensington. Pourquoi pas une **promenade en barque** sur le lac Serpentine ? Vous pouvez louer bateaux ou embarcation à pédales à la Boat House, de Pâques à fin octobre (de 10h au coucher du soleil).

Aux beaux jours, il est même possible de faire trempette dans l'**aire de baignade** en plein air, le Serpentine Lido (de juin à septembre, payant). Chaque matin de Noël depuis 1864, une compétition de natation s'y déroule, mais elle est réservée aux membres du Serpentine Club. Le vainqueur remporte la coupe Peter Pan.

Un peu d'histoire

Au XVIe siècle, Hyde Park a d'abord été une réserve de chasse pour le roi Henri VIII. Il y traquait le cerf ou le sanglier. Le parc a été ouvert au public en 1637. Depuis ce temps-là, c'est devenu un lieu important de détente et de loisirs pour les Londoniens, notamment après la création du lac Serpentine au XVIIIe siècle.

Au sud de Hyde Park, près de l'Edinburgh Gate, une aire de jeux accueille les enfants. Mais préférez le **Diana Memorial Playground** tout au bout de Kensington Gardens. C'est l'une des plus belles aires de jeux de Londres (voir ci-après). Les enfants qui ne veulent pas grandir iront rendre hommage à la statue de **Peter Pan**, au nord-est de Kensington Gardens.

Les amateurs d'**oiseaux** essaieront de reconnaître les différentes espèces présentes dans le parc. À côté du Serpentine Bar & Kitchen (p. 181), un grand panneau fournit, en anglais, des informations sur les principales : canard mandarin, bergeronnette des ruisseaux, cormoran.

On trouve aussi une galerie d'art moderne, la **Serpentine Gallery**, qui expose régulièrement des structures artistiques incroyables en plein air dans lesquelles les enfants peuvent s'aventurer.

Chaque hiver, de fin novembre à début janvier, Hyde Park accueille une grande **fête foraine**, Winter Wonderland (p. 17), avec une grande roue, une patinoire (p. 140), des manèges et de nombreux stands de jeux. Les plus âgés seront intrigués par le **Speakers' Corner,** du côté de Marble Arch, où orateurs et excentriques alpaguent les passants et les invitent à débattre sur n'importe quel sujet.

Plan p. 40-41 5 E3-G3 ON Y VA ! ☐

⊖ Marble Arch, Hyde Park Corner, Knightsbridge • royalparks.org.uk • 030 0061 2000 • tlj 5h-0h • gratuit • baignade (Serpentine Lido et Paddling Pool) tlj 10h-18h (1er juin-12 sept) • famille (2+2) 12 £, adulte 4,80 £, enfant (3-15) 1,80 £, (– 3) gratuit

Jouer à la princesse
à Kensington Palace

À partir de 5 ans **Ce palais était la résidence de la princesse Diana. Dans la partie ouverte au public, on peut admirer les habits de cérémonie portés par les rois et les reines.**

Le palais de Kensington est en quelque sorte une grande garde-robe royale. Y sont conservés plus de 10 000 habits et accessoires portés par les membres de la cour royale, du XVIIe siècle à nos jours, mais seule une partie de la **collection royale d'habits d'apparat** est exposée.

Beaucoup de visiteurs viennent aussi voir les robes portées par **Lady Diana**. Ce palais était sa dernière demeure. Les princes William et Harry y ont habité enfants avec leur maman.

Le prince William en a fait sa résidence principale avec sa femme Kate et ses enfants, George et Charlotte. Avec ses briques rouges, le bâtiment ressemble pourtant plus à une grande caserne qu'à un palais pour les futurs roi et reine.

Activités enfants Des ateliers sont proposés à toute la famille, comme fabriquer une marionnette de la reine Victoria ou un masque de princesse pour le bal masqué. Après la visite, vous pourrez savourer un délicieux goûter à l'Orangery situé dans le palace (p. 182).

Plan p. 40-41 6 D3 ON Y VA ! ☐

The Broadwalk, Kensington Gardens, W8 4PX • ⊖ High Street Kensington, Notting Hill Gate • hrp.org.uk/KensingtonPalace • 020 3166 6327 • tlj 10h-18h (mars-oct), 10h-17h (nov-fév) • adulte 16,50 £, enfant (– 16) gratuit

Faire le pirate
au Diana Memorial Playground

Moins de 12 ans **Vos bambins vont pouvoir jouer aux pirates, aux Indiens et même grimper dans des cabanes.**

Ce petit parc de loisirs a été construit en 2000, à la mémoire de la **princesse Diana**. Un **immense bateau en bois** accueille les petits pirates pour vivre de grandes aventures. Ils peuvent aussi apporter pelles et seaux pour jouer sur la plage de sable qui entoure le navire, patauger dans les petites mares d'eau ou construire des barrages. Un vrai parcours dans les arbres, fait de maisons, d'échelles et de passerelles en bois attend les plus casse-cou.

Ceux qui préfèrent jouer aux Indiens pourront se cacher dans l'un des **trois tipis** ; les autres pourront s'amuser à traquer les notes de musique pour découvrir les espaces où sont installés des instruments.

Le café du *playground* offre de quoi rassasier les plus affamés ! Attention, pendant les beaux jours et les vacances scolaires, il faut vous attendre à une longue file d'attente.

Plan p. 40-41 4 D2 ONYVA !

Kensington Gardens, Broad Walk (près de la Black Lion Gate) • ⊖ Queensway • royalparks.org.uk • 020 7298 2141 • tlj 10h-19h45 (mai-août), 10h-18h45 (avr-sept), 10h-17h45 (mars, déb. oct), 10h-16h45 (fév-fin oct), 10h-15h45 (nov-jan) • gratuit • interdit aux adultes non accompagnés

Avoir le coup de foudre
à Notting Hill

Tous âges Ce quartier, à la fois chic et bobo, est l'un des plus charmants de Londres. De nombreuses célébrités y ont élu domicile. Qui sait... peut-être allez-vous en croiser !

Loin du tumulte du centre de Londres, Notting Hill est connu pour ses **jolies maisons victoriennes aux couleurs pastel** et ses *communal gardens* (jardins privés). Vous trouverez aussi une multitude de boutiques indépendantes (p. 214) et des restaurants (p. 178). L'artère principale est la fameuse **Portobello Road**. Cette rue, très vivante et métissée, accueille plusieurs marchés en plein

air et regorge de boutiques vintages et de jouets. Bref, un petit paradis pour le shopping !

Vendredi et samedi, le **marché des antiquaires** attire chaque année des millions de touristes. En descendant vers Ladbroke Grove, vous tomberez sur le **grand marché de fruits** et **légumes** (me-ve-sa) et de nombreux stands d'artisanat et fripes en tout genre.

Le dernier week-end d'août, tout le quartier se met au rythme de la soca pour le **carnaval de Notting Hill.** Le dimanche, les tout-petits et les adolescents sont les vedettes du *children's day* (journée des enfants). Le défilé est plus court pour permettre aux petits petons de le parcourir aisément. En dehors de cette demi-journée, nous vous déconseillons de vous y rendre avec des enfants car à partir de midi, c'est la cohue !

Plan p. 40 ON Y VA ! ☐

Portobello Rd, W11 • ⊖ Notting Hill Gate, Ladbroke Grove

Être fier comme un paon
à Holland Park

Tous âges **Ce très beau parc offre un havre de paix aux enfants après une séance shopping sur High Street Kensington.**

Ce magnifique parc s'étale sur plus de 50 ha. La très belle **Holland House** est entourée de jardins qui feront le bonheur des horticulteurs en herbe. Écureuils et perruches y ont élu domicile et, chose rare à Londres, quelques

paons se baladent en toute liberté. Les enfants pourront ensuite admirer les **carpes koï** du **Kyoto Garden**, un magnifique jardin zen doté d'une cascade et d'un pont en pierre. Le *playground* du parc est l'un des mieux équipés de Londres et les enfants pourront escalader une **fusée** et s'éclater sur la **tyrolienne**.

Plan p. 40-41 ② B3 ONYVA !

Ichelster Pl, W8 • ⊖ High Street Kensington, Holland Park • rbkc.gov.uk • 020 7602 2226 • tlj 7h-coucher du soleil

Trouver le métier de ses rêves
au Kidzania

Tous âges **Laissez vos enfants prendre les commandes dans cette ville construite uniquement pour eux.**

Situé en plein cœur du centre commercial de Westfield (p. 234), cet univers à l'échelle des enfants s'étale sur 7000 m² et permettra aux 4-14 ans de s'initier à **60 différents métiers** (pompier, pilote d'avion, médecin, designer...) sous la houlette de "Zupervisors". Les enfants de plus de 8 ans peuvent s'y aventurer sans la surveillance de leurs parents... qui peuvent en profiter pour faire du shopping !

Plan p. 40-41 ① A3 ONYVA !

Westfield London, Ariel Way, W12 7GA • ⊖ Shepherd's Bush • london.kidzania.com • 020 3758 7305 • lu 11h-18h30, ma-je-di 10h-18h30, ve-sa 10h-21h • pour 4h : adulte 16,50 £, enfant (4-14) 29,50 £, (1-3) 10 £, suppl. de 1,50 £ sur place

LONDRES CENTRE

Les artistes de rue autour du vieux marché de Covent Garden ont toujours beaucoup de succès auprès des enfants... et leurs parents. Le musée des Transports également. Sur Trafalgar Square, les artistes en herbe iront chercher l'inspiration auprès de Van Gogh ou de Cézanne à la National Gallery. Quant aux amateurs d'histoire, ils se rendront au British Museum pour découvrir tous les secrets des momies.

Conduire un bus
au London Transport Museum

À partir de 4 ans **Vous avez toujours eu envie de prendre la place du conducteur dans le bus ou dans le métro ? Enfants de 7 à 77 ans, réalisez votre rêve dans ce très ludique musée des Transports.**

Dans beaucoup de musées, il est interdit de toucher. Pas ici ! Le musée des Transports est une **immense salle de jeux**. Les *kids* peuvent s'amuser à réparer un métro miniature, se déguiser en conducteurs, se perdre au bureau des objets trouvés, servir les clients au Nipper Café ou aider les voyageurs en diffusant eux-mêmes leurs annonces au micro ou au comptoir d'informations spécialement conçu pour eux.

La visite commence par un retour vers le passé. Un ascenseur transporte petits et grands au début des années 1800. On découvre les **premiers bus et les premiers trams** tirés par des chevaux. Le fameux bus rouge londonien à deux étages trône en bonne place dans le musée. Son nom officiel est le **Routemaster**. On peut découvrir le modèle original de 1956,

Le Tube
C'est à Londres qu'a été inauguré le premier métro construit dans le monde, le 10 janvier 1863. Son nom officiel est le London Underground (le souterrain de Londres) mais les Londoniens l'appellent habituellement par son surnom, le Tube, à cause de la forme cylindrique des tunnels.

comme ses successeurs. L'année 1863 voit naître à Londres le **premier métro** construit dans le monde. Il circule entre Paddington et Farringdon (aujourd'hui la Metropolitan Line). Il est tracté par une locomotive à vapeur, ce qui gênait beaucoup les passagers qui considéraient cela comme une "légère torture". Heureusement, le premier chemin de fer électrique fait son apparition dès 1890.

De **nombreux écrans interactifs** permettent d'explorer l'évolution des modes de transport à Londres au cours des deux derniers siècles. Des posters d'époque agrémentent la visite.

Activités enfants Le musée met à la disposition des petits Français un parcours appelé **Défi de découverte**. Même les bébés ont leur espace réservé, le Baby DLR, équipé d'écrans interactifs et de blocs de construction.

Plan p. 56-57 7 G4 ON Y VA ! ☐

Covent Garden Piazza, WC2E 7BB • ⊖Covent Garden, Leicester Square • ltmuseum.co.uk • 020 7379 6344 • tlj 10h-18h (ve 11h-18h) • adulte 17£, enfant (– 18) gratuit

Voir des clowns
à Covent Garden

Tous âges **Cet ancien marché est devenu un lieu très touristique avec ses boutiques, ses restaurants et ses spectacles de rue.**

C'est surtout le week-end que les **artistes de rue** se produisent : jongleurs, cracheurs de feu, chanteurs d'opéra, acrobates ou statues

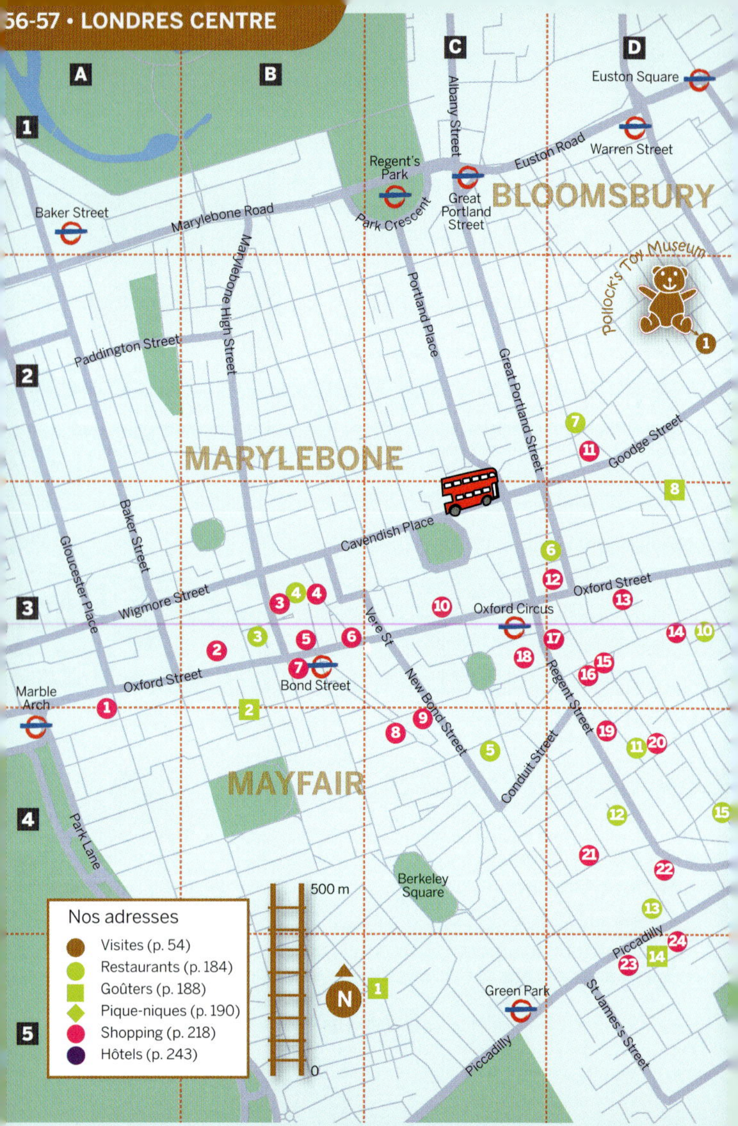
A
B
C
D
1
2
3
4
5
Euston Square
Albany Street
Warren Street
Euston Road
Regent's Park
Great Portland Street
BLOOMSBURY
Baker Street
Marylebone Road
Park Crescent
Pollock's Toy Museum
Marylebone High Street
Portland Place
Paddington Street
Great Portland Street
Goodge Street
MARYLEBONE
Baker Street
Gloucester Place
Cavendish Place
Wigmore Street
Oxford Street
Oxford Circus
Vere St
Oxford Street
Bond Street
Marble Arch
New Bond Street
Regent Street
Conduit Street
MAYFAIR
Park Lane
Berkeley Square
500 m
0
N
Green Park
Piccadilly
St James's Street
Piccadilly
Nos adresses
Visites (p. 54)
Restaurants (p. 184)
Goûters (p. 188)
Pique-niques (p. 190)
Shopping (p. 218)
Hôtels (p. 243)

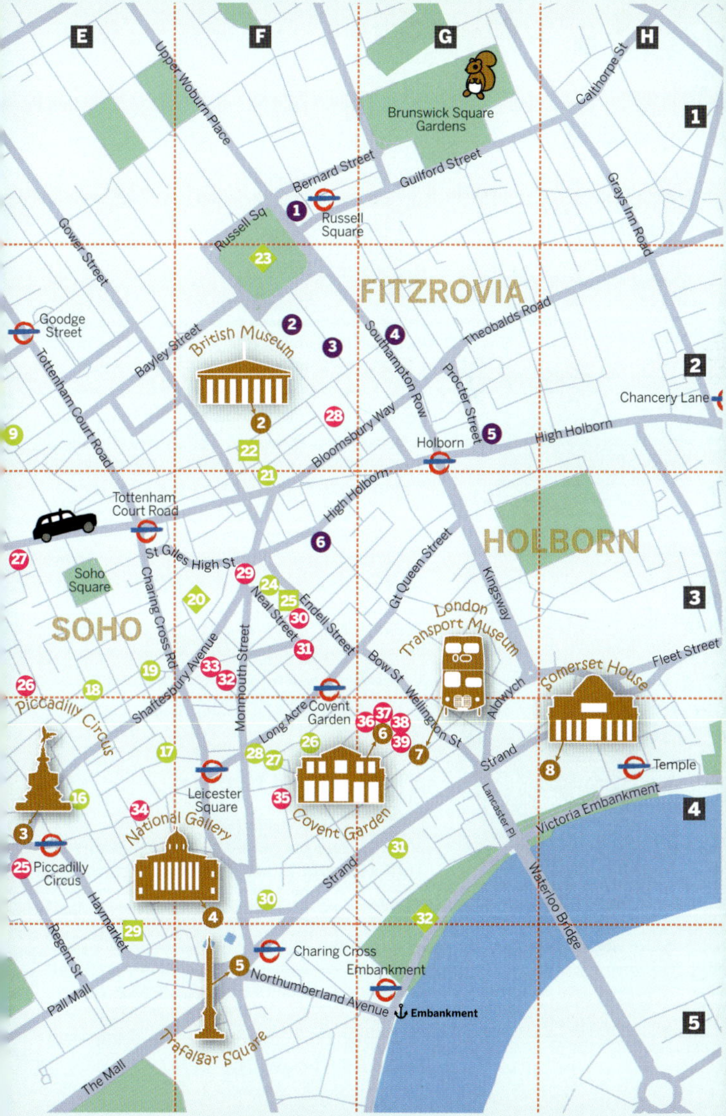
E
F
G
H
1
2
3
4
5
Upper Woburn Place
Brunswick Square Gardens
Calthorpe St
Bernard Street
Guilford Street
Russell Sq
Russell Square
Grays Inn Road
Gower Street
FITZROVIA
Theobalds Road
Goodge Street
Bayley Street
British Museum
Southampton Row
Procter Street
Tottenham Court Road
Chancery Lane
Bloomsbury Way
Holborn
High Holborn
Tottenham Court Road
High Holborn
HOLBORN
St Giles High St
Soho Square
Charing Cross Rd
Neal Street
Endell Street
Gt Queen Street
Kingsway
SOHO
London Transport Museum
Shaftesbury Avenue
Monmouth Street
Bow St
Fleet Street
Somerset House
Piccadilly Circus
Long Acre
Covent Garden
Wellington St
Aldwych
Strand
Temple
Leicester Square
Victoria Embankment
National Gallery
Covent Garden
Lancaster Pl
Piccadilly Circus
Strand
Waterloo Bridge
Haymarket
Regent St
Charing Cross
Embankment
Northumberland Avenue
Embankment
Pall Mall
Trafalgar Square
The Mall

vivantes. Les enfants sont toujours nombreux aux premiers rangs et il n'est pas rare que les artistes les fassent participer à leur tour. C'est ici également que se trouve l'illustre Royal Opera House surnommée… Covent Garden.

Initialement, la place était l'emplacement du jardin d'un couvent (Covent Garden) et de l'abbaye de Westminster. En 1833, une grande halle est construite pour accueillir un marché de fruits et légumes. Source d'embouteillage, le marché déménage en 1974. Mais, en 1980, le marché couvert reprend du service en devenant un **centre touristique et commercial**.

En décembre, ne manquez pas la fameuse Great Christmas Pudding Race : des centaines de gens, déguisés en pères Noël, font une course d'obstacles en portant un gâteau de Noël !

Plan p. 56-57 ⑥ G4 ON Y VA ! ☐
⊖ Covent Garden • coventgarden.london

Se faire asperger
à la Somerset House

Tous âges **Ce majestueux édifice du XVIIIe siècle propose toute l'année des activités pour amuser petits et grands.**

Situé au bord de la Tamise, ce bâtiment néoclassique fut construit sur les ruines d'un ancien palais dans lequel ont habité plusieurs membres de la famille royale. Dans les années 1990, c'est devenu un lieu artistique très dynamique qui accueille des dizaines de manifestations culturelles, des concerts ou des projections de films en plein air. La collection de la **Courtauld Gallery** est l'attraction principale : vous y trouverez des tableaux de **Manet**, **Degas et ses danseuses de ballet**.

Les enfants préféreront se défouler au milieu de l'immense **Fountain Court**. D'avril à octobre, **55 jets d'eau** se mettent en marche selon une chorégraphie bien précise. Jeunes comme moins jeunes revêtent leur maillot de bain pour se faire asperger ! De novembre à janvier, les jets d'eau laissent place à une **immense patinoire** (p. 140). Pour les moins de 8 ans, une zone leur est dédiée : le **Polar Cub Club** où ils peuvent s'initier au patinage en toute sécurité. À Noël, un marché et un immense sapin donnent à ce lieu des allures de contes de fées.

Plan p. 56-57 8 H4 ONYVA !

Strand, WC2R 1LA • ⊖ Temple, Covent Garden, Embankment • somersethouse.org.uk • 020 7845 4600 • tlj 10h-18h • gratuit (sf expo temp. et Courtauld Gallery)

Admirer les grands maîtres à la National Gallery

À partir de 4 ans **Ce musée expose plus de 2000 tableaux réalisés par les plus grands artistes européens, des peintres religieux du Moyen Âge aux impressionnistes.**

La National Gallery conserve quelques-uns des plus beaux tableaux au monde. Les petits peintres en herbe s'intéresseront plus aux tableaux riches en couleurs des **impressionnistes** français. Ils sont ici bien

représentés avec des œuvres de **Manet, Gauguin, Cézanne ou Renoir**. La salle consacrée aux œuvres de **Monet** expose ses plus belles toiles réalisées à Giverny, dont les célèbres *Nymphéas*. Ils pourront aussi s'inspirer de la technique du Français **Georges Seurat** appelée le **pointillisme**. Son tableau *Une baignade à Asnières* est composé de petites taches de couleur placées les unes à côté des autres. À côté des œuvres de Cézanne est accroché l'un des tableaux les plus chers du monde : ***Les Tournesols*** de Van Gogh. Quand on pense que le peintre n'a vendu qu'un seul tableau de son vivant ! Attention toutefois, le tableau change souvent de place dans le musée. Dans la même salle, un tableau attire la curiosité. Son titre : *Surpris !* On y voit un tigre… surpris par une tempête tropicale. Il est caractéristique du style naïf du **Douanier Rousseau.**

La 3D au XVIIe siècle

La National Gallery expose, dans son aile nord, une boîte à images, réalisée en 1650, dénommée *Peepshow*. En regardant au travers d'un petit trou percé sur le côté de la boîte, on a l'impression de voir l'intérieur d'une maison de l'époque en 3D. Et sans qu'il y ait besoin de lunettes spéciales ! Le peintre, Samuel von Hoogstraten, a joué avec la perspective pour donner cette illusion.

Ce serait dommage de ne pas explorer d'autres époques car les **plus grands peintres** sont exposés ici : de Léonard de Vinci à Picasso, en passant par les peintres hollandais Rembrandt ou Vermeer, les Français Delacroix ou Courbet, les Italiens Botticelli ou Le Caravage, les Anglais Turner ou Constable. Ne manquez pas les incontournables comme *Les Époux Arnolfini* de Van Eyck, *La Jeune Femme à l'épinette* de Vermeer, l'*Autoportrait* de Rembrandt, *Le Téméraire* de William Turner, *Les Grandes Baigneuses* de Cézanne.

Activités enfants Des audioguides en français, les *Art Detectives*, spécialement conçus pour les enfants, sont disponibles aux différents points d'accueil du musée. Grâce aux inspecteurs

Vasari et Shapiro, les petits détectives sont embarqués dans une enquête pour découvrir les particularités des tableaux les plus connus du musée.

Notre conseil Comme tous les musées de Londres, celui-ci est gratuit (à l'exception des expositions temporaires), mais il est tellement vaste que l'on s'y perd facilement. Bonne nouvelle, avec l'audioguide (payant) vous obtiendrez la liste et l'emplacement des musts.

Plan p. 56-57 ④ F4 ON Y VA ! ☐

Trafalgar Sq, WC2N 5DN • ⊖ Charing Cross • nationalgallery.org.uk • 020 7747 2885 • tlj 10h-18h (ve 21h) • gratuit (sf expo temp.) • audioguides 4 £, famille (2+2) 10 £

Affronter les lions
de Trafalgar Square

Tous âges **Cette place commémore une défaite navale de Napoléon. Pas rancuniers, les touristes français viennent nombreux pour voir la colonne construite à la mémoire du vainqueur.**

La place a été aménagée au début des années 1840 pour commémorer la bataille de Trafalgar gagnée par l'amiral anglais Nelson en 1805 contre les... navires français et espagnols réunis par l'empereur français. Mais le vainqueur, qui n'avait déjà plus qu'un œil et qu'un bras, y perd aussi la vie ! Au pied de la colonne sur laquelle est perchée, à 46 m de haut, la statue de Nelson, **quatre lions** servent de toboggans aux petits et grands enfants.

Le nord de la place est occupé par la **National Gallery** (p. 59). À côté se trouve un autre grand musée : la **National Portrait Gallery** et sa collection de portraits des *people* britanniques depuis le XVIe siècle.

Trafalgar Square accueille toutes sortes d'événements publics, des concerts mais aussi des célébrations comme Noël, le Nouvel An chinois, St Patrick's Day ou Diwali, la fête indienne des lumières. C'est aussi l'endroit où les gens se retrouvent pour se rassembler ou manifester.

Plan p. 56-57 ❺ **F5** ON Y VA ! ☐

⊖ *Charing Cross • london.gov.uk/trafalgarsquare (pour le programme des événements)*

Se donner rendez-vous

à Piccadilly Circus

Tous âges **Cette place est connue dans le monde entier pour ses immenses panneaux d'affichage lumineux.**

C'est le point de ralliement avant d'aller se distraire dans les théâtres de Shaftesbury Avenue, dîner à Chinatown (p. 186) ou faire les boutiques de Regent Street. Piccadilly Circus est également célèbre pour ses grands panneaux d'affichage lumineux. Coca-Cola y fait sa publicité depuis les années 1950. En 2002, Yoko Ono, la veuve de John Lennon, a financé l'affichage de deux vers de la chanson *Imagine*.

Plan p. 56-57 ❸ **E4** ON Y VA ! ☐

⊖ *Piccadilly Circus*

Éros ou Antéros ?

La statue au milieu de la place est connue sous le nom d'Éros, le dieu grec de l'Amour, mais c'est en fait son frère Antéros, moins frivole. Elle est dédiée à Lord Shaftesbury pour sa lutte menée, au XIXe siècle, pour l'abolition du travail des enfants !

Voir des joujoux anciens
au Pollock's Toy Museum

Tous âges **Ce petit musée expose des centaines de jouets de collection venus du monde entier.**

Vous y trouverez toutes sortes de **jouets anciens** : poupées en porcelaine, jouets mécaniques, ours en peluche, etc. Ces objets poussiéreux dans des vitrines à l'éclairage pâle risquent plus de réveiller la nostalgie des parents que de susciter l'intérêt des enfants. Allez plutôt voir le V&A Museum of Childhood qui se trouve à Hackney (p. 110).

Plan p. 56-57 ❶ D2 ON Y VA ! ☐

1 Scala St, W1T 2HL • ⊖ Goodge Street • pollockstoys.com. • 020 7636 3452 • lu-sa 10h-17h • adulte 6£, enfant (3-16) 3£

Apprendre à faire une momie
au British Museum

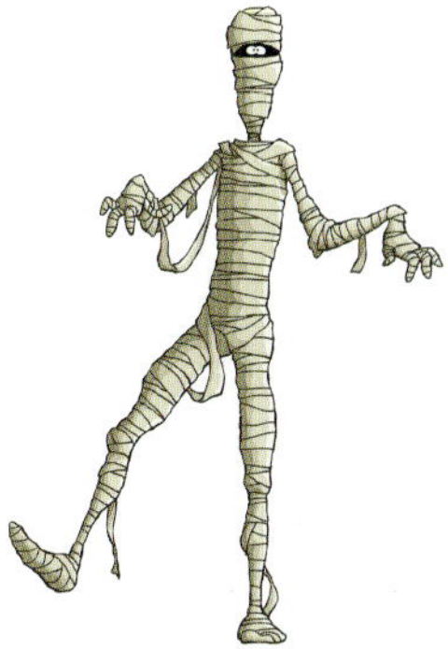

À partir de 4 ans **Avec ses momies égyptiennes et ses antiquités grecques, ce musée est un paradis pour les jeunes amateurs d'histoire ancienne.**

Le British Museum a ouvert ses portes en 1759 à "toutes les personnes studieuses et curieuses". Il présente des millions d'objets antiques en provenance du monde entier. Pour tout voir, il faudrait plusieurs jours pour parcourir les 4 km de ses salles d'exposition. Donc ne comptez pas tout voir ! Il va falloir faire des choix, voici notre sélection.

La section égyptienne, où reposent près de **80 momies**, est la plus populaire. Vous allez voir comment les riches Égyptiens préparaient avec soin leur séjour dans l'au-delà. Selon leurs croyances, la préservation de leur corps après la mort était indispensable pour leur vie éternelle. Des animaux étaient aussi momifiés car les Égyptiens pensaient qu'ils étaient les représentants des dieux sur Terre.

JEU DANS LE LIVRET ENFANT VOIR PAGE 4

Les visiteurs sont toujours nombreux à venir contempler la fameuse **pierre de Rosette** qui a permis au chercheur français Champollion de déchiffrer les hiéroglyphes, l'écriture utilisée dans l'Égypte ancienne. Pas facile pour les *kids* de bien la voir. Pourquoi ne pas leur montrer la reproduction installée à leur hauteur dans la bibliothèque ? Ils ne verront pas la différence et pourront même la toucher !

Dans les salles consacrées aux **antiquités grecques**, ne manquez pas les frises du Parthénon, ce temple installé sur une colline à Athènes. Ces fresques représentent une procession en l'honneur de la déesse Athéna, fille de Zeus. Pour les enfants, une maquette du Parthénon les attend dans une salle voisine. Ils pourront regarder de près une reproduction des frises qui ornaient ce temple.

Si vous n'avez pas peur d'affronter d'étranges animaux, allez voir les salles dédiées aux **Assyriens**, un peuple qui a vécu au Moyen-Orient du VIIIe au VIIe siècle avant notre ère. Un lion et un taureau ailés à tête d'homme protègent l'entrée. Dans la salle, les enfants découvriront que les Assyriens réalisaient il y a près de 3000 ans des **bandes dessinées** grandeur nature.

Activités enfants Le musée a développé de très nombreuses activités pour les *kids*... et même **en français**. Un comptoir pour les familles est situé à l'entrée du musée. Vous y trouverez des **parcours thématiques** (*trails*) qui vous feront explorer l'ancienne Égypte en naviguant sur le Nil (6-11 ans) ou danser avec la déesse indienne Shiva (3-5 ans). Il existe aussi une version en français pour Smartphones sous Androïd qui permet aux visiteurs de naviguer de **manière interactive** dans le musée en suivant le parcours choisi. Une option sous forme de jeu pour les enfants de plus de 7 ans (*family guide*) est également disponible mais hélas qu'en anglais. Des **sacs à dos d'activités** pour tous les âges sont également à disposition chaque week-end jusqu'à 15h (et tous les jours pendant les vacances scolaires). Tous les jours, entre 11h et 16h, les enfants peuvent **manipuler** des objets du musée dans six salles différentes (observez les panneaux *Hands On*).

Plan p. 56-57 2 F2 ON Y VA ! ☐

Great Russell St, WC1B 3DG • ⊖ Tottenham Court Road, Holborn, Russell Square, Goodge Street • britishmuseum.org • 020 7323 8299 • tlj 10h-17h30 (ve 20h30) • gratuit (sf expo temp.) • audioguide 5 £, family guide 6 £

LONDRES SUD

Avec les palais de Buckingham et de Westminster, nous sommes ici au cœur du pouvoir britannique, passé et présent. La relève de la Garde reste une valeur sûre auprès du jeune public. L'abbaye de Westminster est le passage obligé des rois et des reines pour se marier ou pour… se faire enterrer. À deux pas, Big Ben carillonne en rythmant les séances des députés du Parlement qui se trouvent tout près.

Marcher au pas avec la garde
à Buckingham Palace

Tous âges **La relève de la garde est un spectacle haut en couleur. C'est une occasion unique d'approcher l'apparat de la couronne britannique.**

Aucune visite touristique de Londres ne peut se faire sans aller voir la **relève de la garde**. En été, elle a lieu tous les jours. Le reste de l'année, c'est généralement un jour sur deux (en fonction de la météo, la cérémonie peut être annulée donc vérifier avant sur le site Web). La relève commence à 11h30 et dure en totalité 45 min au son de la fanfare. La garde de la Reine comprend cinq régiments avec chacun des signes distinctifs (voir encadré).

Nos conseils Cette attraction attire des milliers de visiteurs et rend l'observation pour les enfants très compliquée. Pour éviter la cohue devant les grilles du palais et vraiment apprécier ce spectacle, placez-vous à 12h sur le trottoir de Spur Road face à Buckingham Palace. Ce point stratégique va vous permettre d'admirer la garde à pied qui regagne sa caserne accompagné de la fanfare.

Ouvrez les yeux !
Voici comment reconnaître les différents régiments.
Les grenadiers : plumet blanc à gauche et boutons espacés régulièrement.
Les Scots : pas de plumet et boutons par trois.
Les Irishs : plumet bleu à droite et boutons par quatre.
Les Welshs : plumet vert et blanc à gauche et boutons par cinq.
Les Coldstream : plumet rouge à droite et boutons par deux. L'hiver, ils portent un manteau gris donc vous ne pourrez les reconnaître qu'à leur bonnet.

Si vous préférez marcher avec la garde (attention ils marchent vite !), placez-vous à 12h mais, cette fois, sur le trottoir gauche du Mall (Buckingham Palace doit être dans votre dos). Quand la garde montante sort du palais, vous allez pouvoir la suivre au pas cadencé jusqu'à St James's Palace. Là, loin de la foule, vous assisterez de près à toutes les manœuvres d'un ballet super bien réglé. En effet, vous serez témoin d'une autre relève de la garde, moins connue des touristes, celle de St James's Palace. Une autre relève de garde amusante à voir est celle de la garde à cheval à Horse Guards Parade (voir encadré). Si vous voulez en savoir plus sur la garde royale et la fanfare, allez faire un petit tour au **Guards Museum** (p. 71).

Plan p. 68-69 2 E2 ONYVA !

The Mall, SW1A 1AA • ⊖ St James's Park, Hyde Park Corner, Victoria • tlj à 11h30 (mai-juill), reste de l'année tous les 2 j, parfois annulée en cas de pluie (tjs vérifier sur le site Web householddivision.org.uk/changing-the-guard) • gratuit

Horse Guards Parade

Si vous voulez admirer de fiers cavaliers sur de beaux chevaux, direction la caserne des Horse Guards Tous les jours à 11h (le di à 10h) a lieu une relève de la garde... à cheval. Durée 10/15 min mais le spectacle a du panache ! Venez une quinzaine de min avant.

Horse Guards Rd, SW1A2A ⊖ Westminster

Visiter un palais royal
à Buckingham Palace

À partir de 5 ans **Le palais et ses jardins ne se visitent que pendant l'été lorsque ses illustres propriétaires sont en vacances en Écosse. Une occasion rêvée de voir un palais royal de l'intérieur.**

Le palais de Buckingham est l'un des rares palais royaux encore en fonction aujourd'hui dans le monde. Il sert de résidence officielle

A
B
C
D
1
2
3
4
5
Hyde Park
Hyde Park Corner
Piccadilly
Knightsbridge
Kensington Road
Green Park
Grosvenor Cr
Grosvenor Place
Royal Mews
Belgrave Square
BELGRAVIA
Brompton Road
Sloane Street
Beauchamp Place
Pont Street
Belgrave Place
Hobart Place
Eccleston Street
Eaton Square
Cliveden Pl
Sloane Square
Buckingham Palace Road
Lower Sloane Street
Pimlico Road
Ebury Bridge
King's Road
Royal Hospital Road
Ebury Bridge Road
Chelsea Bridge Road
CHELSEA
(4 min à pied)
Nos adresses
Visites (p. 66)
Restaurants (p. 190)
Goûters (p. 193)
Pique-niques (p. 195)
Shopping (p. 225)
Hôtels (p. 244)

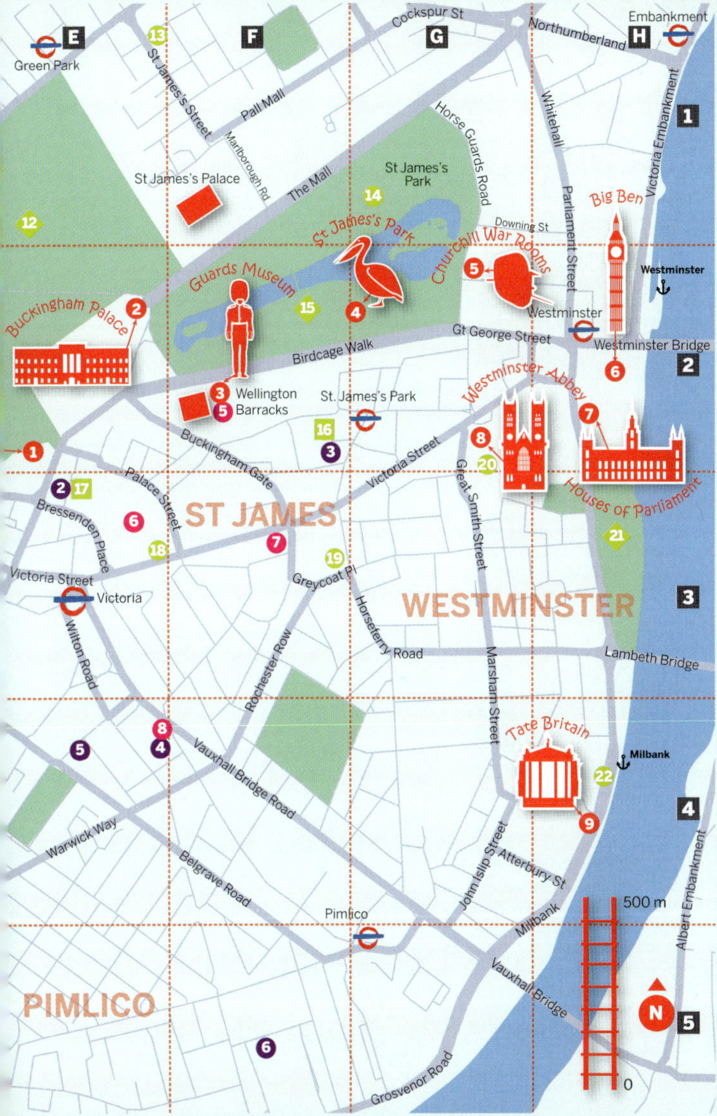

E
F
G
H
Green Park
Embankment
Cockspur St
Northumberland
St James's Street
Pall Mall
Marlborough Rd
Whitehall
Victoria Embankment
Horse Guards Road
St James's Palace
The Mall
St James's Park
St James's Park
Big Ben
Parliament Street
Downing St
Churchill War Rooms
Guards Museum
Buckingham Palace
Westminster
Westminster
Gt George Street
Westminster Bridge
Birdcage Walk
Wellington
Barracks
St. James's Park
Westminster Abbey
Buckingham Gate
Victoria Street
Great Smith Street
Palace Street
Bressenden Place
ST JAMES
Houses of Parliament
Victoria Street
Victoria
Greycoat Pl
Horseferry Road
WESTMINSTER
Wilton Road
Rochester Row
Lambeth Bridge
Marsham Street
Tate Britain
Milbank
Vauxhall Bridge Road
Warwick Way
John Islip Street
Atterbury St
Belgrave Road
Millbank
500 m
0
Albert Embankment
Pimlico
Vauxhall Bridge
PIMLICO
N
Grosvenor Road
1
2
3
4
5

Un palais en piteux état

Lors d'un banquet officiel qui s'est tenu le 20 octobre 2015 où la reine recevait le président de la République populaire de Chine et son épouse, un morceau du plafond a manqué de s'effondrer. Aucuns travaux d'envergure n'ont été menés depuis 60 ans, la résidence royale londonienne est tellement vétuste qu'il faudra peut-être l'évacuer pour réaliser sa rénovation.

à la Reine et accueille de nombreux événements historiques, qu'il s'agisse de baptêmes royaux comme de visites de chefs d'État.

La reine Victoria s'y installe pour la première fois en 1837 avec son mari et ses neuf enfants. Le palais est agrandi au cours du XIXe siècle et au début du XXe siècle. De nos jours, il comprend plus de 700 pièces (775 pour être précis) dont 240 chambres et 78 salles de bains. Mais la reine Élisabeth II et son mari, le prince Philip, n'occupent qu'un modeste douze pièces. Les autres salles sont utilisées pour les réceptions officielles. Une pièce est réservée aux chiens de la reine, des corgis qui bénéficient d'un traitement royal (nounou dédiée, viande fraîche...). Le jardin mesure 16 ha, c'est le jardin privé le plus grand de Londres.

Actuellement plus de 600 personnes travaillent au palais. Afin de savoir si la reine est présente, observez le drapeau qui flotte sur le toit. S'il s'agit du drapeau anglais (Union Jack), c'est que la reine ne réside pas dans son palais. Sinon, le palais arbore fièrement le drapeau royal (Royal Standard).

Pendant l'été, une **visite guidée** permet de découvrir les **19 appartements officiels** (State rooms). Leur décoration se compose des plus grands trésors de la collection royale, parmi lesquels des tableaux de Rembrandt, Rubens et Canaletto. Chaque année, une exposition assez ludique est organisée pour offrir un aperçu de la vie royale.

Notre conseil Réservez bien en avance votre billet car cette visite est très prisée.

Plan p. 68-69 2 E2 ON Y VA !

The Mall, SW1A 1AA • ⊖ St James's Park, Hyde Park Corner, Victoria • royalcollection.org.uk • 030 3123 7334 • tlj 9h15-19h45 (30 juill-31 août), 9h15-18h45 (1er-25 sept) • adulte 21,50 £, enfant (5-16) 12,30 £, famille (2+3) 55,30 £

Jouer aux petits soldats
au Guards Museum

À partir de 6 ans Ce petit musée retrace les 350 ans de l'histoire des cinq régiments qui composent la garde royale.

Si vos enfants sont frustrés de n'avoir vu les soldats que de loin lors de la relève de la garde à Buckingham Palace, le Guards Museum va leur permettre de regarder de près les uniformes, armes, médailles ainsi que les instruments de fanfare. Les plus grandes batailles sont reconstituées sur de **petites maquettes** et vous pourrez même voir l'uniforme que portait la Reine lors de la Seconde Guerre mondiale. À l'entrée du musée, les fans peuvent enfiler une **tunique militaire et un chapeau en poils d'ours** – version *kids* – pour une petite séance photo (5 £). Un stop pour les amateurs s'impose au **Guards Toy Soldier Shop** (p. 226) où vous trouverez des figurines de petits soldats fabriquées à la main pouvant coûter de 6 £ à... 50 £ la pièce !

Plan p. 68-69 3 F2 ON Y VA !

Wellington Barracks, Birdcage Walk, SW1 E6HQ • ⊖ St James's Park, Green Park • theguardsmuseum.com • 020 7414 3271 • tlj 10h-16h • adulte 6 £, enfant (– 16) gratuit

Dans les coulisses de la garde royale

En sortant du musée à gauche se trouvent les Wellington Barracks (la caserne des gardes). Vous pouvez observer en toute discrétion, vers 11h, la garde et sa fanfare se préparer pour partir à Buckingham Palace afin d'assurer la relève de l'ancienne garde ou la voir revenir vers 12h15.

Choisir son carrosse
aux Royal Mews

À partir de 5 ans **Les carrosses n'existent que dans les contes de fées ? Faux. Allez visiter les écuries royales pour en avoir la preuve !**

Ce musée abrite une **magnifique collection de voitures à cheval et mécaniques**. Construit en 1762, le Gold State Coach est un carrosse entièrement peint à l'or fin qui a besoin de huit chevaux pour tirer ses 4 tonnes lors des cérémonies officielles. Le Diamond Jubilee Stage Coach utilisé lors de la célébration du jubilé de diamant de la Reine, pour fêter ses 80 ans, a nécessité 10 ans de travaux et a coûté 4,5 millions de livres. Des carrosses en version miniature destinés aux enfants royaux sont également exposés. Ils étaient tirés par des poneys, des chèvres ou des chiens. Vous pouvez voir aussi des Rolls-Royce et des Daimler officielles ainsi que des chevaux dans les écuries lorsqu'ils ne travaillent pas ou… qu'ils ne sont pas en vacances à la campagne !

Nos conseils Évitez les jours de pluie car une partie de la visite se fait à l'extérieur. Pensez au billet combiné si vous prévoyez de faire la visite du Guards Museum ou de Buckingham Palace.

Plan p. 68-69 ❶ E2 ON Y VA ! ☐

Buckingham Palace Rd, SW1W 1QH • ⊖ St James's Park, Victoria, Hyde Park Corner • royalcollection.org.uk • 030 3123 7334 • lu-sa 10h-17h (26 mars-31 oct), 10h-16h (1er fév-24 mars, 1er-30 nov), fermé déc-fév et en cas de visites officielles • adulte 9,30£, enfant (5-17) 5,50£, famille (2+3) 24,10£, audioguide en français inclus

Voir où travaillent les travaillistes

aux Houses of Parliament

À partir de 5 ans **C'est ici que se réunissent les députés britanniques qui votent les lois pour décider de l'avenir du pays.**

Les deux partis qui dominent la vie politique britannique sont le **parti travailliste** (Labour Party à gauche) et le **parti conservateur** (Tory Party à droite). Troisième larron, le LibDem essaye de jouer les arbitres. Comme en France, la gauche affiche un logo avec une rose tandis que la droite a choisi un arbre. Les députés élus (les MP) se réunissent pour discuter des lois dans la **Chambre des communes**. C'est une salle plutôt petite qui ne peut accueillir que 437 des 659 députés. Les retardataires assistent aux débats debout !

Au mois d'octobre, la reine ouvre la session parlementaire par un discours... écrit par le Premier Ministre. Du XIe au XVIe siècle, le palais était le lieu de résidence des rois. C'est devenu ensuite le siège du Parlement. Il est possible de faire le tour du propriétaire lors de visites guidées en anglais mais aussi en français tous les samedis où les *deputies* ne siègent pas.

Plan p. 68-69 7 H2 ON Y VA ! ☐

Parliament Sq, SW1A 0AA • ⊖ Westminster • parliament.uk • 020 7219 4114 • visites guidées en français à 10h, 12h20 et 15h, ttes les 15 min en anglais (vérifier les dates en ligne) • adulte 25£, enfant (5-15) 10£, (–5) gratuit • audiotour en français adulte 18£, enfant (15) gratuit

Se faire sonner les cloches à Big Ben

Tous âges **Big Ben n'est pas le nom de la tour mais celui de la cloche de près de 14 tonnes qu'elle abrite et qui sonne toutes les heures.**

Vous ne pourrez pas visiter le monument le plus célèbre de Londres dont le nom officiel est, depuis 2012, **Elizabeth Tower** en hommage à la reine Élisabeth II. Seuls les résidents permanents en Grande-Bretagne ont ce droit. Et encore, il faut avoir au moins 11 ans et obtenir l'accord d'un député.

La construction de la tour commence en 1843 et se termine en 1854. La première cloche installée en 1857 se fêle, une seconde est alors mise en place l'année d'après. Cette dernière possède aussi une fêlure qui ne l'empêche pas de sonner et qui lui donne sa sonorité particulière. En revanche, on la ménage, elle ne sonne que les heures.

Quelques chiffres qui donnent le tournis : la tour fait 106 m de haut, chaque cadran de l'horloge fait presque 50 m², les aiguilles des minutes mesurent 4,20 m de long, celles des heures 2,70 m, il y a 312 morceaux de verre dans chaque cadran de l'horloge. Maintenant levez les yeux et observez. Si un drapeau britannique est hissé et flotte au-dessus de l'horloge, c'est que le Parlement siège.

Plan p. 68-69 6 H2 ON Y VA ! ☐

House of Commons, SW1A 0AA • ⊖ Westminster • parliament.uk/bigben

Le gros Ben !

L'origine de son surnom est incertaine. Deux versions s'affrontent. Pour les uns, son nom serait un hommage à l'entrepreneur qui a supervisé la fonte de la cloche, Benjamin Hall, surnommé Big Ben à cause d'un certain embonpoint. Pour les autres, son nom ferait référence à un champion de boxe, Ben Caunt, célèbre à l'époque.

Aller sur les traces de Kate
à Westminster Abbey

À partir de 7 ans **Plus grand édifice religieux du pays, l'abbaye a connu, depuis plus d'un millénaire, mariages royaux, sacres de souverains et cérémonies funèbres.**

Après le sacre de Guillaume le Conquérant en 1066, l'abbaye est devenue "l'église du couronnement" d'Angleterre. Elle a été le lieu du **sacre de 38 souverains** et de la célébration de **mariages royaux** dont celui de William et Kate le 29 avril 2011. Westminster Abbey abrite aussi les **tombeaux de 17 monarques et de 3 000 personnalités**. Les tombes des gens de lettres comme William Shakespeare, Lewis Carroll ou Charles Dickens se côtoient dans un espace appelé le Poets Corner (le coin des poètes). On y trouve aussi la **tombe du soldat inconnu**. On pourrait comparer l'abbaye à un puzzle composé d'un peu de Notre-Dame, de la basilique Saint-Denis, de l'Arc de triomphe et du Panthéon.

Notre conseil L'abbaye est impressionnante. Les voûtes, les sculptures, les arches sont d'une grande beauté. Cependant, compte tenu du tarif d'entrée, testez vos bambins pour savoir s'ils vont apprécier cette visite.

Plan p. 68-69 8 G2 ON Y VA ! ☐

20 Dean's Yard, SW1P 3PA • ⊖ Westminster, St James's Park • westminster-abbey.org • 020 7222 5152 • lu-sa 9h30-15h30, di gratuit pendant la messe (vérifiez les horaires sur Internet) • adulte 20 £, enfant (6-16) 9 £, famille (2+2) 45 £

Visiter un quartier général souterrain

aux Churchill War Rooms

À partir de 7 ans **Pendant la Seconde Guerre mondiale, Churchill avait installé ici son quartier général souterrain. Tout est resté intact, une visite émouvante et instructive.**

En 1940-1941, les Allemands ont conduit beaucoup d'attaques aériennes contre Londres. C'était le Blitz. Pendant les bombardements, les Londoniens descendaient se mettre à l'abri dans le métro. Le Premier Ministre, **Winston Churchill**, continuait à diriger le pays depuis ce bâtiment souterrain.

Le Churchill War Rooms est en réalité **deux musées en un**. Dans le premier, vous allez pouvoir visiter le bunker de Churchill et de son état-major, tel qu'il était durant la Seconde Guerre mondiale ; le deuxième est entièrement consacré au grand homme, de sa petite enfance à sa mort.

Débutons la visite avec le Q.G., un labyrinthe sous terre d'une trentaine de salles. Équipé de votre audioguide en français, vous allez vous plonger dans l'atmosphère fébrile qui régnait ici alors que Churchill et son état-major préparaient le débarquement sous les bombardements allemands. Les **pièces ont été conservées dans l'état** où elles étaient à la fin de la guerre avec leur mobilier rudimentaire, les appareils de transmission et les cartes autour desquelles les généraux prenaient leurs décisions stratégiques.

Cigare et humour

Ce grand homme de guerre, gros fumeur de cigare, est également l'auteur de très nombreuses citations pleines d'humour. En voici l'une d'elles : "Après la guerre, deux choix s'offraient à moi : finir ma vie comme député, ou la finir comme alcoolique. Je remercie Dieu d'avoir si bien guidé mon choix : je ne suis plus député !"

On peut découvrir la chambre à coucher de Winston Churchill d'où il a enregistré beaucoup de ses déclarations radiophoniques, la Transatlantic Room et le téléphone avec lequel il passait ses appels à Roosevelt. La mise en scène avec les mannequins en cire, les odeurs récréées dans la cuisine, le témoignage oral d'une secrétaire... Tout est fait et bien fait pour rendre cette visite captivante.

L'autre partie du musée retrace le parcours de ce grand homme, à tous les âges de sa longue vie (il est mort à 91 ans). Partie un peu moins intéressante pour les *kids* mais une grande table interactive (genre maxi-tablette) les distraira.

Plan p. 68-69 5 G2 ONYVA !

Clive Steps, King Charles St, SW1A 2AQ • ⊖ Westminster, St James's Park • iwm.org.uk • 020 7930 6961 • tlj 9h30-18h • adulte 19£, enfant (5-15) 9,50£, famille (2+2) 49,90£ • audioguide en français inclus

Faire la danse des canards
à St James's Park

Tous âges **C'est un lieu de détente agréable dont vous pouvez profiter après avoir suivi la relève de la garde qui défile sur les deux avenues bordant le parc.**

C'est l'un des plus petits parcs de Londres, mais il est très bien entouré par les palais royaux de Buckingham et de St James. Une vingtaine d'espèces d'oiseaux différents y barbotent paisiblement : oies, canards, cygnes noirs et même quelques pélicans, dont certains

seraient les descendants d'un couple offert par l'ambassadeur russe en 1684. Vous pouvez assister tous les jours à leur déjeuner (14h30-15h, près de l'île aux canards).

Vous trouverez aussi une aire de jeux à l'autre bout du parc, vers le palais de Buckingham. Pour une pause déjeuner ou un goûter, rendez-vous au restaurant **Inn the Park** (p. 192).

Plan p. 68-69 4 G2 ONYVA !

The Mall, SW1A 2BJ • *⊖ St James's Park* • *royalparks.org.uk/parks/st-jamess-park* • *030 0061 2350* • *tlj 5h-0h* • *gratuit*

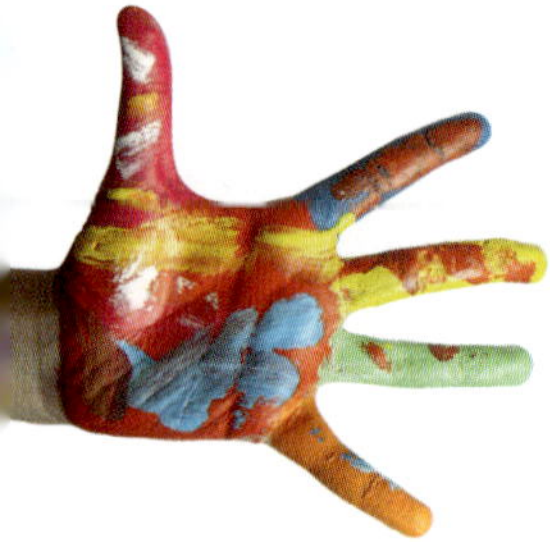

Faire des barbouillages
à la Tate Britain

À partir de 6 ans **La Tate Britain est le musée idéal pour avoir un aperçu de l'art *british* sur cinq siècles.**

Le musée porte le nom de sir Henry Tate, un industriel qui fit fortune dans le raffinage du sucre. En 1889, dix ans avant sa mort, il décida de faire don de sa riche collection d'art britannique à l'État. Cette collection s'est bien sûr depuis enrichie mais elle ne présente que des **artistes britanniques** : Turner, Gainsborough, Constable, William Blake, Francis Bacon... pour ne citer que les plus célèbres.

Le bâtiment a été entièrement rénové en 2013, avec certaines salles éclairées par la lumière du jour pour mieux mettre en valeur les œuvres. L'exposition est organisée chronologiquement et se compose de quatre périodes : de 1500 à 1800, de 1800 à 1900, de 1900 à 1960 et pour finir de 1960 à nos jours. Les enfants pourront remarquer les dates gravées dans le sol à l'entrée de chaque salle.

Les jeunes artistes pourront suivre les pas du peintre **William Turner** (1775-1851). Il est célèbre pour son travail sur la lumière dans ses tableaux. Il a commencé dans un style très classique, mais il a ensuite développé sa propre technique où les détails disparaissent au profit de la couleur et de la lumière. On considère qu'il a ouvert la route aux peintres **impressionnistes** comme, par exemple, Monet ou Cézanne. Allez juger sur pièce avec le tableau *Lever de soleil avec des monstres marins* !

Une salle permet aux Turner en herbe, comme à leurs parents, de jouer avec la lumière en réalisant des expériences ou en consultant des **écrans interactifs**. Vous pouvez suivre l'évolution de la palette de pastels (peinture à l'eau) du peintre au cours de ses voyages à travers l'Europe. Dans une autre salle, des **tables à dessin** permettent de s'essayer à la réalisation de copies de tableaux du grand maître. De quoi susciter des vocations !

Activités enfants Des dépliants avec des activités pour enfants sont disponibles au Desk Information.

Plan p. 68-69 9 H4 ON Y VA ! ☐

Millbank, SW1P 4RG • ⊖ Pimlico • tate.org.uk • 020 7887 8888 • tlj 10h-18h (ve 22h) • gratuit (sf expo temp.)

Suivez le guide

D'autres œuvres devraient intéresser les jeunes artistes, comme *Le Manège* (*Merry-Go-Round*) de Gertler, *Les Pierrots de Brighton* (*Brighton Pierrots*) de Sickert, ou les tableaux de Mulready sur le thème de l'enfance.

LONDRES SUD-EST

Une balade le long de South Bank vous permettra, dans la même journée, de grimper dans les airs ou de vous plonger dans la Tamise, même si ce n'est qu'à l'aquarium que vous croiserez des poissons ! La Tate Modern permet aux enfants (et même aux adultes) d'apprivoiser l'art moderne. Plus à l'est, Greenwich offre, avec son parc, un bol d'air bienvenu. Profitez-en pour aller poser un pied de chaque côté du célèbre méridien.

THIS WALL IS A DESIGNATED
GRAFFITI AREA

Faire des graffitis
au Bansky Tunnel

Tous âges **Situé sous la gare de Waterloo, ce tunnel piéton est entièrement dédié au street art. Une balade artistique originale, loin de la foule de South Bank.**

C'est l'un des lieux cachés dont seule Londres a le secret. Juste en face de Jubilee Gardens (p. 200), **Leake Street** est un tunnel de plus de 300 m de long abritant des graffitis du sol au plafond, et ce en toute légalité !

En 2008, le fameux artiste **Banksy** décide, dans le plus grand secret, de transformer cette rue peu avenante en une "oasis artistique" (c'est pour cela que le lieu est appelé le Banksy Tunnel, bien que ses œuvres aient complètement disparu pour laisser place à d'autres artistes). Ces derniers viennent du monde entier pour apposer leur marque mais tous les gens, aussi bien les adultes que les enfants, peuvent **graffer selon leur inspiration**. Envie d'essayer ?

Mais qui est Banksy ?
Ses œuvres murales sont connues dans le monde entier et certains n'ont pas hésité à arracher des bouts de mur pour les revendre à prix d'or. Cependant, l'identité de cet artiste engagé reste encore inconnue, mais on sait qu'il est *british*... of course !

Plan p. 82-83 1 B3 ON Y VA !

Leake St SE1 7NN • Waterloo • gratuit

Voyager "far far away"
au Shrek's Adventure

À partir de 6 ans **Entrez dans le monde hilarant de Shrek et ses amis pour un voyage en 3D au Royaume de "fort fort lointain".**

Cette toute nouvelle attraction vous emmène pour une **chevauchée fantastique** de 1h30. Les enfants vont retrouver leurs héros préférés lors de ce parcours alliant spectacles et animations surprises en 3D. Ils vont même pouvoir visiter le marécage de Shrek et discuter avec des miroirs magiques. Le clou de la visite reste la **balade en 4D** dans un train conduit à toute vitesse par... l'Âne en personne. Une attaque de sorcières chevauchant des balais vous obligera à vous arrêter au milieu du brouillard : à vous maintenant de retrouver le chemin pour rentrer chez vous ! D'autres personnages des **films d'animation Dreamworks** (*Kung Fu Panda*, *Dragons* et *Madagascar*) vous attendent à la fin pour une séance photo. Ce parcours en plusieurs actes animé par des acteurs, n'est pas vraiment interactif. Pour les fans uniquement !

Notre conseil Afin de bénéficier de 30 % de réduction, nous vous conseillons de réserver en ligne et choisir votre horaire de visite.

Plan p. 82-83 4 A3 ON Y VA !

Riverside Building, County Hall, Westminster Bridge Rd, SE1 7PB • ⊖Westminster, Waterloo • shreksadventure.com • 0871 221 2837 • tlj 10h-17h (sa 18h) • tarifs en ligne : adulte 18,20 £, enfant (4-15) 15 £, famille 69 £

Astuce pour faire des économies

Si vous souhaitez visiter aussi le London Eye (p. 85), le London Dungeon (p. 84), le Sea Life London Aquarium (p. 86) et Madame Tussauds (p. 112), nous vous conseillons d'acheter des tickets combinés. Prix pour quatre attractions : adulte 55 £, enfant (4-15) 45 £, famille (2 + 2) 180 £.

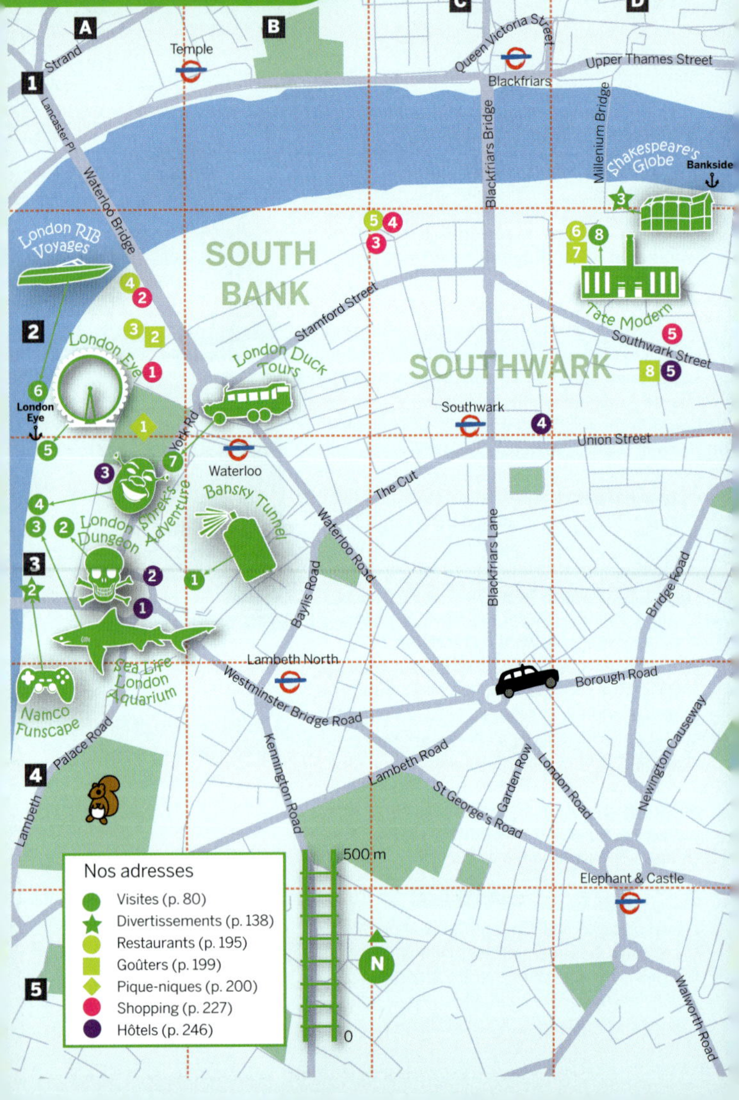
A
B
C
D
1
2
3
4
5
Strand
Temple
Queen Victoria Street
Blackfriars
Upper Thames Street
Lancaster Pl
Waterloo Bridge
Blackfriars Bridge
Millenium Bridge
Shakespeare's Globe
Bankside
London RIB Voyages
SOUTH BANK
Stamford Street
Tate Modern
Southwark Street
London Eye
London Duck Tours
SOUTHWARK
Southwark
Union Street
York Rd
Waterloo
Shrek's Adventure
Bansky Tunnel
The Cut
London Dungeon
Waterloo Road
Baylis Road
Blackfriars Lane
Bridge Road
Sea Life London Aquarium
Lambeth North
Westminster Bridge Road
Borough Road
Namco Funscape
Palace Road
Kennington Road
Lambeth Road
Garden Row
London Road
Newington Causeway
St George's Road
Lambeth
500 m
0
Elephant & Castle
N
Walworth Road
Nos adresses
Visites (p. 80)
Divertissements (p. 138)
Restaurants (p. 195)
Goûters (p. 199)
Pique-niques (p. 200)
Shopping (p. 227)
Hôtels (p. 246)

Mansion House
E
THE CITY
F
G
H
Cannon Street
Gracechurch
Monument
Minories
Tower Gateway
Tower Hill
1
Southwark Bridge
Lower Thames Street
Golden Hinde
London Bridge
9
HMS Belfast
London Bridge
11
The Shard
6
7
10
14
London Bridge
6
Tooley Street
2
Tower Bridge
10
St Thomas Street
12
13
15
16
Borough High Street
Borough
Tabard Street
Bermondsey Street
Druid Street
Jamaica Road
3
Borough High St
Long Lane
Cutty Sark
Greenwich
19
12
College Way
National Maritime Museum
18
7
Romney Road
Creek Road
8
9
Cutty Sark
13
4
Greenwich Park
Harper Road
20
Herbaceous Border
Royal Observatory
15
Greenwich High Road
Crooms Hill
8
Greenwich
Royal Hill
21
14
17
(5 min à pied)
5
Greenwich Park
GREENWICH
22

Mourir de peur
au London Dungeon

À partir de 8 ans Les parents font la fine bouche mais les enfants vont adorer se faire peur dans ce musée des horreurs. Âmes sensibles s'abstenir.

Attention, en anglais, *dungeon* ne signifie pas… "donjon". C'est un cachot. Si vous avez le cœur bien accroché, apprêtez-vous à faire une plongée dans les bas-fonds de Londres à travers l'histoire. Les épisodes les plus sordides sont mis en scène mélangeant des personnages de cire et des acteurs bien vivants. Souvent trop au goût de certains !

Torture, meurtres, exécutions capitales et maladies sont au programme ! Vous croiserez des personnages peu recommandables comme Jack l'Éventreur, Henri VIII ou le terroriste Guy Fawkes qui avait voulu faire sauter le Parlement en 1605. Ne manquez pas le Tyrant Boat Ride qui mène les traîtres à la tour de Londres.

Plan p. 82-83 2 A3 ON Y VA !

County Hall, Westminster Bridge Rd, SE1 7PB • ⊖ Westminster, Waterloo • thedungeons.com/london • 0871 423 2240 • lu-ve 10h-16h (je 11h-17h), sa-di 10h-18h • tarifs en ligne : adulte 18,95 £, enfant (4-15) 17,50 £,

Faire la grande roue
au London Eye

Tous âges **Considéré comme l'un des symboles de la capitale anglaise, cette grande roue offre l'une des plus belles vues de Londres à 360°.**

Le London Eye, la quatrième roue la plus haute du monde, attire chaque année près de 4 millions de visiteurs. Les passagers peuvent embarquer dans l'une des **32 capsules** sans que la roue s'arrête. Le London Eye est deux fois plus rapide qu'une tortue. La roue fait un tour complet en 30 min (26 cm/s).

À travers la vitre vous allez pouvoir admirer les monuments phares de Londres : Big Ben et le Parlement de l'autre côté du pont, Buckingham Palace, Trafalgar Square et le Gherkin. Par beau temps, on peut même voir le château de Windsor, situé à près de 40 km. Les enfants pourront en savoir plus grâce aux tablettes interactives installées dans chaque capsule et qui offrent un aperçu en 3D de ces monuments historiques !

De mi-novembre à début janvier, une patinoire, **London Eye Ice Rink** (p. 139) s'installe au pied du London Eye. Les tarifs sont plus intéressants et les enfants peuvent même avoir accès à la patinoire gratuitement si vous réservez en ligne.

Nos conseils Réservez en ligne, sinon un kiosque, situé en face de la roue, vend des billets moins chers qu'aux guichets et avec moins d'attente ! Vous pouvez aussi combiner votre billet avec une balade en bateau **(River**

Un peu de calcul
La hauteur du London Eye est équivalente à celle de trente bus rouges empilés les uns sur les autres, soit 135 m. Le diamètre de la roue fait 120 m et chaque capsule pèse 10 tonnes.

Cruises) ou d'autres attractions pour toute la famille (voir encadré p. 81).

Plan p. 82-83 5 A3 ONYVA !

County Hall, Westminster Bridge Rd, SE1 7PB • ⊖ Westminster, Waterloo • londoneye.com • 0871 781 3000 • tlj 10h-21h30 (avr-août), ve 10h-23h30 (juill-août), 10h-20h30 (sept-mars) • adulte 23,50 £, enfant (4-15) 17,50 £, famille (2+2) 82 £, billets accès rapide (fast track) 31,50 £ (pour tous)

Taquiner les requins
au Sea Life London Aquarium

Tous âges **C'est la bonne adresse pour assister au déjeuner des requins ou au goûter des pingouins.**

Plus d'un **millier de poissons** ou d'animaux marins s'ébattent dans près de 2 millions de litres d'eau dans 14 zones réparties sur trois étages ! Pas moins de **40 requins** vivent ici à plein temps. Vous pouvez les observer en marchant sur une passerelle en verre au-dessus de leur tête.

Pour assister au **repas des requins**, planifiez votre visite car cette activité n'a lieu que trois fois par semaine (ma, je, sa 14h30). À défaut, les journées sont ponctuées par les heures de repas des autres bébêtes de l'aquarium ! À 11h30, vous pouvez admirer le **ballet des raies mantas** qui viennent manger dans la main de plongeurs venus se glisser dans leur aquarium.

Au détour d'un couloir, vous vous retrouvez en plein Antarctique face à des **pingouins**, ou plutôt des manchots papous, en train de faire des glissades sur la glace. Vous ne pouvez pas, bien sûr, jouer avec les pingouins ou faire des bisous aux requins, mais vous avez le droit de caresser des étoiles de mer ou de tenir de petits crabes dans le creux de la main avec l'accompagnement d'animateurs. Parmi les autres pensionnaires, vous pourrez observer des poissons-clowns, des crocodiles, des pieuvres et des tortues.

Notre conseil Pour éviter l'attente, vous pouvez acheter des billets coupe-file moins chers au kiosque situé en face du London Eye.

Plan p. 82-83 3 A3 ON Y VA ! ☐

County Hall, Westminster Bridge Rd, SE1 7PB • ⊖Westminster, Waterloo • visitsealife.com • 08716631678 • tlj 10h-19h • adulte 24,50 £, enfant (3-15) 18,10 £, famille (2+2) 82 £

Se prendre pour Picasso
à la Tate Modern

À partir de 3 ans **Souvent, les enfants sont plus réceptifs que les adultes à l'art moderne. Ils trouvent l'inspiration dans les formes et les couleurs pour réaliser leurs propres chefs-d'œuvre.**

Si, à Paris, le Centre Pompidou ressemble à une usine, le **musée d'Art moderne** de Londres occupe, quant à lui une, **ancienne centrale électrique** reconnaissable de loin grâce avec sa cheminée qui culmine à 99 m de haut.

Dès l'entrée, l'immense Turbine Hall, toute en pente, va plaire aux *kids*, tentés de se laisser rouler pour arriver jusqu'en bas !

La Tate Modern, à ne pas confondre avec la Tate Britain (située de l'autre côté de la Tamise et qui se consacre, elle, uniquement à l'art britannique, p. 78) a choisi de se concentrer sur l'art moderne. Les artistes sont regroupés selon de grands thèmes plutôt que par ordre chronologique, c'est plus évocateur pour le grand public et plus parlant pour les enfants. Les grands mouvements du XXe siècle sont bien présents, du surréalisme à l'expressionnisme abstrait en passant par le cubisme ou le minimalisme.

La section **Poetry and Dreams** ("Poésie et Rêves") expose les peintres **surréalistes** pour qui les songes étaient une source d'inspiration. Un tableau de Chirico, *L'Incertitude du poète*, intriguera les enfants en associant une sculpture grecque avec un... régime de bananes. Et à quoi peut donc bien servir ce fer à repasser avec sa semelle à clous réalisé par Man Ray ? À rien, bien sûr, si ce n'est à montrer que la poésie peut s'emparer des objets du quotidien. Les jeunes artistes trouveront une source d'inspiration inépuisable dans les formes simples et colorées des œuvres de Miró, tandis que les mobiles de Calder leur rappelleront peut-être ceux qui étaient suspendus au-dessus de leur berceau !

Au niveau 4, la section **Structure and Clarity** ("Structure et Clarté") est consacrée à l'art abstrait. On y croise les minimalistes, les constructivistes et, surtout, les cubistes.

Les représentants les plus connus de ce mouvement sont Picasso, Braque ou Matisse.

La section **Energy and Process** ("Énergie et Processus") amusera certains et en laissera d'autres perplexes quand ils découvriront une statue représentant Vénus entourée d'une pile de... chiffons. Œuvre majeure de l'arte povera ("art pauvre"), elle intègre dans l'art des objets de tous les jours.

En juin 2016, la Tate Modern va inaugurer une annexe qui va lui permettre de s'agrandir de 60 % ! Ce nouveau bâtiment haut de près de 70 m, en forme de pyramide torsadée, a été dessiné par les architectes suisses Jacques Herzog et Pierre de Meuron, également auteurs de la transformation du bâtiment principal. 10 étages vont abriter de nouvelles galeries et une terrasse panoramique.

Activités enfants Au 4e étage, rendez-vous à la Families' Welcome Room (ouverte le week-end) pour faire découvrir aux enfants les œuvres réalisées l'année de leur naissance ! Des dépliants *Family Activity* sont à disposition dans tout le musée.

Nos conseils Les deux restaurants du musée accueillent les enfants à bras ouverts (p. 196), n'hésitez pas à y faire une pause. Pour rejoindre la Tate Britain (p. 78), prenez le bateau Tate to Tate (p. 34), c'est plus rapide et plus fun.

Plan p. 82-83 8 D2 ON Y VA ! ☐

Bankside, SE1 9TG • ⊖ Southwark, Blackfriars • tate.org.uk • 020 7887 8888 • di-je 10h-18h, ve-sa 10h-22h • gratuit (sf expo temp.)

Partir à l'abordage
au Golden Hinde II

À partir de 5 ans **Si vous avez une âme de pirate, embarquez à bord de ce magnifique galion pour une visite explosive !**

Ancré le long de la Tamise, le Golden Hinde II est la réplique exacte du bateau qui appartenait, au XVIe siècle, au célèbre corsaire **Francis Drake**. Il se battait sur les mers contre les ennemis de l'Angleterre, la reine Élisabeth Ire l'ayant autorisé à piller leurs navires. C'était en majorité des Espagnols et des Portugais. Drake fut aussi le second marin à effectuer le **tour du monde en bateau** (et le premier Anglais). Le plus surprenant quand on monte à bord, c'est de voir à quel point le bateau est petit alors qu'il a parcouru des milliers de miles. On comprend combien les conditions de vie des équipages étaient difficiles : étroitesse du pont, exiguïté des cabines, petitesse des cales où l'on ne peut circuler qu'à quatre pattes.

La visite prend tout son sel à l'occasion des **Pirate Fun Days**. Des acteurs habillés en pirates expliquent, en anglais, la vie des marins. Les enfants sont invités à lever l'ancre, tirer au canon ou même chanter des chants de marins. Les Pirate Fun Days durent environ 2h30 et se terminent par une chasse au trésor. Autrement, la visite manque un peu d'intérêt.

Plan p. 82-83 9 E2 ON Y VA ! ☐

Pickfords Wharf, Clink St, SE1 9DG • ⊖ London Bridge • goldenhinde.com • 020 7403 0123 • tlj 9h-17h30 • adulte 7 £, enfant (4-16) 5 £, famille 20 £

Avoir la tête dans les nuages
au Shard

Tous âges **Vue époustouflante à 360° sur Londres depuis le plus haut gratte-ciel d'Europe. Aussi impressionnant de jour que de nuit.**

The Shard ("le tesson"), inauguré en 2012, est une des attractions très prisées. Le bâtiment abrite des bureaux, un hôtel, des appartements, plusieurs restaurants et au sommet... **The View from the Shard**. Une attraction chère, certes, mais qui offre un panorama unique sur Londres. Des ascenseurs "kaléidoscopiques" à grande vitesse vous emmènent aux 68e et 69e étages, tous deux équipés de grandes baies vitrées offrant une **vue à couper le souffle**. Des télescopes interactifs multilingues (et gratuits !), sillonnant jusqu'à 65 km à la ronde, sont également à disposition pour mieux profiter du spectacle. Et pour une expérience encore plus forte, rejoignez le 72e étage, **partiellement découvert**, situé à plus de 244 m d'altitude.

Activités enfants Grâce au Tellscopes, les enfants vont pouvoir faire un voyage dans le temps, jusqu'à l'époque romaine, et observer comment l'architecture de Londres a évolué au fil des siècles avec des panoramas historiques provenant des archives du musée de Londres.

Nos conseils Achetez vos billets en ligne, ils sont moins chers que sur place. Sinon, les restaurants du Shard, situés au 31e étage (p. 197), offrent aussi une très belle vue... sans que vous ayez à acheter de billet d'entrée.

Toujours plus haut !
Le terme de gratte-ciel est une traduction du mot anglais *skyscraper* qui désignait le plus haut mât d'un bateau. Le Shard avec ses 310 m est le plus haut gratte-ciel d'Europe ; mais il est largement dépassé par le Burj Khalifa de Dubai (828 m), qui lui-même sera bientôt détrôné par les 838 m du Sky City One, en Chine.

Plan p. 82-83 ⑩ F2 ONYVA !

Joiner St, SE1 3U • ⊖ London Bridge • theviewfromtheshard.com • 084 4499 7111 • tlj 10h-22h (avr-oct), je-sa 10h-22h, di-me 10h-19h (nov-mars) • adulte 25,95 £, enfant (4-15) 19,95 £, (–4) gratuit, famille (2+2) 74,95 £ (le di) • audioguide en français inclus

Visiter un navire de guerre
à bord du HMS Belfast

À partir de 6 ans **Descendre jusque dans la cale, explorer la salle des machines ou grimper jusqu'à la passerelle de commandement, ce bateau ressemble à une grande salle de jeux pour les enfants.**

Ce croiseur est le **seul navire de la Seconde Guerre mondiale** conservé par les Britanniques. Il a en effet participé au **débarquement** en Normandie, puis à la guerre de Corée en 1950. Il profite à présent d'un repos bien mérité au bord de la Tamise et est ouvert au public toute l'année.

Les enfants pourront explorer les neuf ponts en toute liberté mais, attention, c'est un véritable labyrinthe ! Ils découvriront les dortoirs où des hamacs servaient de lits ou encore la boulangerie du bateau qui fabriquait du pain tout frais. Le bateau pouvait accueillir jusqu'à 800 marins.

Une projection audiovisuelle, le **Gun Turret Experience**, fait revivre l'expérience de la guerre depuis l'intérieur d'une tourelle de canon. À vous de prendre les commandes dans la salle des opérations, le centre névralgique du navire. Mais ce qui fascine le plus les plus jeunes, ce sont les immenses canons antiaériens qui trônent sur le pont extérieur.

Plan p. 82-83 11 G2 ON Y VA ! ☐

The Queen's Walk, SE1 2JH • ⊖ London Bridge • iwm.org.uk/visits/hms-belfast • 020 7940 6300 • tlj 10h-18h (mars-oct), 10h-17h (nov-fév) • adulte 16 £, enfant (5-15) 8 £, famille (2+3) 42 £

Jouer au cerf-volant
à Greenwich Park

Tous âges Le parc de Greenwich offre un grand bol d'air sans s'éloigner beaucoup du centre de Londres. Et la vue panoramique sur la ville est incomparable.

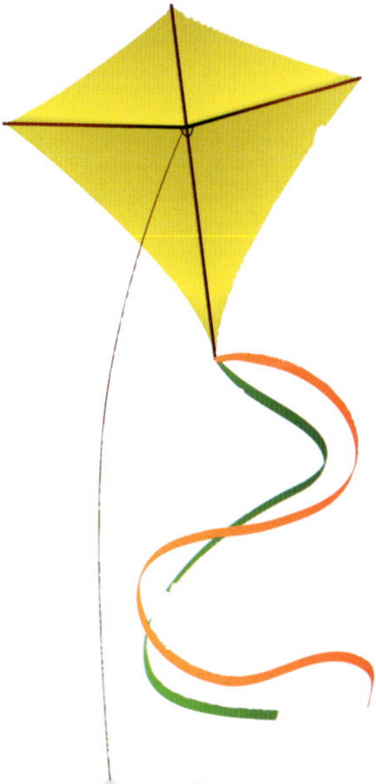

C'est le **plus vieux des parcs royaux** de Londres. Au XVe siècle, le parc a été aménagé par le paysagiste français Le Nôtre (celui qui a dessiné le parc de Versailles).

Les enfants peuvent s'y dépenser sans compter. Un petit lac permet de faire du **bateau**. Juste à côté, une aire de jeux propose les habituels bacs à sable et balançoires. C'est aussi l'endroit idéal pour courir après un ballon, faire voler un **cerf-volant** ou faire des roulades dans l'herbe ! Caché dans le coin sud-est, un enclos abrite des **daims** qui cohabitent avec des renards : ce parc était en effet à l'origine un lieu de chasse. À proximité : un étang où barbotent des canards et une magnifique roseraie.

Notre conseil Vous trouverez des cafés et restaurants dans le parc. Pour une pause pique-nique, achetez plutôt vos provisions au Greenwich Market (p. 234).

Plan p. 82-83 ⑮ H4 ON Y VA ! ☐

Park Row, SE10 8QY • ⊖ Cutty Sark, Greenwich • royalparks.org.uk/parks/greenwich-park • 020 8858 2608 • tlj de 7h au coucher du soleil

Sauter le méridien zéro
au Royal Observatory

À partir de 6 ans **Le méridien de Greenwich est connu dans le monde entier. En mettant un pied de chaque côté, on est à la fois dans l'hémisphère Est... et dans l'hémisphère Ouest.**

L'**Observatoire royal** a été construit en 1675. En 1884, une conférence internationale décida que le méridien de Greenwich serait la longitude zéro et représenterait l'heure de référence pour le monde entier. À l'origine il passait à travers l'observatoire. Longtemps il a été marqué par une bande en cuivre dans la cour, remplacée maintenant par une autre en acier inoxydable. Finalement, depuis 1999, il est marqué par un puissant laser vert qui, la nuit, brille vers le nord à travers Londres. La France a une heure de plus par rapport au temps moyen de Greenwich (**Greenwich Mean Time** ou GMT).

Le musée comprend deux bâtiments : la **Flamsteed House** où sont exposées toutes sortes d'instruments qui ont servi à mesurer

Qu'est-ce qu'un méridien ?

En géographie, un méridien est un demi-cercle tracé sur le globe terrestre reliant les pôles Nord et Sud. Tous les points de la Terre situés sur un même méridien ont la même longitude.

le temps depuis le Moyen Âge. C'est également dans la grande cour de ce bâtiment que les visiteurs font la queue pour se prendre en photo sur la ligne du méridien.

L'autre bâtiment, l'**Astronomy Centre**, comporte plusieurs salles où les enfants peuvent s'amuser avec de grandes tables interactives pour comprendre l'univers. Il y a un également un **planetarium**, le seul à Londres, où sont projetés des films en 360°. Allongez-vous dans les grands sièges inclinés et laissez-vous transporter dans la galaxie !

Plan p. 82-83 (14) G5 ON Y VA !

Blackheath Ave, SE10 8XJ • ⊖ Cutty Sark, Greenwich • rmg.co.uk • 020 8858 4422 • tlj 10h-17h • Astronomy Centre gratuit, Flamsteed House et Meridian Courtyard : adulte 9,50 £, enfant (5-15) 5 £, famille (2+2) 22 £, astro ticket (Observatory et Planetarium) : adulte 12,50 £, enfant (5-15) 6,50 £, famille (2+2) 27,50 £ • Combo Ticket avec Cutty Sark disponible

Jouer les capitaines
au National Maritime Museum

Tous âges **Les amateurs de bateaux seront comblés. C'est le plus grand musée maritime du monde. Pas étonnant pour un pays entouré de toutes parts par la mer.**

Dans ce musée tout est fait pour que les enfants se mettent dans la peau d'un marin. Dans la **AHOY Children's Gallery** ("galerie des enfants"), ils peuvent hisser un drapeau

Relique sanglante
Le National Maritime Museum conserve pieusement l'uniforme que portait l'amiral Nelson à la bataille de Trafalgar. On peut voir le trou laissé par la balle qui lui coûta la vie. Les traces de sang sont encore visibles.

ou apprendre à tirer au canon, s'exercer au langage Morse ou décharger un bateau. Mais pourquoi se contenter de jouer les marins quand on peut être le capitaine d'un navire? C'est ce que propose le **Ship Simulator** qui reproduit le poste de commandement d'un navire. C'est le même logiciel qui sert à former les capitaines des ferries qui traversent la Manche. Plusieurs missions au programme : venir au secours d'un bateau en perdition ou faire entrer un ferry dans le port de Douvres, avec l'aide de cartes électroniques et d'un radar.

Une des plus belles pièces exposées dans le hall principal est une **barge toute dorée** ayant appartenu au fils du roi George II, le prince Frédéric. Le musée possède aussi toute une collection de maquettes de navires de guerre du XVIIe au XIXe siècle.

Activités enfants Sur la **Great Map,** carte géante du monde, sont organisées toutes sortes d'activités dédiées aux enfants. Des tablettes interactives **Great Explorer** sont à leur disposition pour les aider à naviguer sur la carte et découvrir les trésors cachés.

Notre conseil Pour les parents fatigués tout est prévu ! Vous pourrez vous installer confortablement au Neptune Café à siroter une boisson chaude tandis que vos moussaillons pourront jouer les grands navigateurs sur la Great Map.

Plan p. 82-83 ⑬ **G4** ON Y VA ! ☐

Romney Rd, SE10 9NF • ⊖ Cutty Sark, Greenwich • rmg.co.uk • 020 8312 6608 • tlj 10h-17h (je 20h) • gratuit

Monter à bord d'un clipper
sur le Cutty Sark

À partir de 5 ans **Après avoir visité le National Maritime Museum (ou avant), grimpez à bord d'un des fameux clippers qui rapportaient le thé à Londres.**

Les clippers étaient de **grands bateaux à voile** qui, au XIXe siècle, ramenaient le coton et le thé en Angleterre. Chaque année, les clippers **faisaient la course** pour être le premier à livrer à Londres le thé chinois fraîchement récolté. Le Cutty Sark a participé deux fois sans jamais gagner la course.

La visite permet de faire le tour de ce superbe navire : cale, entrepont, pont supérieur, cabines de matelots et d'officiers, une plongée immersive dans ce qui pouvait être **la vie en mer** pendant des mois pour les 26 membres d'équipage. Enchâssé dans un écrin de verre, le bateau est surélevé de 3 m pour permettre d'admirer aussi sa **rutilante coque en cuivre**.

Activités enfants Retroussez vos manches et essayez de faire tourner la roue du bateau (qui ne pèse pas moins de 963 tonnes). Les bambins vont adorer, pour sûr, chahuter dans les lits superposés des marins. De nombreux écrans interactifs rendent la visite très ludique, ce qui va plaire aux petits matelots.

Plan p. 82-83 (12) F4 ON Y VA ! ☐

King William Walk, SE10 9HT • ⊖ Cutty Sark, Greenwich • rmg.co.uk • 020 8312 6608 • tlj 10h-17h • adulte 13,50 £, enfant (5-15) 7 £, famille (2 + 2) 35 £

LONDRES EST

La City est le cœur historique de Londres. Ici les vieilles pierres côtoient les gratte-ciel. On peut y découvrir les vestiges romains de la première ville, Londinium, un château fort médiéval, une imposante cathédrale et même un pont de conte de fées. Le Museum of London vous raconte la longue et brillante histoire de la capitale britannique. Plus au Nord, Shoreditch est une galerie d'art à ciel ouvert où vos bambins vont adorer débusquer des fresques ultracolorées de *street art*.

JEU DANS LE LIVRET ENFANT VOIR PAGE 10

Admirer les joyaux de la Couronne

à la Tower of London

À partir de 4 ans **Ce château est le coffre à bijoux de la Couronne britannique depuis plus de 700 ans. Il se visite depuis 1661.**

Cette forteresse a été construite à partir de 1078 par Guillaume le Conquérant juste après la conquête de l'Angleterre par les Normands. Elle permettait alors de surveiller la ville et de la défendre des attaques. Depuis elle a servi de résidence royale, de prison, d'armurerie, de chambre du Trésor et même de zoo. Dès le XVIIe siècle, les Londoniens venaient admirer les **joyaux de la Couronne**.

Les gens viennent aujourd'hui du monde entier. Imaginez la **Couronne d'État impériale** incrustée de plus de 3 000 pierres (2 868 diamants, 273 perles, 17 saphirs, 11 émeraudes et 5 rubis). Chaque année, la reine porte sa couronne lors de la cérémonie d'ouverture du Parlement. Une des pièces les plus connues est un des plus gros diamants du monde, le **Koh-I-Noor** (105 carats).

Des oiseaux de bon augure

Sept corbeaux sont les invités permanents de la tour de Londres. La légende veut que s'ils disparaissent, la tour s'écroulerait et le pays avec ! Pour ne prendre aucun risque, on leur coupe une aile. Ils ne peuvent aller bien loin.

Pour éviter les grappes de visiteurs le nez collé aux vitrines, la visite s'effectue sur un tapis roulant !

L'armurerie mérite le détour. Elle est installée dans la White Tower (la "tour blanche"). On peut y voir des **armures** et des **armes** de toutes les époques. Les enfants ne manqueront pas d'observer une **petite armure** de 1 m de haut. Au dernier étage, des activités les attendent. Ils peuvent essayer un casque et expérimenter le champ de vision restreint d'un chevalier du Moyen Âge et tirer à l'arc ou avec un canon virtuel. La bien nommée Bloody Tower (la "tour sanglante") hébergeait des prisonniers célèbres. Dans une salle sont exposés les **instruments de torture** utilisés à l'époque. Et les enfants ne sont pas les derniers à vouloir faire la visite !

Les **visites guidées** sont assurées par les gardiens de la tour ; ils sont surnommés Beefeaters, car leur prestigieuse position leur permettait de manger autant de bœuf qu'ils voulaient à la table du roi. Les visites commencent toutes les 30 min et durent 1 h.

Notre conseil Évitez la file d'attente au guichet et payez vos billets moins chers en les achetant à la boutique de souvenirs dans le souterrain qui conduit à la tour, à la sortie du métro.

Plan p. 101 7 E3 ON Y VA ! ☐

Tower Hill, EC3N 4AB • ⊖ Tower Hill • hrp.org.uk • 0844 482 7799 • ma-sa 9h-17h30, di-lu 10h-17h30 (mars-oct), ma-sa 9h-16h30, di-lu 10h-16h30 (nov-fév) • adulte 24,50 £, enfant (5-16) 11 £, famille (2 + 3) 60,70 £

Devise française

La Couronne britannique a gardé les traces de ses origines normandes. En visitant la salle des joyaux de la Couronne de la tour de Londres, vous découvrirez que la devise des souverains anglais est écrite en français : "Dieu et mon droit."

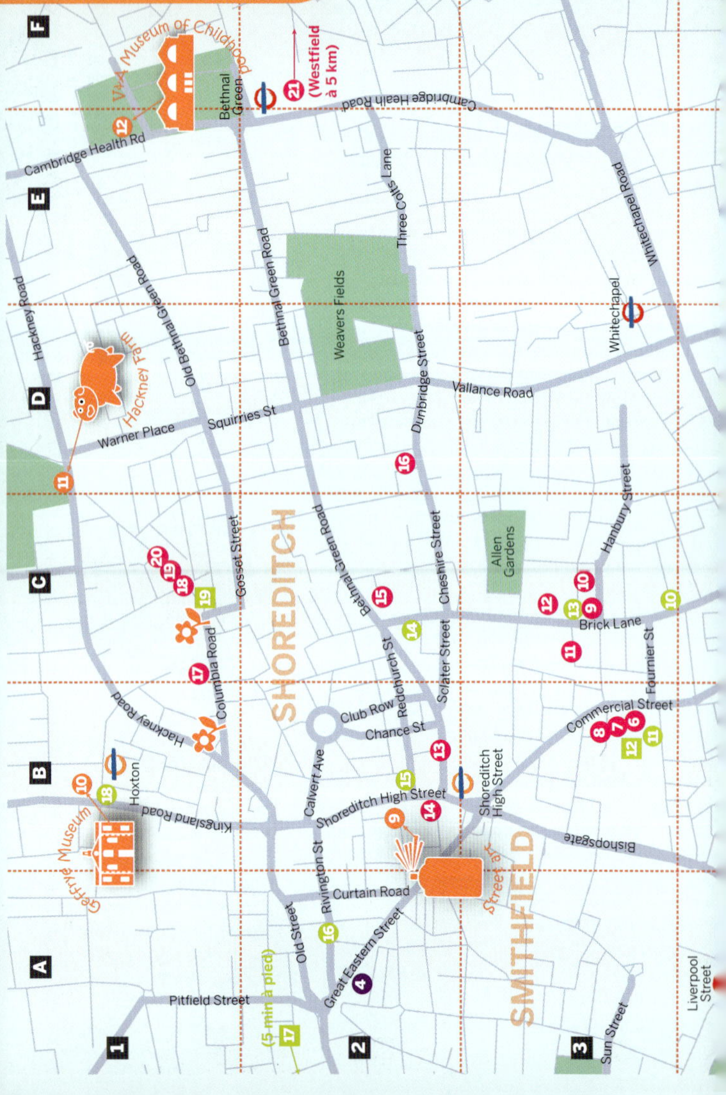
A
B
C
D
E
F
1
2
3
V&A Museum of Childhood
Bethnal Green
Westfield (à 5 km)
Cambridge Heath Road
Cambridge Health Rd
Hackney Road
Old Bethnal Green Road
Bethnal Green Road
Three Colts Lane
Weavers Fields
Whitechapel Road
Whitechapel
Hackney Farm
Warner Place
Squirries St
Dunbridge Street
Vallance Road
Gosset Street
SHOREDITCH
Cheshire Street
Allen Gardens
Hanbury Street
Brick Lane
Columbia Road
Redchurch St
Sclater Street
Club Row
Chance St
Fournier St
Commercial Street
Hoxton
Geffrye Museum
Kingsland Road
Calvert Ave
Shoreditch High Street
Bishopsgate
Rivington St
Curtain Road
Street Art
SMITHFIELD
Old Street
Great Eastern Street
Pitfield Street
(5 min à pied)
Sun Street
Liverpool Street

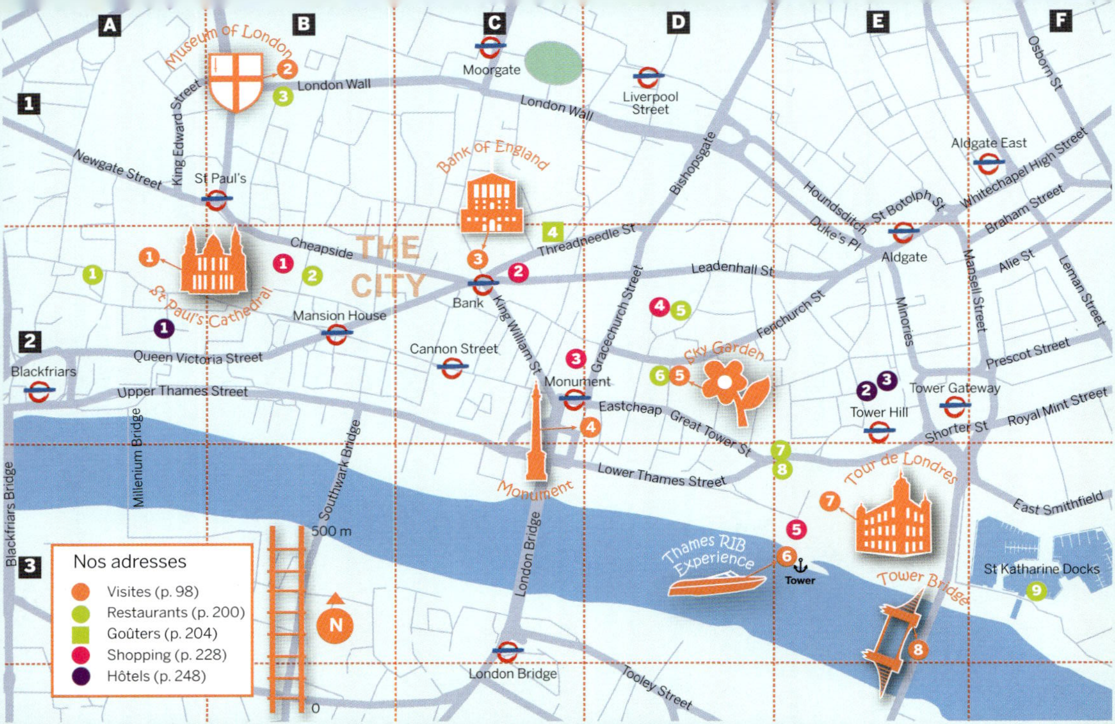

A
B
C
D
E
F
1
2
3
THE CITY
Museum of London
London Wall
Moorgate
Liverpool Street
Aldgate East
Osborn St
King Edward Street
Newgate Street
St Paul's
Bank of England
Bishopsgate
Houndsditch
Duke's Pl
St Botolph St
Whitechapel High Street
Braham Street
Aldgate
Alie St
Leman Street
Mansell Street
Minories
Prescot Street
Cheapside
Threadneedle St
Leadenhall St
Fenchurch St
Bank
King William St
Gracechurch Street
St Paul's Cathedral
Mansion House
Cannon Street
Queen Victoria Street
Blackfriars
Upper Thames Street
Monument
Eastcheap
Great Tower St
Sky Garden
Tower Gateway
Tower Hill
Shorter St
Royal Mint Street
Lower Thames Street
East Smithfield
Tour de Londres
Millenium Bridge
Southwark Bridge
Blackfriars Bridge
London Bridge
Thames RIB Experience
Tower
Tower Bridge
St Katharine Docks
Tooley Street
500 m
0
N
Nos adresses
Visites (p. 98)
Restaurants (p. 200)
Goûters (p. 204)
Shopping (p. 228)
Hôtels (p. 248)

Marcher dans les airs

sur le Tower Bridge

À partir de 5 ans **Une promenade pas banale à 44 m au-dessus de l'eau avec en prime une magnifique vue panoramique !**

Ce monument ressemble plus au château de *La Belle au bois dormant* qu'à un pont. Dans les années 1860, il a été conçu pour laisser les piétons et les véhicules **traverser la Tamise** tout en permettant aux plus gros bateaux d'atteindre le centre de Londres. À la sortie de l'ascenseur, un film raconte la construction du pont. La passerelle ouest présente une exposition sur Londres en noir et blanc et, la passerelle est, une expo sur les ponts à travers le monde. Plusieurs **écrans interactifs** dévoilent l'histoire du pont et permettent de localiser les édifices alentour. À la sortie, suivez les lignes bleues sur la chaussée qui vous conduisent dans l'ancienne salle des machines, au temps où le pont était actionné par d'énormes **machines à vapeur**.

Notre conseil Si vous n'avez pas le vertige, traversez la magnifique **passerelle en verre** *(Tower Bridge Glass Floor)* située à 42 m de haut. Vous aurez l'impression de marcher dans les airs au-dessus de la Tamise !

Marché de dupes ?

Beaucoup confondent le Tower Bridge avec le London Bridge (un pont tout à fait banal situé un peu plus loin). En 1968, un riche Américain a acheté le London Bridge pour plus de 1 million de livres. La légende veut qu'il ait cru acheter le Tower Bridge. Mais le vendeur et l'acheteur ont toujours démenti cette histoire.

Plan p. 101 8 E3 ON Y VA !

Tower Bridge, SE1 3PL • ⊖ Tower Hill, London Bridge • towerbridge.org.uk • 020 7403 3761 • tlj 10h-17h30 (avr-sept), 9h30-17h (oct-mars) • adulte 9£, enfant (5-15) 3,90£, famille (2+2) 20,30£, tickets combinés avec Monument (p. 104)

Voir un jardin suspendu
au Sky Garden

Tous âges Ce magnifique jardin, situé sur le toit d'un immeuble en plein centre-ville, offre une superbe vue sur Londres.

Le Sky Garden occupe les trois derniers étages d'un l'immeuble que les Londoniens surnomment le Talkie-Walkie du fait de sa forme bizarroïde. D'immenses verrières offrent une **vue panoramique à 360°**. Les enfants peuvent crapahuter en toute liberté dans ce jardin, découvrir différentes plantes et observer, à l'aide de télescopes, les **plus célèbres monuments** de Londres. Les premiers qu'ils vont voir c'est le Shard (p. 91) et le Gherkin, deux gratte-ciel emblématiques de la ville, puis un peu plus loin Tower Bridge et le London Bridge, et encore un peu plus loin le London Eye. Aux beaux jours, la terrasse extérieure est très agréable pour prendre l'air. Le Sky Garden c'est aussi un bar et deux restaurants avec vue !

Nos conseils La visite du jardin est gratuite, mais vous devez impérativement réserver vos tickets à l'avance en ligne et respecter l'horaire indiqué. Attendez-vous à de l'attente car l'accès est autant contrôlé que dans un aéroport. Si vous réservez une table au Darwin Brasserie (p. 201), qui propose un menu enfant, vous bénéficiez d'un accès prioritaire.

Plan p. 101 5 D2 ON Y VA ! ☐

20 Fenchurch St, EC3M 3BY • ⊖ Monument, Tower Hill • skygarden.london • 020 7337 2344 • lu-ve 7h-18h, sa-di 7h-21h • gratuit

Un architecte distrait
La réverbération du Soleil sur les fenêtres du Talkie-Walkie a eu pour effet de brûler des voitures et boutiques aux alentours ! Pour se défendre, l'architecte a accusé le réchauffement climatique. Eh oui, de nos jours, il peut faire beau et chaud à Londres !

Grimper les 311 marches
du Monument

À partir de 8 ans **Londres offre plein de possibilités de contempler la ville d'en haut. Cette fois, il faudra le mériter et grimper 311 marches… Allez hop !**

Cette immense colonne en pierre de Portland a été construite en 1677 **en mémoire du grand incendie** qui avait eu lieu 11 ans plus tôt et qui détruisit plus de 13 000 maisons dans le centre de Londres. Elle a été conçue par Sir Christopher Wren, le grand architecte de la reconstruction de Londres, et Robert Hooke. Haute de 61 m, elle est située à 61 m de la boulangerie d'où est parti le feu. Elle est surmontée d'une urne de bronze doré d'où s'échappent des flammes… des fausses bien sûr ! Wren et Hooke construisirent aussi ce monument à des fins scientifiques. Il contient un puits central qui était utilisé comme un **télescope zénithal**, ainsi que pour des expériences sur la gravité et les pendules.

La montée par un escalier en colimaçon de 311 marches vous permet d'obtenir un des **points de vue panoramique à 360° les moins chers de Londres**. Et pour récompenser vos efforts, un diplôme vous sera remis à la sortie.

Un peu de vocabulaire
La boulangerie d'où est parti le feu se situait sur Pudding Lane. Pudding signifiait à l'époque "entrailles" ; aujourd'hui, on le traduit par "dessert".

Plan p. 101 4 D2 ON Y VA ! ☐

Monument St, EC3 • ⊖ Monument • themonument.info • 020 7626 2717 • tlj 9h30-17h30 • adulte 4 £, enfant (– 16) 2 £, payable en espèces uniquement • billet combiné avec Tower Bridge adulte 10,50 £, enfant (– 16) 4,70 £

S'initier à la finance
au Bank of England Museum

À partir de 6 ans **Les traders en herbe pourront découvrir ici les secrets de la monnaie et de la finance. Et c'est gratuit !**

La **Banque d'Angleterre** a été créée en 1673, bien avant la Banque de France. C'est d'ailleurs un banquier écossais, John Law, qui a introduit les billets de banque en France au XVIIIe siècle. Le musée essaie de rendre la visite attractive pour les enfants qui peuvent, par exemple, soulever un **lingot d'or**. Ils s'apercevront qu'il faut de bons muscles car un lingot pèse 12,7 kg !

Plan p. 101 ③ DC2 ON Y VA ! ☐

Bartholomew Lane, EC2R 8AH • ⊖ Bank • bankofengland.co.uk/museum • 020 7601 5545 • lu-ve 10h-17h • gratuit

Chuchoter des secrets
à St Paul's Cathedral

À partir de 6 ans **Si vous murmurez un secret d'un côté de la Whispering Gallery, il sera entendu de l'autre côté… 34 m plus loin !**

La **Whispering Gallery** possède une acoustique particulière qui permet aux sons de voyager jusqu'à l'autre bout. Pour admirer la vue sur Londres, grimpez **378 marches**, jusqu'à la Stone Gallery. Les plus courageux escaladeront 150 marches de plus pour atteindre la Golden Gallery et admirer la **vue panoramique**.

Cette splendide cathédrale a été construite après le grand incendie de 1666 qui détruisit la cathédrale précédente. Son dôme est inspiré de celui de l'église Saint-Pierre, au Vatican, ce qui créa une polémique car les catholiques n'étaient alors pas en odeur de sainteté en Angleterre. En effet, un siècle plus tôt, le roi Henri VIII s'était fâché avec le chef de l'Église catholique, le pape Clément VII, et il avait créé une branche dissidente : la religion anglicane. La cathédrale abrite les **tombes** de nombreuses personnalités, dont celle de l'amiral Nelson.

Notre conseil Vous pouvez entrer gratuitement dans la cathédrale et la visiter à l'heure de la messe vers 12h30 (horaire à vérifier sur le site Web). En revanche, vous ne pourrez pas accéder aux étages sans payer l'entrée.

Plan p. 101 ① A2 ON Y VA ! ☐

St Paul's Churchyard, EC4M 8AD • ⊖ St Paul's, Mansion House • stpauls.co.uk • 020 7246 8357 • lu-sa 8h30-16h • adulte 18 £, enfant (6-17) 8 £, famille (2+2) 44 £, guide multimédia inclus, gratuit lors de l'office

Tout savoir sur l'histoire de Londres
au Museum of London

À partir de 6 ans **Ce musée retrace toute l'histoire de Londres depuis la préhistoire jusqu'aux jeux Olympiques de 2012.**

Les premiers habitants de cette zone marécageuse ne reconnaîtraient pas leur lopin de terre 450 000 ans plus tard. Le musée montre toutes les transformations qu'a subies la ville fondée par les **Romains** en l'an 50. Savez-vous à quoi ressemblait un marché au temps des Romains ? Une **maquette** vous attend pour que vous puissiez vous en rendre compte. Comment vivaient les **Saxons**, au VIIe siècle ? Pénétrez dans une **maison de l'époque** reconstituée grandeur nature.

Imaginez-vous au moment du **grand incendie**, en 1666, en coiffant un casque de pompier de l'époque ou apprenez à soigner la peste qui a tué de nombreux Londoniens dans les années précédentes. Faites du **lèche-vitrines** dans une rue à l'époque de la reine Victoria. Une boutique de jouets montre avec quoi les enfants s'amusaient au XIXe siècle. Plus loin dans le parcours, vous trouverez des **jouets** des années 1950. Vous aurez même le droit de les utiliser !

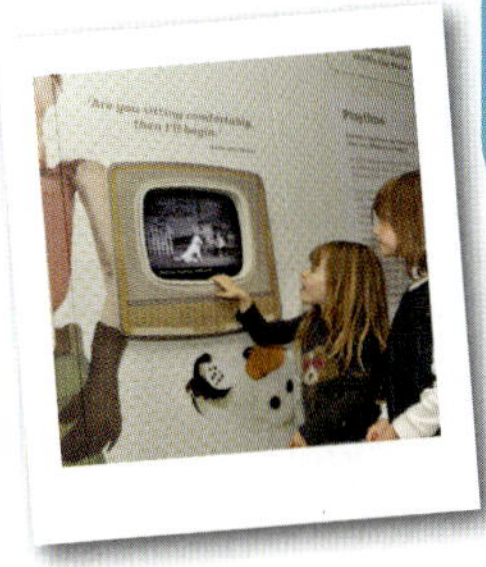

Ne partez pas sans aller admirer, dans la City Gallery, le **Lord Mayor's Coach**, un magnifique carrosse datant de 1757 qui parade en novembre lors du **Lord Mayor's Show** (p. 17).

Activités enfants Tous les dimanches, le musée organise des activités pour les familles. Des sacs à dos remplis d'activités variées sont proposés aux 4-11 ans. Des cahiers d'activités sont également à disposition à l'accueil pour les 4-7 ans ou les 7-11 ans. En revanche, tout est anglais, *of course* !

Plan p. 101 ② B1 ON Y VA ! ☐

150 London Wall, EC2Y 5HN • ⊖ Barbican, St Paul's • museumoflondon.org.uk • 020 7001 9844 • tlj 10h-18h • gratuit

Complot français !

C'est un Français, un peu simple d'esprit, Robert Hubert, qui a été accusé et pendu pour avoir déclenché le grand incendie de 1666. Selon ses accusateurs, il aurait agi dans le cadre d'un complot catholique. En réalité, le feu était parti d'un four mal éteint de la boulangerie d'un certain Thomas Farriner.

Découvrir le street art
à Shoreditch

À partir de 6 ans **Ce quartier populaire est devenu la Mecque du *street art* à Londres. Attention aux pupilles et surtout, levez bien les yeux !**

Longtemps abandonné, ce quartier s'est transformé quand les propriétaires des immeubles en ruine ont décidé de louer les appartements à moindre coût. C'est ainsi qu'un grand nombre d'artistes s'y sont installés et que le *street art* a vite envahi les murs.

De Spitalfields à Hoxton, le *street art* s'étale sur les murs pour le plus grand bonheur des visiteurs en quête de parcours insolites. **ROA** et **Bansky** sont les artistes les plus connus, mais d'autres tels que Ronzo ou D*Face sont à découvrir à **Ely's Yard**. Pour découvrir les œuvres made in France de C215 et Lily Mixe, rendez-vous sur **Bacon Street**.

Notre conseil Ces fresques sont cependant éphémères et, pour être sûr de ne rien rater, nous vous conseillons Alternative London qui propose des visites guidées en français tous les samedis à 11h30. Il n'y a pas de prix fixe ; ce sera à vous de décider, selon votre budget et la qualité de vos guides, qui sont d'ailleurs eux-mêmes des artistes de *street art* !

Plan p. 100 9 B2 ON Y VA !

1-3 Rivington St, EC2A 3DT • ⊖ Old Street, Shoreditch High Street • alternativeldn.com • 075 5191 1822 • sa 11h30 • réservation obligatoire, visites en anglais les autres jours

Remonter le temps
au Geffrye Museum

À partir de 3 ans **Parcourez 400 ans d'histoire en découvrant les intérieurs soigneusement reconstitués de maisons à différentes époques.**

Implanté dans un ancien hospice du XVIIIe siècle, le Geffrye Museum est dédié au **design et à la décoration d'intérieur**. Une longue galerie de 11 pièces retrace l'intérieur de maisons du XVIIe siècle jusqu'à nos jours, au travers d'une reconstitution très minutieuse qui fascinera les enfants.

En faisant défiler 400 ans d'histoire, le musée vous invite à découvrir comment les Anglais aménageaient leur maison. Aux beaux jours, les enfants pourront gambader dans les jardins. Le restaurant, qui surplombe les jardins, offre un large choix de soupes, salades, sandwichs et pâtisseries.

Activités enfants (week-ends et vacances scolaires anglaises) Le musée propose un large choix d'activités pour les enfants de 3 à 11 ans : quiz, jeux de pistes, audiotours, matériel pour fabriquer des masques et des coiffures ainsi que des paniers pique-nique pour initier les plus petits au fameux *tea time*. Des sacs à dos Sam the Dog sont mis à disposition avec à l'intérieur des activités sensorielles.

Plan p. 100 ⑩ B1 ON Y VA ! ☐

136 Kingsland Rd, E2 8EA • ⊖ Hoxton • geffrye-museum.org.uk • 020 7739 9893 • ma-di 10h-17h • gratuit

Faire le cochon
à Hackney City Farm

Tous âges Dépaysement total avec cette ferme en plein cœur de Londres où les enfants peuvent donner à manger aux chèvres, aux poules ou aux cochons.

Créée il y a plus de 30 ans, cette petite **ferme pédagogique** offre aux petits citadins la possibilité de se sentir comme dans une vraie ferme. La star de la ferme est l'**âne Larry**. Il a participé à plusieurs émissions pour la BBC. Mais les autres animaux ne méritent pas moins votre attention, comme les cochons rouges, les poules, les chèvres Charlock et Clover ou les lapins Bailey et Ellie. Si vous avez un petit creux, foncez au café Frizzante situé au milieu de la ferme. Sa terrasse donne sur les jardins, offrant un air de campagne.

Plan p. 100 11 D1 ON Y VA !

1A Goldsmiths Row, E2 8QA • ⊖ Hoxton, Bethnal Green • hackneycityfarm.co.uk • 020 7729 6381 • ma-di 10h-16h30 • gratuit

Jouer à la poupée
au V&A Museum of Childhood

Tous âges C'est comme un grand magasin avec des milliers de jouets, depuis des poupées datant de plus de 3 000 ans jusqu'aux derniers jeux électroniques.

Ce musée possède plus de **8 000 poupées**. La plus vieille est une "poupée palette", un morceau de bois sculpté datant des Égyptiens.

La plus récente est une poupée punk de 2005 ! Que les amateurs (ou amatrices) de **petites voitures** ne s'inquiètent pas : la section Moving Toys présente des modèles comme l'Aston Martin de James Bond de 1965 jusqu'aux voitures à pédales, sans oublier les circuits électriques. Les enfants pourront même découvrir les premières consoles de jeux vidéo datant du siècle précédent.

Au dernier étage, on trouve un bac à sable avec des transats pour les parents ! Et, juste à côté, deux petits théâtres de marionnettes où les enfants peuvent improviser leur propre spectacle. Au-delà des jouets, l'exposition **What We Wear** ("Ce que nous portons") fait découvrir que les grands changements dans la mode trouvent leur origine dans la mode enfantine avant de gagner le monde des adultes.

Activités enfants Des brochures d'activités, en anglais, proposent des parcours libres (*trails*, disponibles à l'accueil). Le week-end, ils peuvent participer à une chasse au trésor. Pour les plus jeunes (-5 ans), on peut trouver aussi des packs Montessori à l'accueil. Tous les jours (14h30-16h), un atelier (Art Smarts) permet aux enfants d'exercer leurs talents manuels ou artistiques.

Notre conseil Le restaurant sur place est une alternative si vous voulez faire une pause rapide.

Plan p. 100 ⑫ E1 ON Y VA ! ☐

Cambridge Heath Rd, E2 9PA • ⊖ Bethnal Green • vam.ac.uk/moc • 020 8983 5200 • tlj 10h-17h45 • gratuit

Maisons de poupée

Le musée possède une très belle collection de maisons de poupée. La plus belle pièce est la "maison de Nuremberg" qui date de 1673. Elles servaient à cette époque à l'éducation des petites filles de bonne famille pour les préparer à la conduite parfaite d'un ménage. Ce n'est pas avant le XVIIIe siècle que les maisons de poupée deviennent des jouets.

LONDRES NORD

Vos stars préférées vous attendent chez Madame Tussauds mais si vous préférez aller saluer les vedettes de la savane ou de l'Arctique, rendez-vous au Zoo de Londres qui se trouve dans Regent's Park. Relaxez-vous en parcourant en bateau Regent's Canal avant de vous engouffrer dans les marchés de Camden, étape incontournable pour les accros du shopping. Allez admirer la *skyline* de Londres en haut de Hampstead Heath où vous pourrez également barboter en cas de grosse chaleur !

Se faire des cheveux
Il ne faut pas moins de quatre semaines pour insérer un par un les 10 000 cheveux d'origine naturelle qui constituent la coiffure d'un mannequin de cire.

Voir des célébrités
chez Madame Tussauds

À partir de 4 ans **Les enfants ne veulent manquer pour rien au monde l'occasion de voir de près les stars de la musique, du cinéma ou de la politique, mêmes figées dans la cire. Allez savoir pourquoi !**

Madame Tussauds est le musée de cire le plus visité au monde. Le succès ne se dément pas malgré des prix excessifs. Les enfants adorent reconnaître et toucher leurs vedettes préférées. Ils peuvent côtoyer les stars de la chanson, de **Justin Bieber** à **Lady Gaga** en passant par **Michael Jackson** ou **Beyoncé**.

En entrant dans la **A-List Party**, les filles se précipiteront pour voir **Robert Pattinson** pendant que les garçons poseront fièrement avec les héros de **Star Wars**. Les parents pourront quant à eux présenter leurs hommages à la famille royale.

Après les paillettes, place au cérébral ! Les enfants peuvent passer un test de QI interactif sous la surveillance d'**Einstein**, dialoguer avec

Shakespeare ou rencontrer des personnalités politiques ou religieuses comme **Barack Obama**, le **dalaï-lama**... et même **François Hollande** !

Grimpez ensuite dans un *black cab* **Spirit of London** et voyagez à travers le temps pour découvrir l'histoire de Londres. Terminez votre visite par une projection de **film en 4D** dans la salle de cinéma à 360°. Les enfants en ressortiront décoiffés !

L'histoire de Madame Tussaud mérite d'être contée. Marie Grosholtz, de son nom de jeune fille, est née à Strasbourg en 1761. Elle apprend à réaliser des portraits de cire auprès d'un médecin, Philippe Curtius. Celui-ci crée, en 1770, une première exposition de figures de cire de personnalités de l'époque. Marie réalise les portraits de Voltaire et de Rousseau. Pendant la Révolution française, elle réalise des masques mortuaires de guillotinés célèbres. À partir de 1802, elle fait le tour du Royaume-Uni et crée, en 1835, son musée à Londres.

Notre conseil Pour obtenir de meilleurs tarifs, réservation en ligne impérative (– 30%). Réduction supplémentaire pour une entrée après 16h.

Plan p. 114-115 ❶ C4 ONYVA ! ☐

Marylebone Rd, NW1 5LR • ⊖ Baker Street • madametussauds.co.uk/London • 0871 894 3000 • lu-ve 9h30-17h30, sa-di 9h-18h, tlj 9h-18h avr, juill, août • tarifs en ligne : adulte 23,80 £, enfant (4-15) 20,65 £, famille (2 + 2) 127 £, tickets combinés avec le London Eye et/ou le London Aquarium (p. 86)

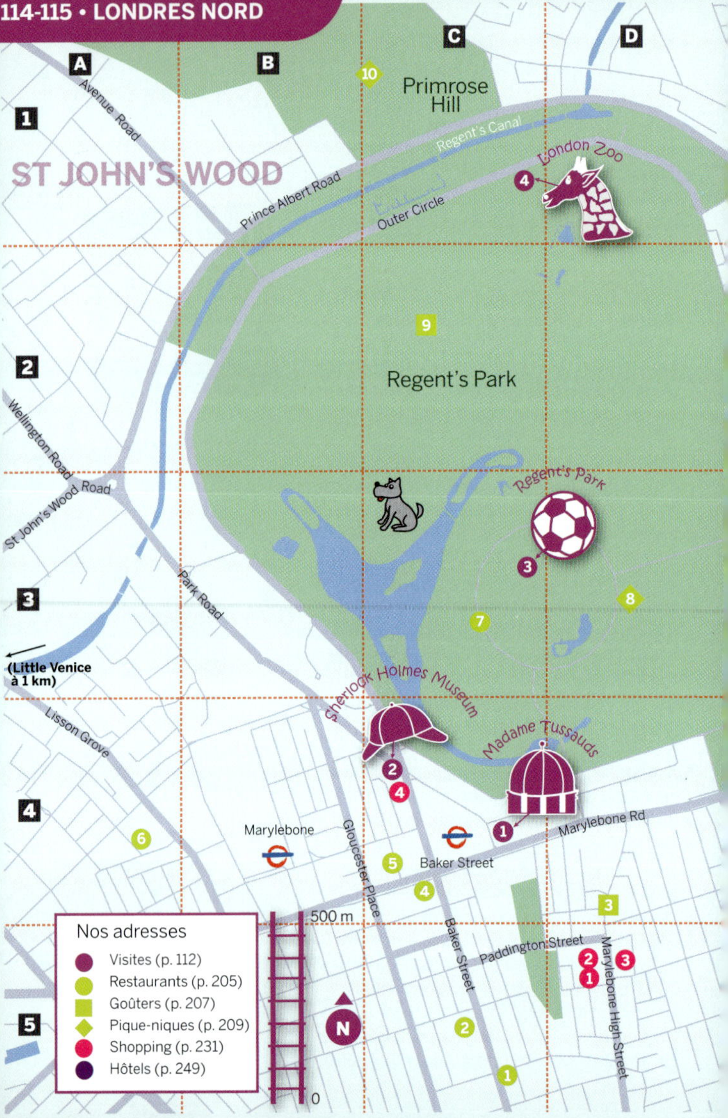
A
B
C
D
1
2
3
4
5
Primrose Hill
Avenue Road
ST JOHN'S WOOD
Regent's Canal
London Zoo
Prince Albert Road
Outer Circle
Regent's Park
Wellington Road
St John's Wood Road
Park Road
(Little Venice à 1 km)
Regent's Park
Sherlock Holmes Museum
Madame Tussauds
Lisson Grove
Marylebone
Gloucester Place
Baker Street
Marylebone Rd
500 m
0
Baker Street
Paddington Street
Marylebone High Street
N
Nos adresses
Visites (p. 112)
Restaurants (p. 205)
Goûters (p. 207)
Pique-niques (p. 209)
Shopping (p. 231)
Hôtels (p. 249)

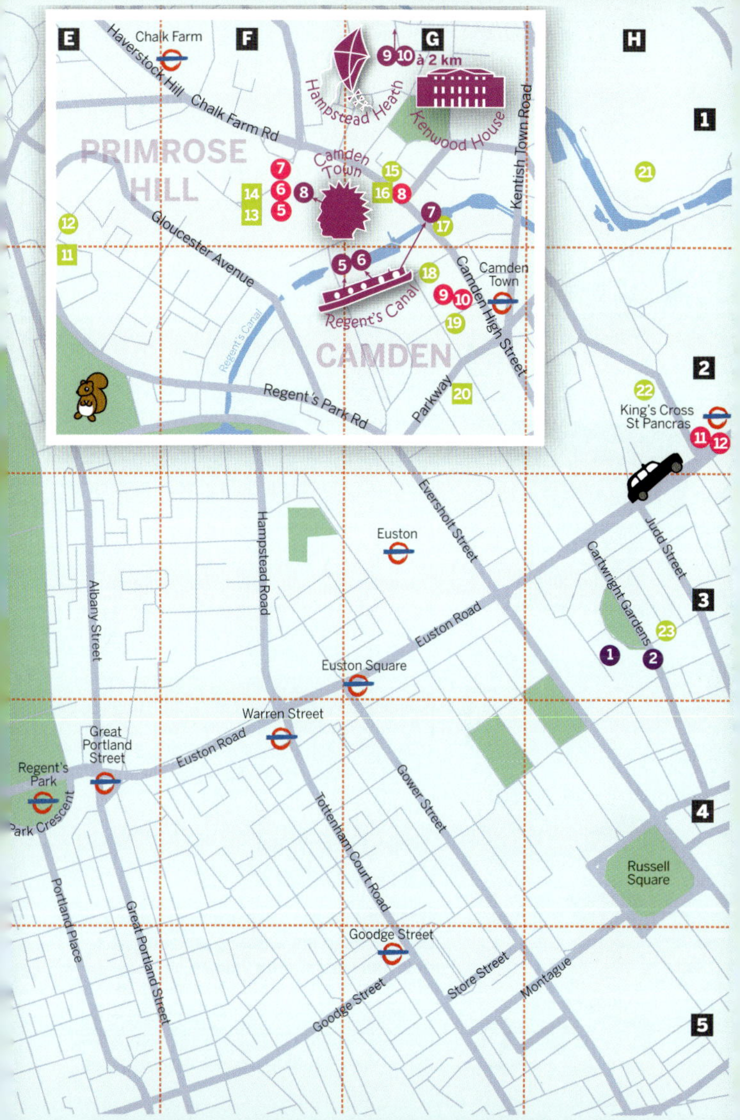

E
F
G
H
1
2
3
4
5
Chalk Farm
Haverstock Hill
Chalk Farm Rd
9 10 à 2 km
Hampstead Heath
Kenwood House
Kentish Town Road
PRIMROSE HILL
Camden Town
Gloucester Avenue
Regent's Canal
Camden Town
Camden High Street
CAMDEN
Parkway
Regent's Park Rd
King's Cross St Pancras
Eversholt Street
Euston
Hampstead Road
Judd Street
Cartwright Gardens
Albany Street
Euston Road
Euston Square
Warren Street
Great Portland Street
Regent's Park
Park Crescent
Gower Street
Tottenham Court Road
Russell Square
Portland Place
Great Portland Street
Goodge Street
Goodge Street
Store Street
Montague

Chercher des indices
au Sherlock Holmes Museum

À partir de 7 ans Le musée recrée l'esprit du domicile du célèbre détective. Pour les fans uniquement !

Les films de Guy Ritchie ont redonné un peu de notoriété à Sherlock Holmes auprès du jeune public. La reconstitution de son lieu d'habitation est fidèle… à la fiction de Sir Conan Doyle (même si beaucoup pensent encore que le célèbre détective a vraiment existé !). Un indice : l'adresse de Sherlock Holmes était 221B Baker Street et le musée est au 239.

La visite dure 30 min… ce qui rend l'attraction très chère au regard de son réel intérêt. Beaucoup de visiteurs y viennent juste pour se prendre en photo avec le *bobby* (policier) qui se trouve à l'entrée.

Plan p. 114-115 2 C4 ON Y VA ! ☐

239 Baker St, NW1 6XE • ⊖ Baker Street • sherlock-holmes.co.uk • 020 7224 3688 • tlj 9h30-18h • adulte 15 £, enfant (–16) 10 £

Jouer au foot
à Regent's Park

Tous âges Ce parc est une immense aire de jeux pour les enfants qui veulent se défouler entre deux visites.

Cet immense espace vert offre plein d'activités pour les familles. Les Londoniens, grands ou petits, viennent dans ce parc pratiquer leur sport favori. Pour des activités plus relax, vous avez l'étang avec ses bateaux, un petit bassin avec des embarcations à pédales jaunes pour les enfants, des aires de jeux aux quatre coins du parc. Concerts de mai à septembre.

Plan p. 114-115 3 C3 ON Y VA ! ☐

Regent's Park, NW1 4NR • ⊖ Regent's Park, Baker Street, Great Portland Street • royalparks.org.uk/parks/the-regents-park • 030 0061 2300 • tlj 5h-tombée de la nuit

Faire une croisière
sur Regent's Canal

Tous âges **Une balade en bateau sur Regent's Canal est le moyen le plus agréable pour découvrir Londres par les canaux.**

Les enfants adorent les bateaux. Pourquoi ne pas faire une **croisière** pour vous rendre au zoo et éviter la queue en entrant par la porte secrète qui donne sur le canal ? Départ de Camden Lock (15 min) ou de Little Venice, près de Paddington (30 min). C'est un coin méconnu de Londres qui vaut vraiment le détour. Vous pouvez aussi faire la promenade à pied par les berges.

Plan p. 114-115 5 G2 ON Y VA ! ☐

50 Camden Lock Pl, NW1 8AF • ⊖ Camden Town • londonwaterbus.co.uk • 020 7482 2550 • tlj 10h-17h (avr-sept, chaque heure), je-di 12h-16h (oct, 3 allers-retours), sa-di 12h-16h (nov-mars, 3 allers-retours), pas de service mi-déc-1er janv • billet avec entrée au zoo : adulte 24 £, enfant (3-15) 17,50 £, billet aller simple : adulte 8,30 £, enfant (3-16) 6,80 £

Faire le singe
au London Zoo

Tous âges **Pour assister au repas des fauves, au goûter des pingouins ou au coucher des girafes, direction le zoo de Londres.**

Il héberge près de 12 000 animaux à poils, à plumes ou à écailles : chimpanzés, pingouins, girafes, perroquets, tortues, cobras, etc. Dans l'enclos **Meet the Monkeys**, vous pourrez rencontrer des **singes-écureuils** hyperactifs. Un panneau d'information incite même les visiteurs à tester la marche à quatre pattes !

Ne manquez pas le **goûter des pingouins** tous les jours à 14h30. Ce sont de vraies bêtes de scène : glissades, plongeons et tutti quanti. Regardez les foncer sous l'eau comme des torpilles à travers les vitres du bassin, ce qui va beaucoup amuser les enfants… et leurs parents ! Venez un peu à l'avance pour avoir des places assises. Parmi les animaux marins, les énormes **tortues des Galápagos** valent le détour. Elles peuvent vivre plus de 150 ans.

Le London Zoo a tout fait pour améliorer les conditions de vie des gorilles. On les voit trop souvent mourir d'ennui derrière une baie vitrée. Ici, le **Gorilla Kingdom** recrée l'ambiance d'une forêt tropicale. Les girafes sont moins gâtées avec un espace large comme deux terrains de basket. Sans ballon, en plus !

Jae and Melati, deux **tigres de Sumatra**, s'ébattent dans le **Tiger Territory**, un espace qui reproduit au mieux leur habitat d'origine en Indonésie afin de préserver cette espèce

Course à pied

Saviez-vous qu'une girafe court plus vite qu'un chien ? Sa vitesse de pointe est de 50 à 55 km/h. La mygale, elle, est l'une des araignées les plus rapides avec 14 km/h.

en danger d'extinction. Les amateurs de lions seront comblés par le nouveau **Land of the Lions**, qui a ouvert ses portes en mars 2016 après deux ans de travaux, pour vous permettre d'observer ces gros matous de près.

Le zoo possède la plus **grande collection de serpents venimeux et de reptiles** du Royaume-Uni, et plus spécialement, de **dragons de Komodo**. C'est dans la **Reptile House** ("maison des reptiles") qu'un boa constricteur parle en anglais à Harry Potter, qui lui répond en fourchelangue. Vous pourrez observer aussi les adorables **suricates** d'Afrique du Sud, les **toucans** d'Amérique du Sud, des **escargots** de Polynésie ou des **cafards**... d'évier. Au centre du zoo, un grand amphithéâtre propose plusieurs fois par jour des démonstrations d'animaux en action.

Le London Zoo ne se contente pas de montrer des animaux dans ce qui ressemble plus ou moins à leur habitat d'origine. Il conduit une **politique de protection des espèces** en danger.

Notre conseil Pour éviter la file d'attente à l'entrée principale, arrivez par le canal en prenant une navette fluviale depuis Camden Lock avec un billet combiné (p. 117).

Plan p. 114-115 ④ C1 ON Y VA ! ☐

Regent's Park, NW1 4RY • ⊖ Baker Street, Camden Town • zsl.org/zsl-london-zoo • 020 7449 6200 • tlj 10h-17h30 (fév-mars), 10h-18h (avr-août), 10h-16h (sept-jan) • adulte 25,50 £, enfant (3-15) 16,50 £, famille (2 + 2) 75 £ (tarif famille en ligne uniquement)

Jouer au Petit Poucet

dans Hampstead Heath

Tous âges **Situé au nord de Camden, ce parc est en réalité une immense forêt. Idéal pour de grandes balades en famille.**

Ce parc est tellement immense (près de 320 ha) qu'il n'est pas impossible de s'y perdre mais, ne vous inquiétez pas, bon nombre de familles françaises se sont installées dans ce quartier et vous n'aurez aucun mal à trouver une bonne âme pour vous indiquer le chemin... en français !

Le week-end, ce parc boisé est le lieu de rendez-vous de toutes les familles du quartier chic de Hampstead. Beaucoup plus vallonné que Hyde Park ou Regent's Park, Hampstead Heath surplombe Londres, offrant une **vue unique de la *skyline***.

Grimpez tout en haut de **Parliament Hill**, où vous pourrez vous poser sur un banc pour admirer la *skyline*. Si vous ne repérez pas tout de suite l'endroit, il vous suffit de chercher du regard les **cerfs-volants** qui zigzaguent dans le ciel, Kite Hill est en effet le point culminant et le lieu le plus venteux de Hampstead.

Ne soyez pas étonné de voir, à l'est du parc, des gens nager dans les **lacs** tout au long de l'année. C'est paraît-il, vivifiant ! Il y a un *pond* réservé aux femmes et un autre aux hommes. Le *pond* mixte est ouvert aux enfants dès 8 ans. Pour les plus petits, le *playground* de Parliament Hill offre un *paddle pool*, de fin mai à début septembre, idéal pour barboter.

Plan p. 114-115 9 G1 ON Y VA !

Gordon House Rd, NW5 1QR •
⊖ Hampstead Heath • cityoflondon.gov.uk •
020 7332 3322 • tlj 24h/24h

Jouer les majordomes
à Kenwood House

Tous âges **La visite de ce magnifique manoir va vous plonger dans l'atmosphère aristocratique du XVIIIe siècle. La décoration est impressionnante et la visite gratuite !**

Un peu plus au nord dans Hampstead Heath, se trouve **Kenwood House** dont la magnifique façade blanche domine une étendue de pelouses, de bois et d'étangs. Cet immense manoir de style néoclassique, superbement restauré, regorge d'œuvres d'art dont des **toiles de grands maîtres** : Rembrandt, Turner, Vermeer et bien d'autres. À l'intérieur, le mobilier du XVIIIe siècle recrée le décor d'origine. En déambulant de pièce en pièce, vous pourrez admirer la richesse de la décoration, et notamment l'une des plus belles bibliothèques d'Angleterre. Le clou de la visite est une **immense maison de poupée**... en **version interactive** où les enfants, tels des majordomes, doivent aider la famille Mansfields à se préparer pour leur grande soirée en retrouvant les objets qu'ils ont égarés. Après cette aventure, petite pause au Brew Café.

Activités enfants Des *trails* en anglais et des sacs à dos d'activités sont disponibles dans l'Orangery. Des ateliers sont organisés tous les week-ends pour les bambins.

Plan p. 114-115 ⑩ G1 ON Y VA !

Hampstead Lane, NW3 7J • ⊖ Hampstead, puis bus 210 • www.english-heritage.org.uk • 020 8348 1286 • tlj 10h-17h • gratuit

Se transformer en punk
à Camden Town

Tous âges **Les enfants et surtout les ados adorent se balader dans ces ruelles grouillantes où l'on peut croiser des punks prêts à poser en photo avec vous !**

Camden Town était, dans les années 1970, le repaire des punks et des gothiques, d'où la présence de quelques salons de tatouages et de piercings ! Mais c'est surtout connu pour son **marché aux puces**. Principalement dédié aux fripes de tout style allant du gothique au vintage, on y trouve également des stands d'artisanat, de décoration, de gadgets et de *street food*. Camden Town ne se limite pas à ce seul marché aux puces. On dénombre en fait **plusieurs marchés**, chacun ayant sa particularité.

Camden Stables Market possède des **statues de chevaux** qui impressionneront les plus petits. C'était en effet, à l'époque victorienne, un hôpital pour les chevaux qui tiraient les barges le long du canal. Cette partie de Camden est un véritable dédale de ruelles pavées bordées d'une centaine de petites boutiques. Emmenez les plus grands découvrir l'univers futuriste du Cyberdog (p. 232). Pour fuir la foule, faites une pause au Basement Tea Rooms (p. 208) situé en sous-sol.

Camden Lock Village est situé quant à lui le long du Regent's Canal. C'est d'ici que partent les **navettes fluviales** pour le Zoo ou Little Venice (pour plus de détails, voir p. 37).

Les stands de *street food* y sont plus authentiques que dans les autres parties du marché et vous offrirez à vos enfants un véritable voyage culinaire. Laissez-vous tenter par une glace du Chin Chin Labs (p. 208) conçue sous vos yeux avec de l'azote liquide ! À l'étage, d'autres boutiques vous attendent. Deux autres marchés, **Inverness Street Market** et **Buck Street Market**, proposent des articles similaires.

Notre conseil Les marchés sont ouverts tous les jours de 10h à 18h, mais c'est surtout le week-end que c'est le plus animé et... le plus bondé ! Allez-y donc plutôt le matin surtout avec de jeunes enfants. Les prix varient du simple au double pour le même article selon les vendeurs, donc n'hésitez pas à négocier !

Plan p. 114-115 8 F1 ON Y VA ! ☐

Camden High St, NW1 8AF, Chalk Farm Road • ⊖ Camden Town, Chalk Farm • camden-market.org • tlj 10h-18h

La plage à Camden

L'été, 150 tonnes de sable sont amenées au roundhouse, situé sur Chalk Farm Road, pour transformer son immense terrasse en plage géante de 900 m² pour le plus grand bonheur des enfants et de leurs parents.
roundhouse.org.uk

LONDRES ET SES ENVIRONS

Où peut-on, si ce n'est à Londres, s'entraîner sur un site Olympique, découvrir une des plus grandes collections d'instruments de musique au monde, se balader au-dessus des arbres et visiter la résidence secondaire préférée de la reine ? Saviez-vous que Barbe-Bleue avait existé ? Venez lui rendre visite dans son château. Vous aimez les Lego ? Promenez-vous au milieu des villes miniatures et revivez des scènes de *Star Wars* reconstituées en petites briques.

Piloter un avion de chasse
au RAF Museum

À partir de 4 ans **Vos enfants veulent devenir pilotes de chasse ? Réalisez leur rêve en leur laissant les commandes d'un avion dans ce musée dédié à l'aviation.**

Une **centaine d'avions** sont exposés dans les hangars de cet immense musée, situé au nord de Londres. Cette collection regroupe aussi bien les premiers prototypes que les derniers jets et avions militaires. L'**Aeronauts Centre** propose pas moins de **40 activités interactives** : prenez les commandes d'un hélicoptère ou d'un deltaplane pour tester vos aptitudes de pilote.

Les plus grands pourront essayer des **simulateurs de vol** : attention, ça secoue beaucoup ! Une **projection en 4D** permet même de revivre les moments les plus intenses d'une bataille aérienne.

Grahame Park Way, NW9 5LL • ⊖ Colindale • rafmuseum.org.uk/London • 020 8205 2266 • tlj 10h-18h • gratuit (sf simulateurs 3 £ et projection 4D 4 £) ON Y VA ! ☐

Se glisser dans les coulisses
de l'Arsenal Emirates Stadium

À partir de 5 ans **Une visite exaltante du stade de l'équipe mythique d'Arsenal pour fans de foot, petits et grands !**

L'Emirates Stadium héberge l'équipe d'Arsenal, bien connue pour avoir eu des Français comme **Patrick Viera** ou **Thierry Henry** comme capitaines d'équipe. Il faut être membre du club pour assister aux matchs, donc autant dire que c'est quasi impossible pour les touristes. Heureusement, le stade ouvre ses portes aux fans du monde entier, en dehors des matchs.

Munis d'un **audioguide**, vous allez **visiter** librement les coulisses, les vestiaires où chahutent les joueurs avant le match, traverser le tunnel qui mène au stade et vous asseoir dans les gradins en imaginant les cris d'encouragement des fans du club. On les appelle les *gooners*, la reine d'Angleterre et le prince Harry sont d'ailleurs de grands supporters de l'équipe.

Un **petit musée** retrace l'histoire de l'AFC depuis sa création en 1886 mais c'est surtout la boutique qui ravira les fans. Ils pourront bien sûr acheter la tenue de leur joueur préféré ou, encore mieux, commander sur place un maillot personnalisé et repartir avec !

Emirates Stadium, Hornsey Rd, N7 7AJ • ⊖ Holloway Road • bookings.arsenal.com • 020 7619 5000 • lu-sa 9h30-17h, di 10h-15h, adulte 20 £, enfant (– 16) 10 £, famille (2 + 2) 50 £, audioguide en français inclus

ON Y VA !

Thierry Henry

Meilleur buteur de l'histoire d'Arsenal (226 buts au compteur !), une statue en bronze à son effigie a été érigée en son honneur à l'entrée du stade ! Aujourd'hui, il entraîne l'équipe junior d'Arsenal ; peut-être le croiserez-vous pendant votre visite...

Dévaler le plus grand toboggan du monde

au Queen Elizabeth Olympic Park

Tous âges **Le Queen Elizabeth Park a été réaménagé, à la suite des jeux Olympiques de 2012, afin que les structures soient accessibles à tout le monde.**

À l'Information Point, vous allez pouvoir choisir un des parcours pour découvrir les structures qui ont servi aux JO. Faites un passage par **The Orbit**, l'immense tour en spirale imaginée par l'artiste Anish Kapoor. La tour culmine à **80 m d'altitude**, vous offrant une incroyable vue sur Londres. Pour redescendre, prenez le **toboggan en spirale**, c'est le plus long du monde (178 m !) plutôt que l'ascenseur (sensations garanties !). Au **North Park** vos futurs champions pourront jouer au milieu des fontaines d'eau ou escalader des murs artificiels pendant que vous profiterez des transats en bois. Achevez cette visite par le **Tumbling Bay Playground** où les plus petits pourront s'arroser avec des pompes à eau et courir au milieu des barrages. Les plus grands préféreront explorer les **cabanes suspendues** et une multitude de **points d'escalade**. Si vous êtes amateur de *street art*, longez le canal qui borde le parc et découvrez les œuvres des nombreux artistes.

Queen Elizabeth Park, E20 2ST • ⊖ Stratford • queenelizabetholympicpark.co.uk • 0800 0072 2110 • tlj 11h-17h (oct-mars), 10h-18h (avr-sept) • gratuit • The Orbit : adulte 10 £, enfant (3-16) 10 £, famille (2+2) 26 £

ON Y VA ! ☐

Se prendre pour un docker
au Museum of London Docklands

Tous âges Canary Wharf héberge un petit musée très ludique qui permet de découvrir l'histoire des Docklands et de la Tamise.

Ce musée installé dans un ancien entrepôt vieux de plus de 200 ans qui stockait sucre, café et rhum, vous plonge instantanément dans le passé. Vous allez découvrir la passionnante histoire de la Tamise depuis le premier campement romain en l'an 50 jusqu'à nos jours.

Les galeries sont aménagées pour rendre la visite particulièrement attractive pour les enfants : arpentez les rues de Sailortown et laissez-vous immerger dans l'ambiance animée d'un port du XIXe siècle, devinez d'où viennent les épices que vous pourrez sentir au **Warehouse of the World**, et pour finir, la dizaine d'activités interactives de la **Mudlarks Children's Gallery** permet aux *kids* de jouer aux petits matelots. Ils pourront ici creuser pour trouver un trésor, construire des barrages ou tester leur force en soulevant des sacs de marchandises. Les plus petits, quant à eux, pourront jouer avec de gros blocs dans le *soft play area* qui leur est réservé. Pour compléter votre visite, prenez l'une des navettes fluviales Thames Clippers pour regagner le centre de Londres (p. 33).

West India Quay, Canary Wharf, E14 4AL • ⊖ Canary Wharf, West India Quay • museumoflondon.org.uk • 020 7001 9844 • tlj 10h-18h • gratuit

ON Y VA ! ☐

Rencontrer un walrus
à l'Horniman Museum

Tous âges **Le Horniman Museum est sans contexte le meilleur musée pour les enfants à Londres. Aux beaux jours, les 16 ha de jardins paysagers offrent un terrain de jeu unique pour les petits comme les grands.**

Débutez la découverte de ce petit musée par la magnifique galerie d'**Histoire naturelle** où sont exposées toutes sortes d'animaux empaillés. Le plus connu est de loin le **morse** *(walrus)* qui trône fièrement sur son iceberg.

Puis plongez dans l'univers multiethnique de la **Centenary Gallery** remplie d'objets anciens venus du monde entier. Ne manquez pas la **Music Gallery** qui compte plus de **1300 instruments de musique** ; il s'agit de la plus grande du Royaume-Uni. Les enfants peuvent essayer certains d'entre eux pour créer leur propre composition grâce au système de **Hands on Space**.

Le tout nouvel **aquarium** attire bon nombre de petits qui peuvent admirer une faune aquatique variée. La galerie **Hands on Base** fera la joie des plus curieux qui pourront toucher, porter et découvrir de véritables objets de collection. Pour finir, vous pouvez emmener votre tribu explorer le magnifique **jardin botanique** et voir de près les animaux de la ferme.

100 London Rd, SE23 3PQ • ⊖ Forest Hill • horniman.ac.uk • 020 8699 1872 • tlj 10h30-17h30 • gratuit sf aquarium : adulte 3,85 £, enfant (3-16) 1,65 £, famille (2+2) 8,25 £ ON Y VA !

Observer des oiseaux sauvages
au WWT Wetland Centre

Tous âges **Situé à moins d'une heure du centre de Londres, cette réserve naturelle de 45 ha est un vrai paradis pour les ornithologues et les petits curieux.**

Difficile de croire que vous êtes si près de Londres tant le Wetland Centre vous plonge dans un univers empreint de quiétude. Bien que situé dans une zone résidentielle, on se croirait en pleine campagne. Ici vous allez pouvoir observer de **nombreuses espèces sauvages dans leur habitat naturel**. Des jumelles peuvent être à louées à la boutique pour admirer le vol des oiseaux sauvages au-dessus des étangs.

La réserve est découpée en **14 habitats différents** : des forêts norvégiennes à la toundra sibérienne. On y trouve canards, oies sauvages, martins-pêcheurs et près de **200 autres espèces**. Six postes d'observation permettent de les approcher en toute discrétion.

Activités enfants Les enfants peuvent nourrir les oiseaux tous les jours à 15h. Des parcours (en anglais) sont à disposition.

Queen's Elizabeth's Walk, Barnes, SW13 9WT • ⊖ Hammersmith (puis bus 283) • wwt.org.uk/london • 020 8409 4400 • tlj 9h30-18h (avr-oct), 9h30-17h (nov-mars) • adulte 13,10 £, enfant (4-16) 7,20 £, famille (2 + 3) 36,60 £ ON Y VA ! ☐

Se promener dans la cime des arbres
à Kew Gardens

Tous âges Une passerelle en fer perchée à 18 m de hauteur permet de se promener en toute sécurité au sommet des chênes ou des marronniers.

Les jardins botaniques royaux de Kew sont parmi les plus beaux du monde. Ils comptent plus de **30 000 variétés** de plantes et plusieurs milliers d'arbres dont certains ont plus de 400 ans. Promenez-vous entre ciel et terre en empruntant le **Treetop Walkway,** une passerelle de 200 m de long qui tutoie la **cime des arbres**. La magnifique **Palm House** abrite des plantes tropicales tandis que les nénuphars géants de la **Waterlily House** sont une des attractions préférées des enfants. Des événements sont organisés toute l'année, comme l'illumination des jardins à Noël ou la chasse aux œufs à Pâques.

Activités enfants Deux aires de jeux sont dédiées aux *kids*. **Climbers and Creepers** où ils peuvent se prendre pour des insectes géants. **Treehouse Towers** pour grimper des échelles, franchir des ponts de cordes et redescendre par des toboggans. Le **Badger Sett** leur permettra de découvrir comment vivent les blaireaux en empruntant des tunnels situés sous les arbres.

Kew, Richmond, Surrey, TW9 3AB • ⊖ Kews Gardens • kew.org • 020 8332 5655 • tlj 10h jsq coucher du soleil • adulte 15 £, enfant (4-16) 3,50 £, famille (2+2) 34 £ • Prix réduits de nov à janv

ON Y VA ! ☐

Entrer dans le château de Barbe-Bleue

à Hampton Court Palace

À partir de 4 ans **Venez entendre l'histoire du roi Henri VIII et de ses six femmes de la bouche même de ses courtisans.**

C'était le château préféré d'**Henri VIII**. Ce roi a toujours fasciné grands et petits avec sa stature respectable, sa vie extravagante et surtout ses six femmes et ses trois maîtresses. Charles Perrault s'en est inspiré dans son conte : ***Barbe-Bleue***.

À 45 min du centre de Londres, cette visite vous plonge dans la vie de la cour à l'époque des Tudors. Assistez au **conseil du roi** et écoutez-le parler des affaires politiques. Entendez les rumeurs des courtisans pour deviner quelle est la dernière favorite d'Henri VIII. Toutes ces scènes sont jouées par des **acteurs en costumes d'époque**. Des vêtements sont à disposition à l'accueil pour se fondre dans le décor. Visitez les immenses cuisines du château, notamment la Royal Chocolate Kitchen (eh oui, une chocolaterie royale !). Dans le jardin, les *kids* pourront s'amuser à perdre leurs parents – ou réciproquement – dans le plus vieux **labyrinthe** d'Angleterre, dessiné en 1700.

East Molesey, Surrey, KT8 9AU • Hampton Court (35 min de Waterloo Station) • hrp.org.uk/hampton-court-palace • 0844 482 7799 • tlj 10h-18h (avr-oct), 10h-16h30 (nov-mars), adulte 16,50 £, enfant (5-15) 8,25 £, famille (2 + 3) 42,50 £ ON Y VA ! ☐

Chasse aux fantômes

Plusieurs fantômes habiteraient le palais. Des visites sont organisées (déconseillées aux moins de 12 ans !). Sur le site Web, vous pouvez découvrir la photo de Skeletor, l'un des fantômes, capturée par une caméra de surveillance en octobre 2003 !

Visiter la forteresse de Guillaume le Conquérant

au château de Windsor

À partir de 2 ans **Avec sa silhouette imposante, c'est un véritable château de conte de fées. De quoi satisfaire les rêves de tous les petits garçons et petites filles.**

Le château de Windsor est le plus grand château et la **plus ancienne forteresse habitée du monde**. Située sur une colline le long de la Tamise, cette demeure de **1000 pièces** est l'une des résidences préférées de la reine qui y séjourne régulièrement. Sa famille et elle s'y sont d'ailleurs réfugiées pendant la Seconde Guerre mondiale, quand la ville était bombardée.

Les enfants seront fascinés par l'incroyable **maison de poupée** datant de 1924 : les artistes ont travaillé d'arrache-pied pendant trois ans pour achever cette véritable œuvre d'art et rassembler les 1000 pièces miniatures qui la composent ! Tout comme à Buckingham Palace, la relève de la garde est un véritable show. Elle est assurée tous les jours à 11h d'avril à fin juillet (sf le dimanche).

Windsor, Berkshire, SL4 1NJ • Windsor & Eton Riverside station depuis Waterloo ou Paddington Station • royalcollection.org.uk/visit/windsorcastle • 030 3123 7304 • tlj 9h45-17h15 (mars-oct), 9h45-16h15 (nov-fév), vérifiez en ligne les dates de fermeture • adulte 20 £, enfant (5-16) 11,70 £, famille (2 + 3) 51,70 £

ON Y VA ! ☐

La Reine est-elle là ?

Si le drapeau Royal Standard flotte au-dessus de l'une des résidences de la Reine, cela signifie qu'elle s'y trouve. En cas d'absence, c'est l'Union Jack qui est dressé en haut du mât.

Assembler des briques
à Legoland Windsor

À partir de 2 ans **Les amateurs des petites briques de toutes les couleurs vont s'en donner à cœur joie dans ce parc à thème.**

Dans ce parc d'attractions entièrement dédié aux Lego, vous pouvez rencontrer des girafes en... Lego, naviguer sur des bateaux en... Lego, revivre les scènes de *Star Wars* en... Lego. Le parc ne cesse de créer de nouvelles attractions. Découvrez le nouveau **Lego Movie en 4D** et retrouvez Emmet et tous ses amis. Embarquez pour une périlleuse aventure dans les Pirate Shores ou retrouvez vos Lego Friends préférés à Heartlake City. À ne pas manquer : la balade en **sous-marin jaune**, l'Atlantis Submarine, au milieu des requins, des raies mantas et cinquante autres espèces marines. Envie de faire le tour de monde ? **Miniland** rassemble des reproductions miniatures des monuments les plus célèbres de la planète.

Activités enfants L'Imagination Centre met à la disposition des jeunes visiteurs des milliers de briques pour les laisser créer leurs modèles.

Notre conseil Le prix d'entrée sur place étant élevé, achetez vos billets en ligne au moins sept jours avant pour profiter des meilleurs tarifs.

Winkfield Rd, Windsor, Berkshire, SL4 4AY • Windsor & Eton Riverside station puis navette (1h de Waterloo ou Paddington) • legoland.co.uk • 0871 222 2001 • voir en ligne les jours d'ouverture • adulte 49,20£, enfant (3-15) 45£ ON Y VA ! ☐

LE LONDRES DE HARRY POTTER

Revivez la magie de Harry Potter
aux studios Warner

Traversez l'écran pour découvrir tous les secrets de réalisation des films du jeune sorcier de Poudlard en visitant les studios où ils ont été tournés.

Sur plus de **14 000 m²**, vous pouvez arpenter les **décors du film**, découvrir les costumes et les accessoires utilisés pour le tournage de la saga consacrée à Harry Potter. Une aventure de 3 h qui va vous ensorceler !

Après la projection d'un **petit film d'introduction**, les portes de Poudlard s'ouvrent et vous pénétrez dans l'**immense réfectoire** qui n'a rien d'un décor en carton-pâte. Les murs sont bien en pierre, les tables gigantesques sont bien en bois. Au fond de la salle, tous les professeurs sont là, ou du moins des mannequins portant leurs costumes.

La visite continue dans d'immenses hangars où vous retrouvez les **différentes pièces** que vous avez pu voir dans les films : la chambre de Harry, le bureau de Dumbledore, la salle de Gryffondor, la cabane de Hagrid ou le repaire de Severus Rogue avec ses bocaux et ses potions. Arpentez le Chemin de traverse (Diagon Alley) où vous attendent toutes les boutiques préférées de Harry. Trouverez-vous votre baguette magique ?

L'une des fiertés des studios Warner est la **maquette de Poudlard** (15 m de circonférence !) qui a servi aux prises de vues aériennes pour les films de la saga. Ses détails sont tout simplement époustouflants : toutes les portes sont articulées, de vraies plantes sont utilisées pour composer les paysages et des chouettes miniatures occupent la volière.

Admirez les **accessoires emblématiques** tirés des films, dont le Nimbus 2000 de Harry, la moto de Hagrid et le Knight Bus, pour lequel il a fallu assembler trois bus à impériale. De nombreux écrans accompagnent la visite et fournissent des explications sur les tournages et sur la réalisation des effets spéciaux.

De mi-novembre à février, l'école de magie prend des allures de fêtes. Elle est recouverte de neige, d'immenses sapins trônent dans le hall et les tables proposent un véritable festin.

Nos conseils Avec l'audioguide multimédia en français (4,90 £), les vidéos diffusées sont reprises avec leurs sous-titres. En choisissant le forfait avec le transport inclus (voir plus bas), vous pouvez bénéficier d'une réduction si vous optez pour une entrée après 15h. Boutique en embuscade à la fin de la visite, vous allez devoir sortir votre carte... magique !

Studio Tour Drive, Leavesden, WD25 7LR • wbstudiotour.co.uk • 084 50840 900 • station Watford Junction (20 min en train depuis Euston station puis navette 2,50 £) • tlj 10h-22h • adulte 35 £, enfant (5-15) 27 £, famille (2 + 2) 107 £ (réservation obligatoire) • bus direct avec goldentours.com depuis Victoria ou Baker St, prix (entrée et transport aller-retour) adulte 66 £, enfant (5-15) 61 £, enfant (3-4) 20 £ famille (2 + 2) 244 £

ON Y VA !

Partez sur les traces de Harry Potter
dans Londres

Si vous êtes fan du jeune sorcier, retrouvez dans Londres les lieux où ont été tournées quelques-unes des scènes des films.

Plusieurs scènes des films consacrés au jeune élève de Poudlard se déroulent dans Londres. Mais il n'est pas toujours facile de les reconnaître car beaucoup de lieux ont été modifiés pour les besoins du tournage. Voici quelques éléments pour vous aider.

C'est à la **maison des reptiles** du zoo de Londres (p. 118) que Harry libère un boa constricteur. Il découvre alors qu'il est capable de parler la langue des serpents, le fourchelangue.

La **banque Gringotts** (que l'on voit dans *Harry Potter à l'école des sorciers*) n'est pas une banque. Il s'agit en fait de l'Australia House, l'ambassade d'Australie qui est située sur le Strand. On ne peut pas y entrer, mais vous en reconnaîtrez les portes.

C'est sur le **quai 9 ¾** de la gare de King's Cross que Harry Potter attrape le train pour Poudlard en traversant un mur entre les quais 9 et 10. Un chariot à moitié enfoncé dans le mur se trouve près des quais 9 à 11. Une belle photo à faire ! Vous trouverez aussi une boutique Harry Potter dans la gare (p. 233).

Le fameux **Chemin de Traverse** se trouve, en réalité, au Leadenhall Market (p. 235). C'est ici que Harry, accompagné de Hagrid, achète sa chouette Hedwige, sa baguette magique et ses livres pour entrer à l'école des sorciers.

Dans le premier film, l'entrée du **Chaudron baveur** (Leaky Cauldron) se trouve dans un pub sur Charing Cross Road. Lors du tournage, c'est une boutique vide qui a été utilisée. Depuis, c'est une boutique d'opticien (The Glass House, Bull's Head Passage, près de Leadenhall Market). Dans les films suivants, le Chaudron baveur a déménagé dans la boutique Chez Michèle, une fleuriste française (7A Stoney Street, ⊖ London Bridge).

Dans le film *Harry Potter et le prince de sang-mêlé*, les Mangemorts détruisent un pont. Cette scène n'est pas dans les romans, mais il s'agit du célèbre **Millenium Bridge** que vous pouvez traverser sans crainte de la Tate Modern (p. 87) à St Paul's Cathedral (p. 105).

C'est sur le **pont de Lambeth** que le Knight Bus doit se faufiler entre deux bus à impériale dans *Harry Potter et le prisonnier d'Azkaban*.

Le **Ministère de la Magie** se trouve à l'angle de Scotland Place et Great Scotland Yard. Mais vous ne trouverez pas la cabine rouge que Harry et Mr Weasley empruntent pour s'y rendre dans *L'Ordre du phénix*. Celle-ci a été installée pour les besoins du film.

Voir un musical
dans le West End

À partir de 5 ans **Même si vous ne comprenez pas l'anglais, la magie opère ! La musique, la danse et la mise en scène l'emportent sur les dialogues.**

Les comédies musicales *(musicals)* sont très nombreuses à Londres et de très bonne qualité. Certains spectacles s'adressent plus particulièrement au jeune public comme *The Lion King*, *Billy Elliott* ou *Wicked*. Les tarifs sont assez élevés (comptez de 34 à 70 £) et vérifiez bien l'âge minimal requis au moment de la réservation (+ 5 ans en général). Pour obtenir les meilleurs tarifs, rendez-vous au **Kiosque TKTS** sur Leicester Square où vous pourrez acheter des billets à **tarif réduit**, jusqu'à – 50 % pour le soir même ! Nous vous conseillons chaudement d'y aller le matin afin d'être sûr d'avoir une place. Les séances de 15h *(matinee)* sont par ailleurs moins chères. Attention, des concurrents existent, mais, une fois leur commission ajoutée, vous risquez de payer plus cher qu'au théâtre.

Des sites Web offrent également des promotions, comme **ticketmaster.co.uk** et **officiallondontheatre.co.uk.** En août, la ***Kids Week*** permet aux moins de 16 ans d'accompagner leurs parents gratuitement (plus d'informations sur kidsweek.co.uk).

TKTS • Leicester Sq, WC2H 7DE • ⊖ Leicester Square, Piccadilly Circus • tkts.co.uk • 020 7557 6789 • lu-sa 10h-19h, di 11h-16h30 ON Y VA ! ☐

Faire le pingouin
sur un ice rink

À partir de 5 ans De novembre à février, des patinoires temporaires *(ice rinks)* apparaissent aux quatre coins de Londres pour le plaisir des petits et des grands.

Vous pourrez patiner dans un cadre féerique, au pied de sites touristiques. Location sur place de patins et de gros pingouins ou d'ours en plastique pour aider les enfants à faire leurs premiers pas sur la glace. Pour les tarifs, comptez environ 13 £ pour un adulte, 9 £ pour un enfant (– 12) et 40 £ pour une famille de deux adultes et deux enfants. Vous trouverez sur place des *pop-up bars* pour vous réchauffer. Les futures stars du patinage artistique vont pouvoir s'éclater ! Réservation en ligne vivement recommandée.

London Eye Ice Rink

Situé au pied du London Eye (p. 85).

County Hall, Westminster Bridge Rd, SE1 7PB • ⊖ Waterloo • londoneye.com • tlj 10h-21h • adulte 12,50 £, enfant (4-15) 9,50 £, famille (2+2) 39,60 £ (–10 % et gratuit pour les enfants le week-end après 15h si réservation en ligne) ON Y VA ! ☐

Natural History Museum Ice Rink

Petite détente avant ou après une visite du musée (p. 43).

Cromwell Rd, SW7 5BD • ⊖ South Kensington • nhm.ac.uk • lu-ve 11h-22h, sa-di 10h-22h • adulte 12,65 £, enfant (5-12) 8,80 £, adulte + enfant (–5) 11 £, famille (2+2) 39,60 £ ON Y VA ! ☐

Concours de pirouettes !

La Somerset House est une belle bâtisse de style géorgien qui offre une vue spectaculaire sur la Tamise. Le décor est grandiose, les patineurs sont bien abrités du vent et les petits Candeloro peuvent apprendre à glisser grâce à de gros pingouins en plastique, disponibles au Polar Cub Club, sur une petite piste d'apprentissage.

Broadgate Ice Rink

La plus longue patinoire de Londres dans le quartier de Spitafields.

Exchange Sq, Broadgate EC2A 2BQ • ⊖ Liverpool Street • cityicerinktickets.co.uk • tlj 10h-22h • adulte 13 £, enfant (4-13) 9 £, famille (2+2) 35 £ ON Y VA ! ☐

Winter Wonderland Ice Rink

En plein cœur de Hyde Park, absolument féerique (p. 47).

Hyde Park, W2 2UH • ⊖ Marble Arch • hydeparkwinterwonderland.com • lu-sa 10h-22h • adulte 10,50 £, enfant (– 12) 8,50 £, famille (2+2) 34 £ ON Y VA ! ☐

Somerset House Ice Rink

Dans le cadre sublime d'une bâtisse du XVIIIe siècle (p. 58).

The Strand, WC2R 1LA • ⊖ Charing Cross • somersethouse.org.uk • tlj 10h-22h15 • adulte 12,30 £, enfant (5-12) 8,85 £ ON Y VA ! ☐

Tower of London Ice Rink

Patinez dans les douves millénaires d'un des plus vieux bâtiments de Londres (p. 98) !

Tower Hill, EC3N 4AB • ⊖ Tower Hill • toweroflondonicerink.com • tlj 10h-22h • adulte 14 £, enfant (3-7) 9 £, (8-13) 10 £, famille (2+2) 40 £ ON Y VA ! ☐

Westfield Ice Rink

Idéal si vous voulez faire une pause entre deux séances de shopping (p. 234).

Ariel Way, W12 7SL • ⊖ Shepherd's Bush • uk.westfield.com • 020 3371 2300 • tlj 10h-20h • adulte 12 £, enfant (4-12) 10 £, famille (2+2) 38,50 £ ON Y VA ! ☐

Assister à un duel
au Shakespeare's Globe

À partir de 7 ans **Plongez dans l'univers de Shakespeare dans ce théâtre en plein air reconstruit à l'identique de l'original datant du XVIe siècle.**

Le théâtre original, le **Globe Theatre**, a eu une histoire agitée (voir encadré). C'est un acteur américain, Sam Wanamaker, passionné de Shakespeare, qui lança le projet de reconstruction dans les années 1970. Le **Shakespeare's Globe**, qui se trouve à 230 m du site d'origine, est fidèle au modèle original et permet de découvrir l'univers du spectacle tel qu'il était au XVIe siècle.

Vous pouvez, muni d'un **audioguide en français**, visiter le théâtre et le musée qui expose des **costumes de théâtre** d'époque. Des **visites guidées** (en anglais), sont organisées en dehors des répétitions et pendant les vacances scolaires. Elles donnent accès **aux coulisses** de ce magnifique théâtre et permettent d'assister à des **duels avec de vrais comédiens**. À l'époque, des enfants n'ayant pas plus de 13 ans jouaient les rôles féminins. Si vous êtes très à l'aise en anglais, vous pouvez même assister à des **représentations des pièces** de Shakespeare.

Plan p. 82-83 3 D1

21 New Globe Walk, SE1 9DT • ⊖ Southwark • shakespearesglobe.com • 020 7902 1400 • Billet combiné Theatre Tour et musée : adulte 15 £, enfant (5-15) 9 £, famille (2 + 3) 41 £ • audioguide en français pour le musée inclus (billets uniquement sur place) ON Y VA ! ☐

Un théâtre… enflammé

Le Globe Theatre fut construit en 1599 par une troupe d'art dramatique dont faisait partie Shakespeare. En 1613, suite à un incendie causé par un canon de théâtre qui rata sa cible et qui mit le feu au toit de chaume, le théâtre brûla. Il fut reconstruit l'année suivante, mais les Puritains le firent fermer en 1642, puis démolir en 1644.

Parier sur des lévriers
au Wimbledon Greyhound Stadium

À partir de 5 ans **Parier sur des courses de lévriers est l'un des amusements typiquement londoniens. On y va entre amis ou en famille. Les enfants vont adorer.**

À l'entrée, on vous remet un programme des courses du jour et à vous de parier sur une *race card*. Les lévriers sont au nombre de six à huit à courir sur une piste ovale après un lapin mécanique lancé à 65 km/h. Ça va vite, très vite. Les chiens font le tour de 460 m en moins de 29 s ! Sur place, vous trouverez un restaurant (réservation obligatoire) et un fast-food.

Plough Lane, SW17 0BL • lovethedogs.co.uk • 0870 840 8905 • ⊖ Tooting Broadway ou Wimbledon Station, puis bus 493, des taxis font aussi régulièrement la navette entre le stade et la station de métro • je, sa 18h30-22h30 • adulte 7 £, enfant (12-17) 3,50 £, (– 12) gratuit • entrée gratuite avec Oyster Card ON Y VA ! ☐

S'initier à la musique classique
aux BBC Proms

À partir de 5 ans **Le mythique Royal Albert Hall organise chaque été le plus grand festival de musique classique au monde.**

De juillet à septembre, le **Royal Albert Hall** et la **BBC** organisent les **BBC Proms** (des promenades concerts). **70 concerts de musique classique** sont proposés au prix modique de 5 £.

Jusqu'à 900 "promeneurs" peuvent se tenir dans l'arène centrale du Royal Albert Hall et 500 autres restent debout, assis ou allongés dans la galerie. La saison se clôture par un immense concert – l'un des plus exubérants de la musique classique – et un feu d'artifice dans Hyde Park.

Notre conseil De nombreux spectacles affichant complets, achetez très à l'avance les billets pour avoir des places assises.

Plan p. 40-41 ① F3 ON Y VA ! ☐

Kensington Gore, London SW7 2AP • ⊖ South Kensington • bbc.co.uk/proms • billets dès 5 £

Se défouler sur les manettes
au Namco Funscape

À partir de 5 ans **Certes on ne vient pas à Londres pour cela, mais en cas de pluie... *Why not ?* Mais, promis, on ne reste pas longtemps !**

Ce n'est peut-être pas l'occupation la plus recommandable mais en cas de pluie diluvienne et si vos bambins commencent à traîner la patte en râlant, mettez de côté vos principes et emmenez-les dans une de ces immenses salles dédiées aux jeux vidéo avec des pistes de bowling. Vous en sortirez rincés mais vos enfants seront comblés et prêts à repartir pour d'autres aventures.

Plan p. 82-83 ② A3 ON Y VA ! ☐

County Hall, Westminster Bridge Rd, SE1 7PB • ⊖ Waterloo, Westminster • namcofunscape.com • tlj 12h-0h

JEUX DE PISTE

De Trafalgar Square à Covent Garden

Nous vous emmenons pour une promenade à travers les avenues, les places et les petites rues d'un des quartiers les plus touristiques de Londres. En répondant aux questions, vous découvrirez curiosités et secrets cachés.

durée : environ 2 h
(hors pauses shopping ou repas)
réponses p. 264

Débutez à **Trafalgar Square** où trône une colonne construite à la gloire d'un amiral britannique qui n'a pas laissé un bon souvenir aux Français.

Quel est le nom de cet amiral ?

____

Il est mort en octobre 1805 à la bataille de Trafalgar qui a été une grosse défaite pour Napoléon. Pour rapatrier son corps d'Espagne, il a été placé dans un tonneau de cognac français. Après sa mise en cercueil, on dit que les marins ont bu le cognac.

Entrez dans la **National Gallery** (c'est gratuit comme presque tous les musées de Londres). **Grimpez** 2 fois 11 marches et trouvez une mosaïque représentant un gâteau traditionnel des Noëls anglais.

Inscrivez le nom de ce gâteau :
C___________________ **P** ______________

La recette se transmet de génération en génération. Traditionnellement, chaque membre de la famille, enfant compris, devait remuer le mélange et faire un vœu. Aujourd'hui, on l'achète tout fait.

Puis **entrez** dans la salle en face et trouvez un animal caché dans la jungle.

Question 3

Inscrivez le nom de cet animal :
__ __ g __ __

Un tableau célèbre, *Les Tournesols*, se trouve dans ce musée, retrouvez-le pour répondre à la question ci-dessous.

Question 4

Quel est le nom de ce peintre ?
__ __ n __ o __ __

Ressortez de la **National Gallery** et partez sur votre gauche. Regardez bien autour de vous. Levez la tête et cherchez un clocher. Eh oui, une église !

Question 4

Écrivez son nom :
St ______________ in the Fields

In the fields veut dire “dans les champs” car, à l'époque de la construction de l'église, tout autour, c'était la campagne. Trafalgar Square n'a été construit qu'en 1820.

Tournez à gauche devant l'église, engagez-vous dans **Charing Cross Road** jusqu'à la **National Portrait Gallery**. Regardez l'inscription sur le porche. C'est écrit en français.

Question 5

Écrivez l'inscription :

____

Cette expression est la devise de l'Ordre de la Jarretière, l'ordre le plus important de la chevalerie britannique. Selon la légende, la comtesse de Salisbury, alors qu'elle dansait avec le roi Édouard III, a perdu sa jarretière. Sous les moqueries des courtisans, le roi l'a ramassée, l'a passée sur sa jambe et prononcé la fameuse phrase que vous venez, bien sûr, de trouver.

Question 6

Continuez jusqu'à une petite place où se trouve la statue d'un acteur qui fut le premier comédien à être anobli.

Complétez : Henry _______

Prenez la rue qui porte son nom jusqu'à une grande place. Repérez alors une boutique immense pleine de bonbons de toutes les couleurs située à l'opposé de **Irving Street**. Si vous avez été bien sage, vous pouvez entrer y faire un petit tour.

Juste en face de cette grande boutique, vous allez voir une étonnante installation offerte par la Suisse. Il s'agit d'une structure en acier de 10 m de haut avec un carillon doté de 27 cloches. En dessous, il y a 11 figurines en bois d'animaux et de personnages en tenue historique. À certaines heures de la journée, tout ce petit monde s'anime en musique.

Question 7

Quel est le nom de ce carillon ?

____

Continuez votre chemin jusqu'à une très grande place où se trouve une statue de Cupidon, le dieu de l'Amour selon les Romains.

Question 8

Écrivez le nom de la place :
_________________ Circus

Le nom de cette place tire son origine des hauts cols empesés portés au temps des Stuarts par les dandys : les *piccadils*.

Empruntez la rue à droite, **Shaftesbury Avenue**, qui longe un immense panneau publicitaire. Poursuivez votre chemin jusqu'à trouver une rue dont le nom est écrit en anglais ET en chinois.

Vous entrez dans **Chinatown**, le quartier que les Chinois ont investi dans les années 1950. Aujourd'hui c'est devenu un lieu touristique piétonnier où se côtoient restaurants, salons de massage et magasins d'alimentation. Marchez jusqu'à trouver la porte des dragons.

Indiquez ici le nom de la rue :
___ ______ _________ Street

Question 8

Passez sous la porte et cherchez deux lions (papa lion avec le globe et maman lion avec l'enfant). Prenez la rue en laissant la famille lions derrière vous. Au loin, en face de vous, se dresse la grande tour ronde de British Telecom.

Poursuivez votre route jusqu'à trouver un pub où les Français se retrouvaient pendant la Seconde Guerre mondiale et dont le nom vous donnera un indice.

Question 10

Complétez : ____________ House

Pendant la Seconde Guerre mondiale, ce pub était le rendez-vous de la France libre. C'est ici, sur l'une des nappes, que le général de Gaulle aurait rédigé le brouillon de l'Appel du 18 juin. Ce célèbre discours fut prononcé depuis la BBC à 22h et rediffusé ensuite le lendemain à 16h car peu de gens l'avaient écouté.

Ensuite, **continuez** dans la même rue jusqu'à ce que vous tombiez sur un autre pub. Un indice : l'enseigne représente un moyen de transport très commun au XVIIIe siècle.

À cette époque, les femmes à la mode portaient des perruques tellement hautes que ces "véhicules" devaient être décapotés pour permettre à ces dames d'y prendre place sans abîmer leur belle coiffure.

Question 11

Tournez à droite du pub. Puis prenez la rue dont le nom ressemble à celui d'un personnage célèbre de BD qui porte une cape et fait régner l'ordre sur Gotham City.

Complétez : B____________ Street

Question 12

Continuez en direction d'un autre pub que vous reconnaîtrez par son enseigne où se trouvent deux animaux qui se rencontrent souvent à la chasse.

Quels sont ces animaux ?

____________ ____________

> Vous êtes dans le cœur de Soho : cet endroit était, il y a longtemps, des marais où l'on venait chasser le canard. Et les chasseurs criaient "soho" pour faire envoler les canards.

Continuez la rue et au bout prenez à gauche. Il s'agit d'une rue qui porte le nom d'une langue que l'on dit "morte". Puis cherchez un bâtiment à colombage faisant référence à un dieu grec connu pour sa force.

Question 13

Écrivez le nom du dieu : ____________

Engagez-vous dans le passage sous ce bâtiment. La rue porte le nom français de Manette.

> Dans le roman de Charles Dickens *Le Conte de deux cités*, deux émigrés français se réfugient chez les prêtres de la petite église située dans cette rue.

Puis **cherchez** la façade d'un immeuble où figure une sculpture représentant un bras et un marteau doré. Il s'agit de l'enseigne des orfèvres *(Goldbeaters)* car c'était autrefois leur quartier.

Continuez la rue jusqu'à **Charing Cross Road** et cherchez un théâtre qui porte le nom d'un oiseau mythique cité dans l'un des titres de films de Harry Potter.

Question 14

Quel est le nom du théâtre ?

____

Le nom de cet oiseau est important car c'est aussi celui de la rue que vous allez devoir emprunter maintenant. Vous êtes maintenant dans le quartier des théâtres, le **Theatreland** comme l'appellent les Londoniens.

Tout près, il y a un petit jardin secret qui porte le nom de cet oiseau. Pour le dénicher, entrez en face de **St Giles Passage**. Vous pouvez y faire une pause avant de poursuivre votre route.

Reprenez St Giles Passage, en vous dirigeant vers une grande artère (**Shafestbury Avenue**) que vous traversez. Attention, **St Giles Passage** change de nom et devient **Mercer Street**. Cette rue va vous mener à un monument exotique. Un obélisque trône au beau milieu de cette placette.

Vous êtes au cœur d'un des quartiers les plus misérables du XIXe siècle lorsque les pauvres buvaient du gin car l'eau n'était pas potable… Et c'était moins cher que la bière ! Cette petite place était fréquentée par des meurtriers, des orphelins et des malades du choléra, du typhus ou de la typhoïde. Aujourd'hui, l'endroit est heureusement bien plus fréquentable !

Regardez maintenant le haut de cet obélisque. Combien de cadrans *(dials)* y voyez-vous ? Cela va vous donner un indice précieux pour découvrir le nom de cette place.

Question 15

Écrivez le nom de la place :

________________ **Dials**

En partant de la rue par laquelle vous êtes arrivé (**Mercer Street**), marchez dans le sens des aiguilles d'une montre et prenez la première rue.

Pour vous assurer que vous êtes dans la bonne rue, cherchez l'enseigne d'un pub qui montre une couronne *(The Crown)*. Dans cette rue, vous pouvez voir un bâtiment en brique rouge.

C'était autrefois un hôpital français. On peut encore voir des inscriptions qui l'attestent. Les émigrés, qui fuyaient la Révolution française, s'installèrent dans ce quartier et y construisirent cet hôpital pour soigner les leurs.

Question 16

Quel est le nom de l'hôtel ?

____

Juste en face se trouve un passage, **Neal's Yard**, qui se transforme en une étonnante ruelle aux façades multicolores abritant de nombreux cafés et boutiques. Regardez en l'air et cherchez un tonneau. Il vous indique la sortie du passage. Vous êtes maintenant dans **Shorts Gardens**.

Tournez à gauche et avancez jusqu'à la rue **Neal Street**. Engagez-vous dans une galerie marchande où vous pouvez faire un peu de lèche-vitrines, mais pas trop car le jeu de piste n'est pas fini.

Question 17

Quel est le nom de la galerie commerciale ?

________________ ____________

Au bout de la galerie, **tournez à gauche** et prenez **Earlham Street.** C'est encore une enseigne de pub qui vous indique votre prochaine direction. Levez le nez et cherchez une couronne et une ancre.

Prenez la rue tout de suite à droite du pub (**Neal Street**). Au bout de cette rue, eh bien vous êtes arrivé à votre destination finale : **Covent Garden**.

Covent Garden veut dire "jardin du couvent". Au Moyen Âge, c'était le potager de l'abbaye de Westminster (catholique). En conflit avec le pape qui refuse d'annuler son mariage, Henri VIII crée l'Église anglicane. Il confisque alors les biens de l'Église catholique et les donne à ses amis – le potager est donné au duc de Bedford qui y fait construire une belle place, un hôtel particulier et une église.

De Westminster à la tour de Londres

Cette promenade ludique le long de la Tamise va vous mener à la rencontre de personnages illustres : des corsaires, un roi, un écrivain et même un jeune sorcier ! En prime, de très jolis points de vue.

durée : environ 2 h
(hors pauses shopping ou repas)
réponses p. 264

Départ

Votre jeu de piste débute à la sortie **nº 4 du métro Westminster**. Face à vous se trouve l'un des emblèmes de Londres (un peu comme notre tour Eiffel !).

Question 1

Il s'agit de : ______ ______

En fait, le nom désigne la grande cloche de 13 tonnes qui est à l'intérieur de la tour et qui a retenti pour la première fois le 11 juillet 1859. Le son de cette puissante cloche porte jusqu'à 6 km à la ronde. Pour le jubilé de diamant de la reine Élisabeth II, en 2012, on l'a rebaptisée Elizabeth Tower, mais personne n'utilise ce nouveau nom.

Tournez à gauche et dirigez-vous vers le pont. Traversez la rue pour aller de l'autre côté du pont. En face, se trouve le **Palace of Westminster** (palais de Westminster), que l'on appelle aussi **Houses of Parliament**. C'est ici que siègent les députés et les lords. À l'arrière, le long de la Tamise, vous pouvez remarquer deux auvents, un rouge et un vert.

Toute la décoration intérieure du Parlement reprend ces deux couleurs. Dans la Chambre des communes, où se réunissent les députés (MP), les bancs et les meubles sont de couleur verte. Dans la Chambre des lords, nommés quant à eux par la Reine, tout est de couleur rouge.

Repassez de l'autre côté du pont et traversez la Tamise (que les Anglais appellent Thames). En face de vous se dresse un bâtiment impressionnant. C'était autrefois le **County Hall**, c'est-à-dire la mairie de Londres.

Aujourd'hui, il abrite, dans son sous-sol, l'une des plus grandes collections européennes consacrée à la vie aquatique. À l'intérieur, des bancs de requins nagent dans un impressionnant tunnel en verre et des pingouins se prélassent sur la banquise. Si vous avez le temps, allez leur rendre visite.

Question 2

Indiquez le nom de cet aquarium ?

____

____

Face à vous se trouve une immense roue, le **London Eye** ("l'œil de Londres").

C'est l'attraction payante la plus populaire du Royaume-Uni. Construite en l'an 2000 pour célébrer le nouveau millénaire, elle est la plus haute roue d'observation du monde (135 m). On peut admirer un panorama couvrant jusqu'à 40 km à la ronde, par beau temps.

Continuez jusqu'au **Royal Festival Hall**. Regardez de l'autre côté de la Tamise, vous allez découvrir un monument égyptien dédié à Cléopâtre.

Pour vous aider à le repérer, cherchez un grand bâtiment Art déco avec une horloge tout en haut. Vous l'avez trouvé ? Regardez maintenant devant sur la gauche du bâtiment.

Question 3

Quel est ce monument égyptien ?

____

Marchez jusqu'à un pont dont l'origine est étonnante. Il fut construit en grande partie par des femmes durant la Seconde Guerre mondiale. Vous verrez sous ce pont des stands de bouquinistes.

Question 4

Indiquez le nom du pont :
____________ Bridge

Continuez sur les berges jusqu'à une statue appelée London Pride et qui représente deux femmes. Une plaque indique le nom du sculpteur Frank Dobson.

Question 5

À quel âge est-il mort ?

____

Dirigez-vous jusqu'à une petite place, **Gabriel's Wharf**, où se trouvent des restaurants et des boutiques ainsi que d'étonnantes sculptures de bois en forme de tables, de sièges et de jouets pour enfants.

Sur la rive opposée, vous allez apercevoir le grand dôme de la **cathédrale Saint-Paul**.

Elle fut dessinée en 1666 par un astronome, sir Christopher Wren, car le métier d'architecte n'existait pas à l'époque. Levez le nez et regardez la croix dorée tout en haut du dôme. Elle se trouve à 365 pieds (110 m) du sol pour rappeler que la terre tourne autour du soleil en… 365 jours.

Si la Tamise est à marée basse (entre marée haute et marée basse, le fleuve varie de 7 m), vous pourrez admirer les œuvres éphémères des sculpteurs de sable.

The Boat Race est le nom d'une célèbre course d'aviron où les universités de Cambridge et d'Oxford s'affrontent sur la Tamise, tous les ans au printemps. Cet événement très populaire est suivi chaque année par 500 millions de téléspectateurs. Ceci en fait l'un des événements sportifs les plus suivis au monde. La première course remonte à 1829.

Avancez sur les berges jusqu'à un bâtiment en brique rouge où vous trouverez un embarcadère nommé **Stamford Wharf**. Allez à son extrémité, retournez-vous et levez la tête pour découvrir une grande tour de style Art déco.

À son sommet, des fenêtres forment trois lettres dessinées pour Liebig pour faire la publicité de ses cubes de bouillon.

Question 6

Notez ici ces trois lettres :

_______ _______ _______

Prenez l'ascenseur jusqu'au 8e étage où se trouve la Public Viewing Gallery *(*c'est gratuit). Vous allez profiter d'une vue magnifique.

Une fois redescendu, **continuez** jusqu'à un grand immeuble de pierre grise revêtu de plaques dorées représentant des médailles.

Il s'agit d'un pub qui porte le nom de l'organisateur d'une célèbre **course de bateau** (eh oui, encore une !) qui a lieu tous les ans depuis 300 ans, au mois de juillet, entre le London Bridge et Chelsea. Le vainqueur reçoit un manteau *(coat)* et une médaille *(badge)*.

Question 7

Indiquez le nom du créateur de cette course :
_______ _______ Coat & Badge

Poursuivez votre promenade le long de la Tamise. Vous allez passer dans un petit tunnel, sous le **pont de Blackfriars** reconnaissable à sa décoration rouge.

Puis vous allez voir un deuxième pont piétonnier aux allures futuristes construit pour célébrer l'an 2000. Son nom fait écho à cet événement.

Question 8

Quel est le nom de ce pont ?
________________ Bridge

Ce pont ne vous rappelle-t-il pas une scène de *Harry Potter et le prince de sang-mêlé* ? Oui, bravo ! Il s'agit bien du pont de Brockdale attaqué et détruit par des Mangemorts.

TATE MODERN

En marchant encore un peu, vous arrivez à la **Tate Modern**. Avant de devenir un musée d'art moderne, ce grand bâtiment de brique rouge a connu une autre vie.

Question 9

Quelle fonction avait ce bâtiment ?

Un hôpital — **Une centrale électrique**

Une prison — **Une gare**

(Entourez la bonne réponse.)

Un indice pour vous aider : l'une des salles s'appelle **Turbine Hall**. Comme les musées sont gratuits, profitez-en pour y faire une petite incursion.

Poursuivez votre chemin jusqu'à un bâtiment rond dont les murs extérieurs blancs et à colombage sont coiffés d'un toit de chaume.

Question 10

Quel est le nom de ce théâtre ?

____

> Ce théâtre a été construit pour jouer les pièces de Shakespeare et d'autres dramaturges à l'instigation de la reine Élisabeth Ire. Il a ouvert en 1599, mais les puritains l'ont fait fermer en 1642 et détruire en 1644. Un acteur américain passionné des œuvres de Shakespeare l'a fait reconstruire en 1997 à l'identique.

Poursuivez votre route en passant sous un pont vert jusqu'à un pub reconnaissable à son ancre *(anchor)*. Reconstruit en 1676, après le Grand Incendie, c'est l'un des plus vieux pubs de Londres.

Lorsque vous avez la Tamise à gauche et le pub à droite, **regardez en l'air**. Vous allez apercevoir le plus grand gratte-ciel d'Europe (310 m pour 87 étages). Ce bâtiment s'appelle **The Shard** (surnommé “le tesson”). Il a été conçu par l'un des architectes du Centre Pompidou de Paris : Renzo Piano.

Depuis février 2013, le Shard est accessible au public. On peut accéder à une plate-forme d'observation vitrée, située sur trois étages (68, 69 et 72) et admirer Londres vu de tout en haut. Grâce à des écrans interactifs reliés à une longue-vue, vous allez pouvoir reconnaître tous les sites et monuments alentour.

Continuez sur **Clink Street** en passant sous un tunnel de brique noire jusqu'à arriver devant un bateau. C'est la réplique exacte du navire d'un célèbre corsaire anglais.

Question II

Inscrivez son nom : ____________________

À la différence des pirates qui attaquent les bateaux pour leur propre compte, les corsaires agissent sur ordre de leurs souverains et n'attaquent que les ennemis de leur pays. Capturés, les corsaires ont le statut de prisonniers de guerre et évitent ainsi la pendaison qui attend les pirates. Petite spécificité londonienne, au lieu d'être pendus, les pirates étaient attachés vivants dans le lit de la Tamise, à marée basse, et laissés ainsi durant trois montées de marée !

Empruntez Cathedral Street jusqu'à la **cathédrale de Southwark**. C'est le bâtiment gothique le plus ancien de Londres.

Certains vitraux évoquent la vie de William Shakespeare qui habitait une maison de l'autre côté de la Tamise. On dit parfois que c'est lui qui a créé la langue anglaise telle qu'elle est parlée de nos jours. En 1623, la publication complète de ses œuvres comprenait 30 000 mots différents contre seulement 8 000 pour la Bible.

Du lundi au samedi, vous pouvez faire un petit crochet pour découvrir **Borough Market**, juste à côté de la cathédrale. Ce marché alimentaire, un des plus anciens de Londres, regorge d'étals alléchants. On peut y acheter de quoi pique-niquer et s'installer ensuite dans le petit jardin de la cathédrale.

Continuez votre chemin par **Montague Street**, puis engagez-vous dans **Tooley Street.** À la sortie d'un court tunnel qui passe sous le **London Bridge**, levez les yeux et **cherchez** un dessin, sur le mur d'un superbe immeuble Art déco, qui représente le roi norvégien Olave II (les Vikings ont occupé Londres il y a plus de 11 siècles).

Prenez le passage qui part à gauche de l'immeuble et rejoignez la Tamise. Avancez sur les berges et vous allez vous retrouver face à un navire de guerre.

Question 12

Quel est le nom de ce navire ?

____

Il a servi lors de la Seconde Guerre mondiale pour le débarquement en Normandie. On peut le visiter (p. 92) et découvrir la vie à bord.

Poursuivez votre chemin sur **Queen's Walk** jusqu'à trouver, à droite, un étonnant bâtiment tout en verre. Il a la forme d'un bulbe pour minimiser sa surface et réaliser des économies d'énergie. Il s'agit du **City Hall** (la mairie). **Avancez** le long de la Tamise jusqu'à rejoindre un célèbre pont à bascule qui va vous permettre de rejoindre l'autre rive.

Question 13

Indiquez le nom de ce pont :
_________________________ **Bridge**

Ce pont à deux niveaux est l'un des autres emblèmes de Londres. Il a fallu huit ans pour achever sa construction (1876-1884). Le pont comporte 2 millions de rivets qui ont été tous placés au marteau et à la main par 432 ouvriers dont la plupart sont malheureusement devenus sourds.

Arrivée

Sur l'autre rive, vous apercevez l'enceinte de la **tour de Londres**. Cet impressionnant château fort abrite dans son enceinte un palais, des anciennes prisons, un musée et les joyaux de la Couronne.

De Blackfriars à Monument

Ce jeu de piste va vous entraîner au cœur de la City, du Londres médiéval aux gratte-ciel du XXIe siècle. Un labyrinthe de ruelles moyenâgeuses, des petites places bien cachées, le Chemin de traverse de Harry Potter… voici un itinéraire qui vous réserve plein de surprises !

durée : environ 1h30
(hors pauses shopping ou repas)
réponses p. 264

Votre jeu de piste débute à la sortie de la **station de métro Blackfriars.** En face, sur le grand immeuble en pierre blanche, cherchez la statue d'un animal.

Quel est cet animal ?

____

Allez à droite et cherchez un pub de forme triangulaire. Il y a une statue noire représentant un moine juste au-dessus de la porte.

Quel est le nom de ce pub ?
The ________________

Le nom de ce pub signifie "le moine noir". Entre le XIIIe et le XVIe siècle, un monastère dominicain se trouvait à cet emplacement. Vous constaterez d'ailleurs que plusieurs rues sur votre chemin portent des noms en référence à une église ou un monastère.

Continuez sur votre droite et passez sous le pont ferroviaire, puis **tournez** à gauche pour remonter **Blackfriars Lane**. **Avancez** jusqu'aux quatre poteaux noirs, blancs et rouges et **tournez** à droite pour emprunter **Playhouse Yard**, qui signifie "la place du théâtre". Ce théâtre appartenait à l'un des plus célèbres dramaturges anglais du XVIe siècle qui a écrit, entre autres, *Roméo et Juliette*. Il acheta et habita une maison dans cette rue.

Quel est le nom de cet auteur ?

Question 3

Continuez sur **Playhouse Yard** puis **Ireland Yard** où vous trouverez sur votre gauche un petit cimetière. Si vous montez les quelques marches, vous verrez sur votre droite les ruines de l'ancien mur d'enceinte construit autour de la Cité par les Romains il y a 2000 ans.

Avancez jusqu'au pub The Cockpit, puis tournez à gauche sur **Burgon Street** qui devient **Creed Lane** et continuez jusqu'à une grande rue animée : **Ludgate Hill**. Au coin, regardez à droite et dirigez-vous vers l'immense cathédrale toute blanche. Il s'agit de la **cathédrale Saint-Paul**.

L'érection – ou plutôt la reconstruction – de cette cathédrale (il s'agit de la 5e sur ce lieu) a été confiée à Christopher Wren à la suite du grand incendie de 1666. Vu le gigantisme du projet, les travaux durèrent 35 ans. Voici quelques chiffres qui attestent de son ambition : un dôme de 65000 tonnes, une coupole de 86 m de haut, 125 cloches…

Question 4

Sur le parvis se dresse la statue de la reine qui était sur le trône lors de la construction de cette cathédrale.

Quel est le nom de cette reine ?

____

Passez par le petit jardin qui se trouve à droite de la cathédrale. Observez attentivement le sol, vous allez trouver le plan de la cathédrale actuelle gravé sur une grande dalle grise. Mais regardez de plus près. Vous allez découvrir également le tracé de l'ancienne église qui était plus grande que l'actuelle. Elle possédait même une flèche qui culminait à 50 m plus haut que le dôme actuel.

Continuez le long de la cathédrale. À mi-chemin regardez à droite et vous verrez le **Millennium Bridge** que les Mangemorts détruisent dans un des films de Harry Potter.

Au bout de la cathédrale, **arrêtez-vous** devant la statue qui se trouve dans le jardin sur votre droite.

Question 5

Que représente cette statue ?

____

Traversez la rue et dirigez-vous vers un grand immeuble moderne aux baies vitrées. Au salon de thé Bea's of Bloomsbury, tournez à gauche et entrez dans le centre commercial **One New Change**. Prenez les ascenseurs qui vous mènent directement au 6e étage. Et là, une surprise vous attend ! Vous allez arriver sur le toit de l'immeuble et bénéficier d'un panorama époustouflant sur Londres.

Question 6

Regardez autour de vous pour repérer les monuments. Entourez ceux que vous reconnaissez.

London Eye **Big Ben** **Tate Modern**
Palais de Buckingham **Tour de Londres**

Redescendez et traversez la rue en face pour emprunter la petite rue **John Milton Passage**. Vous arrivez sur une petite place où se trouvent la très belle église **St Mary-le-Bow** et la statue d'un capitaine de bateau.

Question 7

Quel est le nom de ce capitaine ?

__________ __________

Dirigez-vous vers le coin de la place et placez-vous en dessous du clocher de l'église.

> Un carillon se trouve dans ce clocher. La tradition veut que l'on ne soit pas considéré comme un réel Cockney (un pur Londonien) si on n'est pas né dans un endroit d'où l'on peut entendre ce carillon.

Tournez à droite sur la grande artère qui longe l'église (**Cheapside Street**) puis **engagez-vous** à gauche sur **King Street**.

À 100 m, vous allez trouver une place où se trouvent une église, un parvis et un magnifique immeuble en pierre blanche. Il s'agit du **Guildhall,** l'hôtel de ville de la City (c'est le nom du quartier que vous découvrez aujourd'hui). Levez les yeux et observez un grand blason avec deux dragons au-dessus du Guidhall, de part et d'autre de la place.

Question 8

En quelle langue est l'inscription sur le blason ?

____

C'est la devise de la City qui signifie "Seigneur, dirigez-nous ". Le blason représente deux dragons entourant le bouclier de St George, le patron de la ville, que l'on célèbre tous les ans. Au coin en haut à gauche, l'épée représente St Paul qui fût martyrisé à coups... d'épées. Ces symboles se trouvent partout dans le quartier – sur les poteaux, les panneaux, les immeubles – cela signifie que vous êtes dans la City.

Regardez bien le parvis. Voyez-vous une trace en ardoise noire sur le sol ? Elle vous indique l'étendue d'un amphithéâtre romain construit sur ce site il y a 2000 ans.

Les Romains sont arrivés en Grande-Bretagne il y a 2000 ans et ont créé la ville de Londinium, au bord de la Tamise. Ils étaient venus chercher des esclaves mais aussi de l'or qui se trouvait dans les montagnes du pays de Galles et... des chiens de chasse ! Eh oui, un bon chien de chasse était l'équivalent d'une Porsche aujourd'hui, et les chiens britanniques étaient déjà très réputés.

Les ruines, situées à 3 m sous vos pieds se visitent toujours. Elles se trouvent dans la **Guidhall Art Gallery** (ouverte lu-sa 10-17h, di 12h-16h, l'entrée est gratuite).

Continuez en prenant la petite rue **Guildhall Buildings**. Au bout de cette rue, juste après quatre poteaux, se trouve un disque argenté enfoncé dans le trottoir. Il indique le parcours créé en 2002 pour célébrer le jubilé d'or (50 ans de règne) de la reine Élisabeth II.

Tournez à droite, puis à gauche et avancez jusqu'aux feux rouges où se dresse, à droite, un immeuble gigantesque. Il s'agit d'une banque.

Question 9

Quel est son nom ?

_______________ ____ _______________

Les réserves d'or de la Grande-Bretagne sont précieusement gardées dans les sous-sols blindés de cet immeuble. Au XIXe siècle, c'était la première place mondiale à détenir de l'or, elle est aujourd'hui classée au 15e rang. On peut visiter son musée (p. 105).

Continuez tout droit sur **Lothbury** et tournez à droite sur **Bartholomew Lane**. **Traversez** la rue pour trouver un immeuble grandiose avec de très jolies boutiques et des restaurants. On y trouve le *sale shop* Paul Smith où tous les vêtements et accessoires sont à 50 % (mais chut, on ne vous a rien dit !).

Il s'agit du **Royal Exchange**. C'était à l'origine la Bourse de Londres. Créée en 1566, elle a été transformée en 2001 en centre commercial de luxe. Juste à gauche de ce bâtiment se trouve la statue d'un homme, monsieur Peabody.

Question 10

Quel est son prénom ?

____

JEU DE PISTE N° 3

Cet entrepreneur américain du XIXe siècle a fait fortune en exportant des boîtes de conserve de la Grande-Bretagne aux États-Unis. Né très pauvre, il s'est montré philanthrope et a fondé de nombreuses institutions caritatives. Il a notamment fait construire les premiers HLM en Angleterre qui portent encore son nom. Les immeubles possédaient une cour centrale qui servait d'aire de jeux sécurisée pour les enfants et disposaient d'une buanderie commune.

Continuez sur le parvis en laissant la statue dans votre dos et préparez-vous pour une expédition dans un labyrinthe de ruelles médiévales qui existent depuis 800 ans !

Traversez la rue et plongez dans **Birchin Lane**. À l'angle de boutique Cad & The Dandy, enfoncez-vous à gauche dans une petite allée, **Castle Court**. Au carrefour, vous trouverez un pub sur votre droite.

Question 11

Quel est le nom de ce pub ?

____________ & ____________

C'est dans ce pub, au XVIIIe siècle, que le *tip* fut inventé. En anglais, c'est l'acronyme de "To Improve Performance" (pour améliorer la performance). Le propriétaire avait mis en place un récipient posé sur son zinc et les clients pressés mettaient quelques pièces à l'attention des serveurs pour accélérer le service. En français, on traduit par "pourboire".

À gauche, vous allez trouver un autre pub, The Jamaica Winehouse. Son nom était à l'origine The Pasqua Rosee's Head ("la tête de Pasqua Rosee"). M. Rosee a ouvert ici le premier "café" londonien. Observez la plaque commémorative.

Question 12

Indiquez l'année de son ouverture :

____

Les premiers grains de café arrivèrent en Grande-Bretagne au XVIIe siècle. Le café était servi dans ce bar où les messieurs (uniquement les messieurs) venaient causer, parler affaires et se restaurer en sirotant cette boisson hypertendance. Les femmes et gens d'Église se sont unis contre cette boisson qui agissait, selon eux, comme une drogue sur ceux qui la consommaient.

Continuez tout droit en longeant une grille noire autour d'un jardin. À droite, passez sous **Corbert** et continuez jusqu'à une grande artère. En face se trouve une arche qui vous mène dans une halle majestueuse. Bienvenue dans le Chemin de Traverse – ou plutôt le **Leadenhall Market** (p. 235) où ont été tournées des scènes de Harry Potter.

Ces halles existent depuis 2000 ans. C'était à l'origine le forum des Romains, puis le marché aux volailles de Londres. Les fermiers venaient à pied de la campagne pour amener leurs canards, poules et oies. Pour que les bébêtes ne se fassent pas mal aux pieds sur les pavés, on leur faisait porter des petites chaussures en cuir !

Vous pouvez en profiter pour faire une pause déjeuner ou goûter (attention, le marché est fermé le dimanche).

Au pub The Lamb Tavern, **tournez** à droite pour sortir du marché. Tournez à droite dans **Lime Street**. Levez les yeux et admirez l'immense gratte-ciel devant vous, qui a un drôle de surnom.

Question 13

Quel est son surnom ?
Le Concombre **Le Cornichon**
Le Talkie-Walkie **Le Phare**
(Entourez la bonne réponse ; un indice : la réponse se trouve p. 103.)

Traversez Fenchurch Street et continuez tout droit sur **Philpolt Lane** en passant devant un mur couvert de plantes vertes. Traversez **Eastcheap** et partez à gauche pour trouver **Lovat Lane**. Descendez la rue jusqu'à une église.

Question 14

Indiquez le nom de l'église :

___

En face de l'église, **prenez** Botolph Alley, descendez trois marches, traversez **Botolph Lane** et continuez dans **St George's Lane**.

Au bout **tournez** à gauche dans **Pudding Lane**. C'est dans cette rue que se trouvait la boulangerie à l'origine du grand incendie de Londres. Celui-ci détruisit 90 % de la ville en seulement trois jours, du 2 au 5 septembre 1666. Le feu a consumé 13 200 maisons, 87 églises paroissiales et la cathédrale Saint-Paul.

Tout démarre dans la nuit, dans l'arrière-boutique d'un boulanger qui n'a pas bien éteint son fournil. Avec le vent violent, les rues étroites et les habitations en bois, le feu se répand très vite depuis la rue de Pudding Lane. L'incendie gagne les entrepôts de chanvre et de poix situés au bord de la Tamise… et la ville s'embrase.

Descendez Pudding Lane et vous arriverez devant une très grande boîte grise, très design. C'est une mini-galerie d'art ? Un ascenseur pour aller au parking ? Non, ce sont des toilettes !

Cherchez sur la façade d'un immeuble, en face de ces toilettes, une plaque où vous allez découvrir le nom de ce fameux boulanger.

Quel est le nom du boulanger ?

____________ __________

Impossible de manquer l'immense colonne de pierre face à vous. Il s'agit de **The Monument** construit en commémoration de l'incendie. Si vous avez encore des forces, 311 marches à gravir et un fabuleux panorama vous attendent (p. 104). Quelle façon fabuleuse d'achever ce jeu de piste !

Fish & Chips
MENU
Fish & Chips
MENU

Quand est-ce qu'on mange ?

C'est bien connu, les clichés ont la vie dure et la cuisine anglaise a longtemps pâti d'une terrible réputation. Or la gastronomie britannique n'est plus cantonnée aux viandes bouillies, aux petits pois à la menthe ou au traditionnel *fish & chips*. La cuisine exotique ne se résume pas non plus aux seuls restaurants indiens. Londres offre désormais une incroyable diversité culinaire. Tous les pays, ou presque, y sont représentés. Depuis quelques années, les chaînes de restaurants ont poussé comme des champignons. Elles sont souvent de bonne qualité et, surtout, sont aux petits soins pour les petits gastronomes. Pensez aussi aux restaurants des musées très bien adaptés aux familles. Et, dès que les beaux jours arrivent, faites comme les Londoniens, offrez-vous un pique-nique sur l'herbe ou une pause dans les cafés des parcs. On trouve facilement sur les marchés des stands de plats à emporter. Et Londres ne serait pas Londres sans ses salons de thé et son traditionnel *afternoon tea*, à tester au moins une fois au cours de votre séjour.

LES PLATS TRADITIONNELS

Voyager c'est aussi découvrir de nouvelles saveurs et goûter des plats typiques. Alors, passons en revue les plats préférés de nos amis anglais.

L'**English breakfast** (le petit déjeuner à l'anglaise) avec toasts, muffins, pancakes avec du beurre et de la marmelade (confiture d'oranges), un œuf sur le plat avec une saucisse ou du bacon et des *baked beans* (haricots blancs à la sauce tomate). Eh oui... tout ça pour commencer une bonne journée !

Le **fish & chips**, c'est-à-dire “du poisson et des frites” (en anglais, les frites s'appellent des... *chips* !). C'est un gros morceau de poisson enveloppé d'une pâte à frire et plongé dans l'huile. Il est vendu enveloppé dans un cornet de papier, accompagné de frites. C'est ainsi que le préfèrent les puristes. À essayer avec vinaigre sur les frites et purée de petits pois *(mashed peas)*.

Le **sunday roast** est toujours servi le dimanche midi. Le plus courant est le *roast beef* – c'est d'ailleurs pour cette raison que les Français surnomment les Britanniques “les rosbifs” –, mais se décline également avec du poulet, de l'agneau ou du porc. On le déguste avec des pommes de terre, des légumes, des *Yorkshire puddings* et du *gravy* (sauce à base de jus de viande et de bouillon).

Le **crumble** est un des gâteaux anglais les plus connus en France. Il se compose de fruits saupoudrés d'un mélange composé de farine, de beurre et de sucre, cuits au four dans un plat à gratin. À déguster tiède ou froid.

Les **scones**, gâteaux ronds et légèrement dorés, sont servis surtout l'après-midi lors du *tea time*. Le scone est nature ou aux raisins et se mange (ou se dévore) avec de la confiture et de la *clotted cream* (une crème très épaisse qui ressemble à du beurre).

Les **pies** sont de petites tourtes très populaires en Angleterre qui se déclinent aussi bien avec de la viande qu'avec des fruits. Les plus consommées sont : la *sherpherd's pie* (appelée aussi *cottage pie*). C'est un hachis parmentier à l'agneau ou au bœuf, recouvert d'une croûte de pommes de terre. Attention, c'est très bourratif. *L'apple pie* est la tarte aux pommes version *british* (les fruits cuisent dans leur jus sous la pâte) et on la sert généralement avec une boule de glace à la vanille, miam !

L'**afternoon tea** est servi entre 14h30 et 18h. Il s'agit d'un repas léger à base de mini-sandwichs et de scones, le tout servi avec une boisson chaude. Une sorte de mini-repas parfait pour des enfants qui mangent tôt (compter entre 12,50 £ et 30 £). Cette coutume est née à l'époque victorienne dans les familles très aisées, ce qui explique pourquoi l'*afternoon tea* est présenté dans de la très belle vaisselle. La majorité des hôtels de luxe en proposent, dont certains sont spécialement conçus pour les *kids*.

Les **fromages anglais** sont aussi à découvrir. Si vous êtes amateur de Roquefort, nous vous conseillons de goûter au stilton, surnommé “le roi des fromages”. Un des plus consommés est le cheddar, un fromage à pâte dure qui ressemble un peu à notre cantal. Les Anglais consomment le fromage non pas avec du pain mais avec des crackers et… après le dessert !

Les **curries** sont classés numéro un des plats préférés des Anglais. Ce nom désigne des ragoûts de viande ou de légumes assaisonnés d'un mélange d'épices (et non uniquement de curry comme son nom pourrait le laisser croire). Cette spécialité est un héritage de la colonisation de l'Inde par l'Empire britannique. Les Anglais les consomment fortement épicés.

LES CHAÎNES

Londres compte un nombre très important de chaînes de restauration. Voici une sélection de celles qui sont les plus adaptées aux familles. Elles proposent des dizaines d'adresses dans tout Londres et sont facilement repérables dans chaque quartier.

Bodean's • bodeansbbq.com

Leur spécialité ? Des travers de porc fumés juteux à déguster avec des sauces maison (et les doigts !), des sandwichs au porc effiloché, les fameux *chicken wings*, des burgers et bien sûr des *mac'n'cheese*. Pour un adulte payant, un enfant mange gratuitement jusqu'à 15h en semaine et jusqu'à 17h les week-ends.
Burger 8,25 £

Busaba Eathai • busaba.com

Ambiance feutrée avec de longues tables d'hôte en bois et une cuisine thaïe pour plaire à toute la famille : grand choix de woks à base de nouilles de riz, bœuf, poulet ou canard.
Plat 9 £, menu enfant 5,90 £

Carluccio's • carluccios.com

Cette chaîne de restaurants italiens se distingue par la qualité et la fraîcheur de ses ingrédients directement importés d'Italie. Coloriages pour les *kids*.
Plat 10 £, menu enfant 6,60 £, menu sans gluten, pochette jeux et crayons.

Ed's Easy Diner • edseasydiner.com

Conçus sur le même modèle que les *burger joints* américains des années 1950, les restaurants de cette chaîne mythique semblent figés dans le temps avec leur décoration rétro. Les enfants sont particulièrement gâtés avec un menu spécial Junior Bites, qui inclut une toque de chef et des coloriages. Des mini-juke-box ont été mis en place afin de récolter des fonds qui sont reversés à l'association Action contre la faim. Belle initiative !
Burger 6,15 £, menu Junior Bites (– 10) 4,65 £

Giraffe • giraffe.net

Un concept parfaitement adapté aux familles : salle de restaurant spacieuse, décor contemporain et chaleureux, nourriture de qualité, plats inspirés de recettes américaines et asiatiques, belles salades. Le personnel est très accueillant avec les *kids*, ils ont même prévu des ballons en fin de repas.
Plat 10 £, menu enfant 5,65 £

Gourmet Burger Kitchen • gbk.co.uk

Large gamme de burgers classiques mais avec une pointe d'exotisme. On trouve des recettes intégrant des produits italiens, asiatiques, grecs, espagnols, pour renouveler le grand classique préféré des enfants. Pour les *kids* repus, des kits de coloriages.
Burger 5 £, menu enfant 6,95 £

Leon • leonrestaurants.co.uk
Cette chaîne a fait le pari de faire de la cuisine de qualité, avec des produits frais et bio tout en conservant les petits prix des fast-foods classiques. Les menus changent tous les jours. Des plats ont été conçus pour les intolérants aux noix, au gluten et au lactose.
Lunch box adulte 6,85 £, menu enfant avec pack activité 2,95 £

Masala Zone • masalazone.com
Carte élaborée à partir des recettes populaires issues des différentes régions de l'Inde. Décor chaleureux et bon rapport qualité/prix. Essayez un *thali* parfait pour les enfants qui aiment picorer : le repas est servi dans de petits bols et des coupelles, comme une dînette !
Menu 8,50 £, menu enfant (– 7) 5 £

Pizza Express • pizzaexpress.com
Assiette d'antipasti à partager, pizza *light* ou personnalisée et pour les enfants un menu *piccolo*. Voici l'Italie made in *London*.
Pizza 11 £, menu enfant 7 £,

Yo ! Sushi • yosushi.com
Si vous êtes pressés, cette chaîne de sushi bars est parfaite. Vous pourrez sélectionner vos plats parmi 80 spécialités qui défilent sous vos yeux sur un tapis roulant. Les enfants adorent choisir leur plat eux-mêmes.
Assiette 2 à 5 £, Sunday Munch 10 assiettes pour 20 £

Wagamama • wagamama.com
Une chaîne conçue sur le modèle des *ramen bars*, restaurants populaires japonais spécialistes des nouilles sautées avec divers ingrédients. Le menu enfant, copieux et varié, est présenté dans un kit coloriage.
Plat 8 £, menu enfant (mini-ramen) 4,85 £

Wahaca • wahaca.co.uk
Si vous êtes amateurs de cuisine mexicaine, cette chaîne, largement plébiscitée par les familles, propose des assiettes de tacos et de *quesadillas* à partager, pratique si vous ne savez pas quoi choisir, ainsi qu'un menu pour les petits Wahacos.
Assiette 3,95 £, menu enfant 5 £

Zizzi • zizzi.co.uk
Cette chaîne propose une carte classique 100 % italienne. On y trouve des menus sans gluten, sans œufs ou sans noix. Les enfants pourront eux-mêmes décorer leur mini-pizza et les tout-petits ont leur propre menu (3 £).
Plat 10 £, menu enfant 6,75 £

LES RESTAURANTS

Les enfants, même les tout-petits, sont accueillis à bras ouverts dans les restaurants, donc n'hésitez pas à leur faire découvrir la gastronomie anglaise. La plupart proposent des menus enfants basiques, des kits de coloriage et des chaises hautes. Parfois, le menu est même gratuit pour les *kids* (voir bons plans p. 262). Si vos bambins souhaitent faire comme les grands, n'hésitez pas à demander des portions *kids* pour les plats principaux qui sont généralement à – 50%. Si vous souhaitez réserver et bénéficier de réductions, il existe des sites Internet (bookatable.co.uk, opentable.co.uk ou encore squaremeal.co.uk) qui offrent des promotions dans les meilleurs restaurants de Londres.

Voici nos adresses préférées pour petits et grands gastronomes. Nos coups de cœur sont signalés par un YUMMY qui veut dire "c'est bon" en anglais.

Et voici deux symboles pour vous permettre de repérer facilement les restaurants qui chouchoutent plus particulièrement les *kids* !

C Chaise haute pour bébé
K Menu enfant

LONDRES OUEST

RESTAURANTS

Black Bird *(pub)*
209 Earl's Court Rd, SW5 9AN • ⊖ Earls' Court • blackbirdearlscourt.co.uk • 020 7835 1855 • lu-me 9h-23h, je-sa 9h-23h30, di 9h-22h30
C K Plan p. 40-41 ① D5
Le pub *british* par excellence. Outre son choix de bières (pour les grands), on y sert différentes sortes de *pies* (tourtes maison), du *fish & chips* et des plats traditionnels anglais. Les enfants ne sont admis dans les pubs qu'aux heures des repas, et dans la partie restaurant.
Plat 11,50 £, menu enfant 8,50 £

Masala Zone *(indien)*
147 Earls Court Rd, SW5 9RQ • ⊖ Earl's Court • malasazone.com • 020 7373 0220 • lu-sa 12h30-23h, di 12h30-22h30
C K Plan p. 40-41 ② D5
Très belles fresques murales. Voir descriptif p. 177.

Byron Burgers *(burger)*
222 Kensington High St, W8 7RG • ⊖ High Street Kensington • byronhamburgers.com • 020 7361 1717 • lu-ve 11h30-23h, sa 11h-23h30, di 11h-22h30
C K Plan p. 40-41 ③ C4
Une carte 100 % burgers que vous pouvez customiser. Ce lieu est idéal si vous êtes nombreux ; les enfants

auront de quoi s'amuser avec les kits de coloriage prêtés par le restaurant. *Plat 9,50£, menu enfant 6,50£*

Sticky Fingers *(américain)*
1A Phillimore Gardens, W8 7QG •
⊖ High Street Kensington •
stickyfingers.co.uk •
020 7938 5338 • tlj 12h-23h
C K Plan p. 40-41 4 C4

Si ce restaurant porte le nom d'un album des Rolling Stones, c'est tout simplement parce que le propriétaire n'est autre que Bill Wyman, l'ex-bassiste de ce groupe légendaire. La carte est américaine et tex-mex : hamburgers, travers de porc, sandwichs, salades.
Burger, salade 10£,
menu enfant 7,50£

Babylon Roof Gardens *(anglais)*
99 Kensington High St, W8 5SA •
⊖ High Street Kensington •
virginlimitededition.com •
020 7368 3993 •
lu-sa 12h-14h30, 18h30-22h30
C K Plan p. 40-41 5 D3

Ce restaurant, propriété du célébrissime Richard Branson, est un must à voir tant l'endroit est magique. Difficile d'imaginer que trois immenses jardins s'étendent sur plus de 1,5 ha au dernier étage de cet immeuble. Vous tomberez nez à nez sur des flamants roses qui y ont élu domicile ! La visite du jardin est gratuite quand il n'est pas privatisé pour un événement mais pour être sûr d'en profiter, réservez une table au restaurant qui propose un excellent menu enfant.
Menu adulte 24£,
menu enfant (– 12) 6£

Whole Foods Market *(bio)*
63-97 Kensington High St, W8 5SE •
⊖ High Street Kensington •
wholefoodsmarket.com •
020 7368 4500 • lu-sa 8h-22h, di 10h-17h30
C Plan p. 40-41 6 D3

Occupant trois étages, c'est *the* marché bio de Londres. Vous y trouverez une variété infinie de produits importés du monde entier. Plusieurs restaurants et self-services vous attendent au dernier étage. Plusieurs *salad bars* permettent de préparer un pique-nique à consommer dans Hyde Park

Churchill Arms *(pub)*
119 Kensington Church St,
W8 7LN • ⊖ Notting Hill Gate •
churchillarmskensington.co.uk •
020 7727 4242 • lu-me 11h-23h, je-sa 11h-0h, di 12h-22h30
C Plan p. 40-41 8 C3

Impossible de rater ce pub et sa très belle décoration florale extérieure. Il

existe depuis 1750 et, contrairement à ce que l'on pourrait croire, il propose un menu thaïlandais ! Une véritable institution, à la gloire de Winston Churchill.
Plat 8,50 £

Zizzi *(italien)*
2 Notting Hill Gate, W11 3JE • ⊖ Queensway, Notting Hill Gate • 020 7243 2888 • lu-sa 11h30-23h, di 12h-22h30
C K **Plan p. 40-41 ⑩ D2**
Voir descriptif p. 177.

Electric Diner *(franco-américain)*
191 Portobello Rd, W11 2ED • ⊖ Notting Hill Gate, Ladbroke Grove • electricdiner.com • 020 7908 9696 • lu-sa 8h-0h, di 8h-23h
C K **Plan p. 40-41 ⑫ B1**
Ce restaurant est un endroit chaleureux où se retrouvent les habitués du quartier. De larges banquettes rouges vous attendent et la carte du déjeuner est tout à fait raisonnable. Le must reste le steak frites à la sauce béarnaise ! Notre conseil : allez-y à midi pour être sûrs d'avoir une table.
Plat et salade 10 £, menu enfant 6,50 £

Croccante *(italien)*

233 Portobello Rd, W11 1LJ • ⊖ Ladbroke Grove, Notting Hill Gate • 020 7243 2719 • tlj 8h-23h
C K **Plan p. 40-41 ⑭ B1**
Les *bambini* vont adorer cette adresse qui sert des mini-pizzas (*pizzette*) à déguster sur place ou à emporter. Leur spécialité ? La pizzetta au stilton, ce cousin du roquefort, mais d'autres saveurs vous attendent.
Pizzetta 4,50 £, menu enfant 4,20 £

PizzaEast Portobello *(italien)*
310 Portobello Rd, W10 5TA • ⊖ Ladbroke Grove • pizzaeastportobello.com • 020 8969 4500 • lu-sa 8h-23h30, di 8h-22h30
C K **Plan p. 40-41 ⑮ B1**
Vous trouverez ici les meilleures pizzas de Londres, cuites au feu de bois et servies dans un cadre lumineux et décontracté. Jeux et dessins complètent un menu enfant 100 % italien.
Antipasti 5 £, pizza 8 £, menu enfant 6,50 £

The Tabernacle *(pub)*
40-41 Powis Sq, W11 2AY • ⊖ Notting Hill Gate, Westbourne Park • tabernaclew11.com • 020 7221 9700 • tlj 9h-23h
C K **Plan p. 40-41 ⑯ C1**
Cette ancienne église victorienne a été reconvertie en site multiculturel, les familles aiment s'y retrouver à l'heure du brunch le week-end pour

profiter de l'immense terrasse et des activités pour les enfants. Idéal pour échapper à la foule !
Plat 10 £, menu enfant 4,50 £

The Commander *(gastropub)*
47 Hereford Rd, W2 5AH •
⊖ Notting Hill Gate, Bayswater •
thecommanderbar.co.uk •
020 7229 1503 • tlj 12h-23h
C K Plan p. 40-41 17 D1
Ce restaurant, en transformant une salle en crèche gratuite tous les week-ends de 12 h à 17 h, donne toute la mesure de la formule *family friendly*. Des baby-sitters organisent des activités vous permettant de savourer des plats typiquement *british*
Plat 15 £, menu enfant 6,50 £

Royal China *(chinois)*
13 Queensway, W2 4QJ •
⊖ Queensway, Bayswater •
rcguk.co.uk • 020 7221 2535 •
lu-sa 12h-23h, di 11h-22h
C Plan p. 40-41 18 D2
Voir descriptif p. 205.

YUMMY

The Serpentine Bar & Kitchen *(anglais)*
Serpentine Rd, Hyde Park, W2 2UH •
⊖ Knightsbridge, Hyde Park Corner •
serpentinebarandkitchen.com •
020 7706 8114 • tlj 8h-20h
C K Plan p. 40-41 20 H3
Ce restaurant offre un cadre idyllique pour un déjeuner familial au bord du lac Serpentine, en plein cœur de Hyde Park. La carte est simple mais de bonne qualité. En été, l'immense terrasse devient le terrain de jeux des *kids* et les parents peuvent profiter du barbecue estival.
Plat 12 £, menu enfant 6 £, service à emporter

Fifth Floor Café *(anglais)*
Harvey Nichols, 109-125 Knightsbridge, SW1X 7RJ • ⊖ Knightsbridge •
harveynichols.com • 020 7235 5250 •
lu-sa 8h-23h, di 11h-18h
C K Plan p. 40-41 21 H3
Grimpez au dernier étage du magasin Harvey Nichols (p. 217) où se trouvent plusieurs restaurants, notamment le Café & Terrace qui propose des assiettes à partager *(sharing platter)*. Sa belle terrasse surplombe Knightsbridge, l'un des quartiers les plus luxueux de Londres.
Plat 16 £, sharing platter 14,95 £

V&A Café *(anglais)*
Victoria and Albert Museum, Cromwell Rd, SW7 2RL •
⊖ South Kensington • benugo.com •
020 7581 2159 • tlj 10h-17h (ve 21h30)
C K Plan p. 40-41 22 F4
Ce restaurant situé dans le V&A Museum (p. 45), vaut le détour, ne serait-ce que pour sa magnifique décoration datant du XIXe siècle. Situé au sous-sol, il propose un self-service de très bonne qualité. Aux beaux jours, profitez de la terrasse dans la très belle cour intérieure : une immense pataugeoire attend les enfants qui ne demanderont qu'à aller se tremper les pieds !
Plat 12,90 £, menu enfant 6,90 £

Tombo *(japonais)*
29 Thurloe Pl, SW7 2HQ • ⊖ South Kensington • tombocafe.com • 020 7589 0018 • tlj 11h30-21h30
C K Plan p. 40-41 24 F4
Ce restaurant japonais présente ses plats sous deux formes. Vous avez le choix entre un bol ou une *bento box* (un plateau avec des compartiments très pratiques pour les enfants), que vous composez vous-même : soupe miso, poulet ou saumon *teriyaki*, sushi, nouilles sautées ou riz accompagnés de viande ou poisson. Choix de plats végétariens et de plats sans gluten.
Bento box 10,95 £, bol 8,95 £

Leon Restaurant *(méditerranéen)*
46 Thurloe St, SW7 2LT • ⊖ South Kensington • 020 7581 9111 • lu-sa 8h-22h, di 9h-21h
C K Plan p. 40-41 25 F5
Voir descriptif p. 177.

Carluccio's *(italien)*
1 Old Brompton Rd, SW7 3HZ • ⊖ South Kensington • 020 7581 8101 • lu-ve 7h30-23h30, sa 9h-23h30, di 9h-22h30
C K Plan p. 40-41 26 F5
Voir descriptif p. 176.

GOÛTERS

The Orangery
Kensington Palace, W8 4PX • ⊖ Notting Hill Gate • orangerykensingtonpalace.co.uk • 020 3166 6113 • tlj 10h-17h
C K Plan p. 40-41 7 D3
Situé au cœur des jardins du palais de Kensington, dans un pavillon datant DU XVIIIe siècle, The Orangery est un salon de thé au décor impressionnant. On peut venir y déjeuner, mais la réputation de ce lieu s'est faite autour de son excellent *afternoon tea* servi de 12h à 17h. L'été, profitez de l'agréable terrasse. L'endroit est très prisé, donc attendez-vous à devoir patienter avant d'être assis et servis.

Apostrophe
138 Notting Hill Gate, W11 3QG • ⊖ Notting Hill Gate • apostropheuk.com • 020 7243 1683 • lu-ve 7h30-18h, sa-di 8h30-17h30
Plan p. 40-41 9 C2
Cette petite chaîne de cafés propose de délicieuses pâtisseries et boissons chaudes dans un cadre design avec de grandes tables pour asseoir votre tribu. Essayez le *thick hot chocolate*, tellement épais qu'il fait office de dessert. Au fond de la salle, vous trouverez une aire pour les enfants avec un tableau noir géant pour dessiner avec des craies. Idéal pour faire une pause loin de la foule de Notting Hill.

Gelato Mio

37 Pembridge Rd, W11 3HG • ⊖ Notting Hill Gate • gelatomio.co.uk • 020 7727 7994 • lu-je 10h30-22h, ve-di 10h-23h

Plan p. 40-41 ⑪ C2

Des glaces et des sorbets 100 % bio à emporter ou à consommer sur place dans une grande salle à la déco inspirée des années 1970.

Biscuiteers

194 Kensington Park Rd, W11 2ES • ⊖ Notting Hill Gate, Ladbroke Grove • biscuiteers.com • 020 7727 8096 • lu-sa 10h-18h, di 11h-17h

Plan p. 40-41 ⑬ B1

Cette adresse kitsch ravira les petits créatifs en leur proposant de décorer eux-mêmes leurs biscuits. Ils pourront ensuite les emballer dans une jolie boîte ou les déguster sur place. *Biscuit 6 £, atelier décoration de 30 min 15 £*

Pâtisserie des rêves

13 Exhibition Rd, SW7 2HE • ⊖ South Kensington • lapatisseriedesreves.com/uk • 020 3603 8233 • tlj 9h-19h

Plan p. 40-41 ㉓ F4

Cette pâtisserie parisienne a traversé la Manche pour conquérir Londres. Et c'est un succès ! Les magnifiques gâteaux sont exposés sous cloche, telles de véritables œuvres d'art. Ce salon de thé est doté de plusieurs tables en terrasse pour une pause gourmande au soleil.

Ben's Cookies

9 Pelham St, SW7 2ND • ⊖ South Kensington • 020 7589 9155 • benscookies.com • lu-ve 8h-19h30, sa 10h-19h30, di 11h-19h

Plan p. 40-41 ㉗ F5

Si vous êtes de grands amateurs de cookies, ne cherchez pas plus loin, c'est ici que vous trouverez les meilleurs ! Demandez ceux qui sortent à peine du four, ils fondent dans la bouche. Peu de place pour s'asseoir donc prenez plutôt un petit stock à déguster dans Hyde Park. Autres adresses dans Londres. Cookie 1,45 £, boîte de sept 7,75 £

The Hummingbird Bakery

47 Old Brompton Rd, SW7 3JP • ⊖ South Kensington • hummingbirdbakery.com • 020 7851 1795 • lu-je 9h-19h, ve-sa 9h-20h, di 9h-19h

YUMMY

Plan p. 40-41 ㉘ F5

Leurs cupcakes sont connus partout dans le monde tant pour leur goût succulent que pour leurs décorations qui donneraient presque mauvaise conscience de les avaler tout rond ! Autre adresse au 133 Portobello Road.

PIQUE-NIQUE

Hyde Park

⊖ Hyde Park Corner, Marble Arch

Plan p. 40-41 ⑲ G2

Ce vaste parc (p. 47) avec aires de jeux, chaises longues, location de barques et d'embarcations à pédales est un lieu idéal pour pique-niquer. Vous pourrez acheter des plats à emporter au Serpentine Bar and Kitchen (p. 181), au Food Hall de Harrods (p. 217) ou au Whole Foods (p. 179).

LONDRES CENTRE

RESTAURANTS

Busaba Eathai *(asiatique)*
8-13 Bird St, W1U 1BU • ⊖ Bond Street • busaba.com • 020 7518 8080 • lu-je 12h-23h, ve-sa 12h-23h30 (di 22h)
C Plan p. 56-57 ❸ B3
Voir descriptif p. 176.

Sofra *(méditerranéen)*
1 St Christopher's Pl, W1U 1LT • ⊖ Bond Street • www.sofra.co.uk • 020 7224 4080 • tlj 8h-23h
C Plan p. 56-57 ❹ B3
Si vous aimez la cuisine turque, c'est ici qu'il faut aller. Le cadre est soigné et la carte offre une vaste sélection de *sharing platters* (plats à partager), de mezze et brochettes. Terrasse située sur une petite place très agréable.
Salade 10,95 £, menu 12 £

Browns *(brasserie anglaise)*
47 Maddox St, W1S 2PG • ⊖ Oxford Circus • browns-restaurants.co.uk • 020 7491 4565 • lu-sa 8h30-23h, di 9h-18h30
C K Plan p. 56-57 ❺ C4
Carte très variée dans cette brasserie où l'on retrouve les grands classiques de la cuisine anglaise et internationale. Le dimanche, vous pourrez goûter au *Yorkshire pudding*, un petit pain traditionnel qui accompagne les plats en sauce. La carte du midi (du lundi au vendredi) est moins chère que celle du soir.
Menu adulte 11,95 £, menu enfant 7,95 £

Vapiano *(italien)*
19-21 Great Portland St, W1W 8QB • ⊖ Oxford Circus • uk.vapiano.com • 020 7268 0080 • di-je 11h-23h, ve-sa 11h-0h
C K Plan p. 56-57 ❻ D3

YUMMY

Le succès de ce restaurant repose sur une idée originale. Tous les plats sont préparés devant vous par les cuisiniers et avec des ingrédients que vous choisissez vous-même (pâtes, sauces, pizzas, salades...). Les *bambini* sont ainsi maîtres d'œuvre de leur propre assiette. On vous remet un vibreur et quand votre commande est prête, bzz... c'est le signal pour aller récupérer votre plat. Décor moderne, concept amusant et excellent rapport qualité/prix en font l'un de nos coups de cœur du quartier.
Plat 8 £, menu enfant (– 8) 4,95 £

Scandinavian Kitchen
(scandinave)
61 Great Titchfield St, W1W 7PP • ⊖ Oxford Circus • scandikitchen.co.uk • 020 7580 7161 • lu-ve 8h-19h, sa 10h-18h, di 10h-15h
Plan p. 56-57 ⑦ D2
Les Vikings ont autrefois occupé Londres. Aujourd'hui, on peut découvrir leur cuisine. Plats typiques scandinaves et grand choix de sandwichs et *wraps* à consommer sur place ou à emporter. Les desserts sont également délicieux.
Menu 3 plats 6,95£

Bibimbap *(coréen)*
10 Charlotte St, W1T 2LT • ⊖ Goodge Street, Tottenham Court Road • 020 7323 6890 • bibimbapcharlottestreet.co.uk • lu-ve 12h15h, 18h-23h, sa 12h-23h
Plan p. 56-57 ⑨ E2
Ce restaurant coréen est un de nos préférés dans cette rue qui compte pas mal de restaurants. La carte est réellement coréenne. On y trouve notamment le *bibimbap*, un plat traditionnel à base de riz, de viande et de légumes sautés servi dans un *dolsot*, un bol en pierre chaud.
Plat 11,50£

Imli *(indien)*
167-169 Wardour St, W1F 8WR • ⊖ Oxford Circus, Tottenham Court Road • imlistreet.com • 020 7287 4243 • lu-ve 12h-23h, sa 12h-23h (di 22h)
Plan p. 56-57 ⑩ D3
Dans un décor contemporain, bois sombre éclairé de beige et orange, Imli sert la cuisine traditionnelle de la rue. Pour découvrir les multiples saveurs, des assiettes de tapas à l'indienne sont à partager en famille.
Petites assiettes à partager 4,50£, menu 15£, service à emporter

Kingly Court
Kingly St, W1B 5PW • ⊖ Oxford Circus • lu-sa 8h-0h, di 9h-23h
Plan p. 56-57 ⑪ D4
Cet endroit situé en plein cœur de Carnaby, un peu en retrait, est un véritable refuge pour ceux qui veulent échapper à la foule d'Oxford Circus; c'est encore plus vrai quand on est accompagné d'enfants. Kingly Court est en réalité un *mini-mall* sur trois étages qui rassemble une vingtaine de bars, cafés et restaurants. Les gens s'attardent pour le déjeuner, en terrasse, dans la cour intérieure qui dispose de plusieurs tables. Pizzas, japonais, coréen, péruvien, grec, anglais: il y en a pour tous les goûts et pour tous les prix dans un esprit *street food*. Coup de cœur pour les soupes de nouilles de Shoryu Ramen.

Tibits *(self végétarien)*
12-14 Heddon St, W1B 4DA • ⊖ Piccadilly Circus • tibits.ch • 020 7758 4112 • lu-me 9h-22h30, je-sa 9h-0h, di 11h30-22h30
C K **Plan p. 56-57 ⑫ D4**
Un concept original et amusant pour les enfants. Vous composez votre repas parmi une quarantaine

de plats chauds, froids, desserts et payez selon le poids de votre assiette. Les quelques ingrédients d'origine animale sont garantis bio (produits laitiers, fromage et œufs).
Plat, salade ou dessert 2,30 £ les 100 g, service à emporter

Benihana *(japonais)*
37 Sackville St, W1S 3EH •
⊖ Piccadilly Circus • benihana.co.uk •
020 7494 2525 • tlj 12h-15h, 17h30-22h30
C K **Plan p. 56-57 (13) D4**
Voir descriptif p. 191.

Brasserie Zedel *(français)*
20 Sherwood St, W1F 7ED •
⊖ Piccadilly Circus •
brasseriezedel.com •
020 7734 4888 • lu-sa 11h30-0h, di 11h30-23h
C **Plan p. 56-57 (15) D4**
Cette grande brasserie Art déco est une des adresses préférées des familles londoniennes. Bien qu'il n'y ait pas de menu enfant, le restaurant accueille volontiers les bambins et la carte 100 % gastronomie française leur conviendra parfaitement. Vous trouverez de la place même sans réserver et les prix appliqués sont étonnamment bas pour le quartier et la qualité des plats proposés.
Menu 9,75 £

Rainforest Café *(américain)*

20 Shaftesbury Ave, W1D 7EU •
⊖ Piccadilly Circus •
therainforestcafe.co.uk • 020 7434 3111 •
lu-ve 12h-22h, sa-di 11h30-22h
C K **Plan p. 56-57 (16) E4**
Plongez dans la jungle africaine en plein cœur de Londres ! Toutes les 15 min, un gros orage réveille les animaux de la jungle et les enfants se précipitent pour voir les éléphants barrir et les gorilles s'agiter (enfants sensibles s'abstenir !). Pour les anniversaires, la salle est requise pour chanter *Happy Birthday*. Attention à la sortie où une boutique de jouets se dresse en embuscade !
Plat 16,50 £, menu enfant 15,95 £ avec pochette d'activités

Imperial China *(chinois)*
25A Lisle St, WC2H BA • ⊖ Leicester Square • imperial-china.co.uk •
020 7734 3388 • lu-sa 12h-0h, di 11h30-22h30
C **Plan p. 56-57 (17) E4**
Voici l'un de nos restaurants préférés de Chinatown. Un petit pont en bois sous lequel barbotent des carpes koi vous mènera à ce grand restaurant qui sert les meilleurs *dim sum* (bouchées vapeur) du quartier.
Plat 9 £, vapeurs (dim sum) 3 £

YUMMY

Cay Tre *(vietnamien)*
42-43 Dean St, W1D 4PZ • ⊖ Piccadilly Circus • vietnamesekitchen.co.uk • lu-je 11h-23h, ve-sa 11h-23h30 (di 22h)
Plan p. 56-57 18 E3
Les amoureux de la cuisine vietnamienne seront comblés par ce restaurant design qui propose une carte authentique dans un esprit *street food*. Bonne nouvelle, Les enfants de moins de 10 ans y mangent gratuitement du lundi au vendredi entre 16h et 18h et le week-end entre 12h et 18h.
Menu 10 £

Ed's Easy Diner *(américain)*
12 Moor St, W1D 5NG • ⊖ Leicester Square • 020 7434 4439 • lu-sa 9h-23h, di 9h-22h
C K Plan p. 56-57 19 E3
Voir descriptif p. 176.

Pizza Express *(italien)*
30 Coptic St, WC1A 1NS • ⊖ Tottenham Court Road • 020 7636 3232 • lu-sa 11h30-23h (di 22h30)
C K Plan p. 56-57 21 F3
Voir descriptif p. 177.

Rock & Sole Plaice *(fish & chips)*
45-47 Endell St, WC2H 9AJ • ⊖ Covent Garden • rockandsoleplaice.com • 020 7836 3785 • lu-sa 11h30-23h30, di 12h-22h
Plan p. 56-57 24 F3
Ce *fish & chips*, l'un des plus anciens de la capitale, sert une grande variété de poissons. Les portions sont généreuses, mais les prix un peu élevés. Petite terrasse.
Plat 15 £, service à emporter – 30 %

Shake Shack *(américain)*
24 Market Building, The Piazza, WC2E 8RD • ⊖ Covent Garden • shakeshack.com • 019 2355 5129 • lu-sa 11h-23h, di 11h-22h30
C Plan p. 56-57 26 F4

YUMMY

Cette chaîne new-yorkaise a débarqué à Londres et remporte un franc succès. La file d'attente est souvent très longue mais cela en vaut la peine. Immense terrasse.
Burger 5,25 £, dessert 4,50 £

Carluccio's *(italien)*
2a Garrick St, WC2E 9BH • ⊖ Covent Garden, Leicester Square • 020 7836 0990 • lu-ve 8h-23h30, sa 9h-23h30, di 9h-22h30
C K Plan p. 56-57 27 F4
Restaurant sur deux étages.
Voir descriptif p. 176.

Five Guys *(américain)*
1-3 Long Acre, WC2E 9LH • ⊖ Leicester Square • fiveguys.co.uk • 020 7240 2057 • di-je 11h-23h30, ve-sa 11h-0h
C K Plan p. 56-57 28 F4
Depuis son ouverture, cette célèbre chaîne de burgers américains fait concurrence à Shake Shack et est en passe de devenir la meilleure adresse de Londres. À vous de choisir – ou testez les deux !
Burger 6,75 £, enfant 4,75 £

Café in the Crypt *(self)*
St Martin-in-the-Fields, Trafalgar Square, WC2N 4JJ • ⊖ Charing Cross • stmartin-in-the-fields.org • 087 2148 3723 • lu-sa 8h-20h (me 22h30), di 11h-18h
C Plan p. 56-57 30 F4
À deux pas de Trafalgar Square, installé dans le sous-sol de l'église St Martin-in-the-Fields, ce self-service permet de se restaurer rapidement. D'avril à octobre, il ouvre sa belle terrasse. Des concerts de jazz sont donnés tous les mercredis à 18h30.
Plat 8 £

The Savoy Grill *(anglais)*
Savoy Hotel, The Strand, WC2R 0EU • ⊖ Charing Cross, Covent Garden • gordonramsayrestaurants.com • 020 7592 1600 • tlj 12h-15h, 17h30-23h (di 22h30)
C K Plan p. 56-57 31 G4
Gordon Ramsay, le plus connu des chefs anglais, ouvre les portes de ce restaurant mythique aux plus jeunes, en leur proposant un menu simple mais raffiné.
Menu 22 £, menu enfant 8,50 £

GOÛTERS

Little Oompa Loompa Afternoon Tea
The Chesterfield Mayfair, 35 Charles St, W1J 5EB • ⊖ Bond Street • chesterfieldmayfair.com • 020 7491 2622 • tlj 13h-17h30
C K Plan p. 56-57 1 C5
Cet hôtel de luxe a créé un *afternoon tea* spécial *Charlie et la chocolaterie* servi dans sa véranda. Avec une belle sélection de sandwichs, des gâteaux Wonkatastic et le célèbre Golden Ticket, les enfants seront aux anges. Willy Wonka en personne viendra même les saluer !
Adulte 34,50 £, enfant 12,50 £

The Garden Café
Brown Hart Gardens, Duke St, W1K 6TD • ⊖ Bond Street • benugo.com • 020 7493 9995 • lu-ve 8h-17h, sa 9h-17h, di 10h-17h
Plan p. 56-57 2 B4
Si vous souhaitez faire une pause bucolique après une séance shopping à Oxford Street, rendez-vous dans ce jardin implanté en haut d'un immeuble. Cette oasis de calme, à seulement 5 min à pied du grand magasin Selfridges (p. 224) offre de quoi vous rassasier aussi bien pour le déjeuner que pour le goûter. Les enfants pourront en plus se défouler au milieu des plantes !

Mad Hatter's Afternoon Tea
YUMMY
Sanderson Hôtel, 50 Berners St, W1T 3NG • ⊖ Tottenham Court Road • morganshotelgroup.com • 020 7300 5588 • tlj 12h30-17h30
C K Plan p. 56-57 8 D3
Plongez avec délice dans l'univers magique d'*Alice au pays des merveilles* et dégustez un *afternoon tea* conçu, au détail près, pour vous faire revivre ce grand classique

de la littérature anglaise écrit par Lewis Carroll : menus cachés dans de vieux livres, serviettes imprimées d'énigmes, gâteaux en forme de montre, théières où trône la dame de cœur. C'est cher, même très cher, mais les quantités équivalent à un goûter et un repas ! Réservation conseillée.
Adulte 48 £, enfant (4-11) 35 £

The Parlour

Fortnum & Mason, 181 Piccadilly, W1A 1ER • ⊖ Piccadilly Circus, Green Park • fortnumandmason.com • 020 7734 8040 • lu-sa 10h-19h, di 11h30-17h

YUMMY

C Plan p. 56-57 14 D5

Pour un somptueux goûter, rendez-vous au Parlour, situé au 1er étage du très beau magasin Fortnum & Mason (p. 225). Laissez-vous tenter par le *knickerbocker glory*, une crème glacée servie dans un grand verre avec des fruits, de la meringue et de la chantilly. Une autre spécialité est le *float* : une boule de glace flottant sur une limonade ou du coca-cola, un petit plaisir 100 % sucré. À partager en famille (ou non...).

Tea & Tattle

41 Great Russell St, WC1B 3PE • ⊖ Tottenham Court Road, Holborn • teaandtattle.com • 077 2219 2703 • lu-ve 9h-18h30, sa 12h-18h30

C Plan p. 56-57 22 F2

Cet endroit cosy et authentique abrite à la fois un salon de thé et une librairie. Idéalement situé en face du British Museum (p. 63), il propose une carte très abordable et vous trouverez facilement de la place sur les deux étages.
Sandwich 4 £, afternoon tea 15 £

Scoop Gelato

40 Shorts Gardens, WC2H 9AB • ⊖ Covent Garden • scoopgelato.com • 020 7240 7086 • di-me 12h-22h30, je-sa 12h-23h30

Plan p. 56-57 25 F3

Glaces, milk-shakes, gâteaux, gaufres, crêpes... Tout est confectionné sur place avec des ingrédients naturels : le paradis des petits et grands gourmands.

The National Dining Rooms

The National Gallery, WC2N 5DN • ⊖ Charing Cross • peytonandbyrne.co.uk • 020 7747 2525 • tlj 10h-17h (ve 22h)

C K Plan p. 56-57 29 E5

Situé dans l'aile Sainsbury de la National Gallery (p. 59), ce restaurant cosy est idéal pour une pause déjeuner, un goûter 100 % *british* ou un *afternoon tea* après une visite du musée ou si vous êtes de passage dans le quartier.

PIQUE-NIQUES

Phoenix Garden

21 Stacey St, WC2H 8DG • ⊖ Tottenham Court Road, Leicester Square, Covent Garden • thephoenixgarden.org
Plan p. 56-57 ⑳ F3
Situé près du Phoenix Theatre, ce joli jardin est une bénédiction pour ceux qui veulent prendre un bol d'air frais après une balade dans Soho. L'entrée se trouve St Giles Passage.

Russell Square

⊖ Russell Square
Plan p. 56-57 ㉓ F2
Parfait pour pique-niquer après la visite du British Museum. Vous pouvez vous approvisionner au Russell Square Café, situé dans le square, ou au Waitrose situé au Brunswick Centre.

Victoria Embankment Gardens

⊖ Embankment, Charing Cross
Plan p. 56-57 ㉜ G4
Un agréable ensemble de quatre jardins offrant le midi, durant l'été, des concerts gratuits pour pique-niquer en musique. Vous pourrez acheter des plats à emporter chez Wasabi (sushi) ou Eat sur Villiers Street.

LONDRES SUD

RESTAURANTS

Big Easy *(américain)*

332-334 King's Rd, SW3 5UR • ⊖ Sloane Square • 020 7352 4071 • bigeasy.co.uk • di-je 12h-23h, ve-sa 12h-0h
Plan p. 68-69 ❶ A5
Ce restaurant doit sa réputation à ses savoureuses spécialités de La Nouvelle-Orléans : crevettes, langoustes, BBQ, steaks. Du lundi au mercredi, l'établissement propose de se restaurer "à volonté" midi et soir sur fond de musique country !
Menus déjeuner et enfant 9,95 £

Phat Phuc Noodle Bar

(vietnamien)
The Courtyard , 151 Sydney St, SW3 6N • ⊖ Sloane Square • phatphucnoodlebar.co.uk • 020 7351 3843 • tlj 11h-18h
Plan p. 68-69 ❷ A5
Phat Phuc signifie "joyeux Bouddha" ! Situé dans une petite cour à l'abri de la foule de King's Road, ce *noodle bar* vous plongera dans une ambiance *street food*, digne du Viêt Nam ! Nous vous conseillons la soupe *phô*, à partager avec les enfants. La terrasse est agréable et chauffée en hiver.
Soupe 7,50 £

Tom's Kitchen *(anglais)*
27 Cale St, SW3 3QP • ⊖ Sloane Square • tomskitchen.co.uk • 020 7349 0202 • lu-ve 8h-14h30, 18h-22h30, sa-di 10h-15h30, 18h-22h30
C K Plan p. 68-69 3 A4
Tom Aikens, étoilé Michelin, a ouvert ce restaurant dans une ancienne maison et propose une carte 100 % *british* dans une atmosphère décontractée, parfaite pour les familles. Nous vous conseillons le brunch du week-end, un des meilleurs de la ville. Le menu enfant, proposant une grande variété de plats, a de quoi ravir les bambins même les plus difficiles ! Autres adresses à Somerset House (p. 58) et St Katharine Docks.
Plat 16 £, menu enfant 8,50 £

Benihana *(japonais)*
77 King's Rd, SW3 4NX • ⊖ Sloane Square • benihana.com • 020 7376 7799 • tlj 12h-15h 17h30-22h30 (di 17h-22h)
C K Plan p. 68-69 4 A5
Sur le gril *hibachi* (une plaque chauffante posée devant vous), les chefs préparent à la minute et sous vos yeux votre commande en faisant littéralement jongler leurs couteaux et les ingrédients. Ils arrivent même à créer un volcan… avec un oignon ! Spectacle garanti pour les enfants… et leurs parents. À la carte, on trouve aussi des plats japonais plus classiques comme des sushis, des sashimis, des brochettes. Autre adresse dans le centre (p. 186)
Menu déjeuner 16 £, menu enfant 10,50 £

Gallery Mess *(anglais)*
Saatchi Gallery, Duke of York's HQ, £King's Rd, SW3 3QP • ⊖ Sloane Square • 020 7730 8135 • saatchigallery.com/gallerymess • tlj 10h-23h30 (di 19h)
C K Plan p. 68-69 6 B4
Le restaurant de la Saatchi Gallery vaut le détour, même si vous n'avez pas prévu de visiter la galerie. Son cadre moderne avec des baies vitrées offrant une superbe vue sur la pelouse et la terrasse, ouverte aux beaux jours, feront le bonheur des familles. L'*afternoon tea* y est servi de 14h30 à 18h.
Salade 8,50 £, menu 19,50 £, menu enfant (– 12) 9,95 £

Manicomio Café *(italien)*
85 Duke of York Sq, SW3 4LY • ⊖ Sloane Square • manicomio.co.uk/chelsea • 020 7730 3366 • lu-ve 8h-20h, sa 9h-20h, di 10h-18h
C K Plan p. 68-69 7 B4
Ce petit café italien est l'adresse idéale pour une pause déjeuner en plein cœur de Sloane Square. Profitez de son immense terrasse pour déguster une variété de plats traditionnels italiens et de délicieuses tartes faites maison.
Panini 8 £, plat 12,50 £, menu enfant 7,50 £

Hard Rock Café *(américain)*
150 Old Park Lane, W1K 1QZ • ⊖ Hyde Park Corner • hardrock.com • 020 7514 1700 • di-je 11h30-0h30, ve-sa 11h30-1h, di 11h30-22h30
C K Plan p. 68-69 11 D1
Implanté dans le monde entier sur le même concept : ambiance électrique et musicale, carte américaine, boutique avec objets collector, tee-shirts. Un lieu bien connu des ados (et de leurs parents rockeurs). Côté enfants, leur menu, intitulé *Roxtars*, est servi dans une assiette en forme de guitare !
Burger 11, 95 £, menu enfant (– 10) 8,50 £

Café Murano *(italien)*
33 St James's St, SW1A 1HD • ⊖ Green Park • cafemurano.co.uk • 020 7318 8563 • lu-sa 12h15h, 17h30-23h (fermé le di)
K Plan p. 68-69 13 E1
Ce restaurant propose, sous la houlette de sa chef étoilée Michelin, Angela Hartnett, une cuisine italienne raffinée mais dans une ambiance décontractée. Les menus changent tous les jours et les enfants sont les bienvenus !
Menu adulte 19 £, menu enfant 12 £

Inn the Park *(anglais)*
St James's Park, SW1A 2BJ • ⊖ St James's Park • innthepark.com • 020 7451 9999 • lu-ve 8h-17h, sa-di 9h-17h
C K Plan p. 68-69 14 G1
Ce restaurant, au cœur de St James's Park, est un grand classique des familles londoniennes. Le cadre est bucolique avec ses baies vitrées offrant une belle vue sur le parc et sa terrasse. Cuisine contemporaine à base de produits de saison. On y trouve des plats à emporter pour une version déjeuner sur l'herbe. Endroit idéal pour le goûter ou un *afternoon tea*.
Plat 14 £, menu enfant 7,50 £, afternoon tea 16,50 £, réservation conseillée

Cardinal Place *(centre commercial)*
Victoria St, SW1E 5JD • ⊖ Victoria • lu-ve 7h30-21h, sa 9h-19h, di 11h-18h
Plan p. 68-69 18 E3
Il y a peu d'options *family friendly* et abordables autour de Buckingham Palace et il n'est pas rare que les restaurants du coin soient fermés le dimanche ! Si vos *kids* en ont eu plein les pattes le matin et que les restaurants alentour sont pris d'assaut, ce grand centre commercial *(mall)*, situé à moins de 10 min à pied du palais, abrite toutes nos adresses de chaînes conseillées pour aller se restaurer avec des enfants !

The Laughing Halibut
(fish & chips)
38 Strutton Ground, SW1P 2HR • ⊖ Victoria, St James's Park • 020 7799 2844 • lu-ve 11h15-20h (sa 16h)
Plan p. 68-69 19 F3
Ne vous laissez pas rebuter par l'aspect peu avenant de ce *fish &*

chips ! Considéré comme l'un des meilleurs de Londres, il propose des prix défiant toute concurrence. C'est même l'un des restaurants préférés d'Ed Miliband, l'ancien chef du Parti travailliste ! Il est par ailleurs idéalement situé dans une petite rue piétonne qui accueille un marché animé de 10h à 16h en semaine.
Plat 6,20 £

Cellarium Café & Terrace *(cafétéria)*
Westminster Abbey, 20 Dean's Yard, SW1P 3PA • ⊖ Westminster, St James's Park • benugo.com • 020 7222 0516 • lu-ve 8h-18h, sa 9h-17h, di 10h-16h
C Plan p. 68-69 20 G2
Pourquoi ne pas déjeuner à l'intérieur de la mythique Westminster Abbey (p. 75) ? Le Cellarium Café occupe l'ancien cellier des moines, qui date du XIVe siècle. L'été, la terrasse est grande ouverte et offre un bol d'air frais au calme, loin de la foule, ce qui est très appréciable. Cerise sur le gâteau : pour un plat adulte payant, le repas est offert aux enfants.
Plat 7,50 £

Pizza Express *(italien)*
25 Millibank, SW1P 4QP • ⊖ Pimlico • 020 7976 6214 • lu-sa 11h30-23h (di 22h30)
C K Plan p. 68-69 22 H4
Voir descriptif p. 177.

GOÛTERS

Partridges Café
2-5, Duke of York Sq, SW3 4LY • ⊖ Sloane Square • partridges.co.uk • 020 7730 0651 • tlj 8h-22h
Plan p. 68-69 5 B5
Cette grande épicerie propose une belle variété de produits de marques indépendantes. Vous pourrez vous asseoir au café ou en terrasse pour déguster de délicieux cupcakes. Par beau temps, les enfants peuvent gambader en toute sécurité sur la place et jouer au milieu des fontaines. Tous les samedis, la boutique organise un marché en plein air dans le square.

BB Bakery Afternoon Tea Bus
Victoria Coach Station, 164 Buckingham Palace Rd, SW1W 9TP • ⊖ Victoria • bbbakery.co.uk • 020 3026 1188
K Plan p. 68-69 8 D4
Embarquez pour un fabuleux tour de Londres dans un Routemaster transformé en restaurant vintage ! Un délicieux *afternoon tea* 100 % *british* à base de cupcakes, scones et sandwichs vous sera servi, durant votre balade, sur

de magnifiques présentoirs. Une façon originale et inoubliable de découvrir Londres tout en rassasiant la famille (non accessible aux enfants de -6 ans). Départ tous les jours à 12h, 14h30 et 17h de Victoria Coach Station ou à 12h30 et 15h depuis le 8 Northumberland Avenue, près de Trafalgar Square. Le tour dure environ 1h30.
Adulte 45£, enfant (6-11) 35£

Peggy Porschen Cakes

116 Ebury St, SW1W 9QQ • ⊖ Victoria, Sloane Square • peggyporschen.com
020 7730 1316 • tlj 10h-18h
Plan p. 68-69 9 D4
Impossible de rater la devanture rose bonbon de cette incroyable pâtisserie à l'ambiance kitsch. Ses pièces montées en vitrine sont grandioses mais c'est surtout la vaste sélection de cupcakes et autres sucreries qui fera craquer les becs sucrés.

Ottolenghi

13 Motcomb St, SW1X 8LB • ⊖ Knightsbridge, Hyde Park Corner • ottolenghi.co.uk • 020 7823 2707 • lu-ve 8h-20h (sa 19h), di 9h-18h
Plan p. 68-69 10 C2
Ce *deli* chic, situé non loin de Belgrave Square, est le repaire des *foodies* qui veulent déjeuner ou goûter sur le pouce. Impossible de résister au rayon gâteaux et sucreries : meringues géantes et nougats fondants se perdent au milieu des brownies et des cheesecakes. Le mieux est de prendre à emporter et de filer à Green Park savourer votre goûter.

Busy Bees Afternoon Tea

2 Caxton St, SW1H 0QW • ⊖ St James's Park • sterminshotel.co.uk • 020 7227 7777 • sa-di 12h-18h et tlj au mois d'août
Plan p. 68-69 16 F2
Ce bel hôtel a la particularité d'héberger plus de 300 000 abeilles sur ses toits ! Le miel des butineuses est recueilli, puis utilisé par le chef de l'hôtel, qui s'en sert pour concocter de délicieuses sucreries pour les enfants qui viennent déguster l'*afternoon tea*. Comment résister au brownie chocolat et miel? Les *kids* pourront ensuite aller observer les ruches à travers les baies vitrées du 3e étage.
Adulte 35£, enfant 12,50£

Prince and Princess Afternoon Tea

Hôtel Rubens at the Palace, 39 Buckingham Palace Rd, SW1W 0PS • ⊖ Victoria • rubenshotel.com • 020 7834 6600 • lu-ve 14h-16h30, sa-di 13h-17h
C K **Plan p. 68-69 17 E3**

Offrez à vos enfants un *afternoon tea* royal dans l'un des plus beaux hôtels de Londres situé à quelques mètres de Buckingham Palace. Un menu spécial, Prince and Princess, a été conçu à base de sandwichs, scones, une large variété de pâtisseries et une boisson chaude ou froide.

PIQUE-NIQUES

Green Park

⊖ Green Park

Plan p. 68-69 (12) E1

Ce parc offre un cadre bucolique idéal pour un déjeuner sur l'herbe après avoir assisté à la relève de la garde. Il est voisin de St James's Park et Hyde Park. Vous pouvez faire vos courses au Marks & Spencer, situé à côté de la station Green Park.

St James's Park

⊖ St James's Park

Plan p. 68-69 (15) F2

Pélicans, écureuils et canards sont les hôtes de ce parc, le plus vieux de Londres (p. 77). Possibilité d'acheter des sandwichs et des boissons au restaurant Inn the Park (p. 192).

Victoria Tower Gardens

Millbank, SW1P 3SF • ⊖ Westminster

Plan p. 68-69 (21) H3

Comment rêver plus beau cadre pour un pique-nique que d'avoir le Parlement en toile de fond ! Sandwichs et smoothies à emporter au Crussh situé au 4 Millbank, en face des jardins.

LONDRES SUD-EST

RESTAURANTS

Canteen *(anglais)*

Royal Festival Hall, Belvedere Rd, SE1 8XX • ⊖ Waterloo • canteen.co.uk • 0845 686 1122 • lu-ve 8h-23h, sa 9h-23h, di 9h-22h

C K **Plan p. 82-83 (3) A2**

Décor épuré et cuisine anglaise classique élaborée avec des produits du terroir pour découvrir les plats traditionnels anglais. Au menu, *fish & chip, pies, roast beef* avec *yorkshire pudding*, gratin de macaronis... Des coloriages sont offerts aux bambins pour les garder à table. Le restaurant dispose d'une terrasse. *Plat 12 £, afternoon tea 12,50 £, portion enfant – 50 %*

Wahaca *(mexicain)*

Queen Elizabeth Hall, Southbank Centre, Belvedere Rd, SE1 8XX • ⊖ Southwark, Waterloo • 020 7928 1876 • lu-sa 12h-23h, di 22h30

C K **Plan p. 82-83 (4) A2**

Restaurant sur deux étages exposant de belles œuvres de *street art*. Voir descriptif p. 177.

Oxo Tower Restaurant

(cuisine fusion)

Barge House St, SE1 9PH • ⊖ Southwark, Waterloo • harveynichols.com • 020 7803 3888 • lu-sa 12h-23h, di 12h-22h

C K **Plan p. 82-83 (5) C2**

Cuisine moderne dans ce restaurant chic, perché au 8e étage, offrant un magnifique panorama sur la Tamise. Demandez une table sur la terrasse pour profiter pleinement de la vue. La partie brasserie propose une carte plus accessible. Les menus enfants sont particulièrement soignés et servis avec un pack d'activités.
Restaurant : plat 21 £, menu enfant 18 £ ; brasserie : brunch 14 £, menu enfant 15 £

Tate Modern Café & Restaurant *(anglais)*

Tate Modern, Bankside, SE1 9TG • ⊖ Southwark, Blackfriars • tate.org.uk • 020 7887 8888 • di-je 10h-18h, ve 10h-20h, sa 10h-19h
C K Plan p. 82-83 6 D2

Le café de la Tate Modern, situé au rez-de-chaussée, est l'un de nos endroits préférés dans ce quartier. Grâce à ses grandes baies vitrées, l'espace est à la fois spacieux et très lumineux. Le musée possède également un autre restaurant. Situé au 6e étage, et un peu plus chic, il offre une vue panoramique sur la cathédrale Saint-Paul et le Millennium Bridge. Bonne nouvelle, le déjeuner est gratuit pour tout enfant accompagnant un adulte payant ! Des feuilles de coloriage leur permettront de gribouiller leurs premières œuvres contemporaines.
Café : plat 11,95 £, restaurant : menu adulte 24,50 £

The Real Greek *(grec)*

Riverside House, 2A Southwark Bridge Rd, SE1 9HA • ⊖ London Bridge • therealgreek.com • 020 7620 0162 • lu-sa 12h-23h (di 22h30)
C K Plan p. 82-83 9 E2

Avec ses grandes assiettes à partager, ce restaurant est idéal si vous voulez faire une pause après une longue balade le long de Southbank. Les enfants sont les bienvenus ; les menus *kids* typiquement grecs sont à base de mezze et de boulettes de viande.
Menu adulte 10 £, menu enfant 6,75 £

Fish ! *(poisson)*

Cathedral St, Borough Market, SE1 9AL • ⊖ London Bridge • fishkitchen.co.uk • 020 7407 3803 • lu-je 11h30-23h, ve 11h-23h, sa-di 10h-22h30
C K Plan p. 82-83 10 E2

Superbe cadre pour ce restaurant de poisson, aménagé au cœur du Borough Market, dans un ancien entrepôt datant du XVIIIe siècle. La salle intérieure avec sa vaste verrière est un peu bruyante, préférez plutôt la grande terrasse ouverte toute l'année (et chauffée l'hiver). Les poissons sont ultra-frais et proviennent de pêcheries respectueuses des ressources. Les petits moussaillons sont les bienvenus, avec notamment des pochettes de coloriage. Vous pouvez également prendre la version à emporter à – 50 %.
Plat 16,95 £, menu enfant 8,95 £

Aqua Shard *(anglais)*
The Shard, 31 St Thomas St, SE1 9RY • ⊖ London Bridge • aquashard.co.uk • 020 3011 1256 • lu-ve 7h-23h, sa-di 9h-23h
YUMMY
C K Plan p. 82-83 12 F2
Si vous souhaitez gâter vos enfants pour le déjeuner, c'est ici qu'il faut aller. Situé au 31e étage du Shard (p. 91), ce magnifique restaurant dans lequel vous goûterez à une gastronomie anglaise authentique. offre une vue unique sur Londres, la hauteur sous plafond de la salle est vertigineuse ! Par ailleurs, vous éviterez ainsi de payer l'entrée du View From Shard qui applique des prix très élevés. Réservation et tenue correcte conseillées.
Menu adulte 31£, menu enfant 12,50£

Hutong *(chinois)*
The Shard, 31 St. Thomas St, SE1 9RY • ⊖ London Bridge • hutong.co.uk • 020 3011 1257 • tlj 12h-14h30, 18h-22h30
C K Plan p. 82-83 13 F2
Situé au 33e étage, au-dessus de l'Aqua Shard, ce restaurant chinois offre un cadre somptueux pour un déjeuner haut de gamme en famille au milieu des lampions. Nous vous conseillons de partager leur spécialité, le *roasting peking duck* ou de prendre le menu *dim sum*. Les plats de nouilles conviendront parfaitement aux enfants. Attention, les prix sont élevés. Réservation et tenue correcte exigées.
Plat 19£, menu 35£,

Café Rouge *(français)*
Hay's Galleria, Tooley St, SE1 2HD • ⊖ London Bridge • caferouge.com • 020 7378 0097 • lu-ve 8h30-23h, di 9h-22h30
C K Plan p. 82-83 14 G2
Cette chaîne de restaurants français met un point d'honneur à accueillir les enfants comme ils le méritent. De quoi rendre toute le monde heureux surtout après une longue journée de visites. Celui-ci est situé dans une très belle galerie sous verre, la Hay's Galleria, en face du HMS Belfast (p. 92). C'est ici que les bateaux du monde entier déchargeaient leurs marchandises. L'établissement abrite désormais des boutiques et des restaurants. Les menus sont particulièrement bon marché et la carte 100 % française.
Menu adulte 13£, menu enfant 6,95£

The Chop House *(anglais)*
Butlers Wharf, 36e Shad Thames, SE1 2YE • ⊖ London Bridge, Tower Hill • chophouse-restaurant.co.uk • 020 7403 3403 • lu-sa 12h-23h, di 12h-22h
C K Plan p. 82-83 15 H2

Les amoureux de viande rouge seront gâtés dans ce restaurant qui propose une carte très protéinée. Idéalement situé au pied du Tower Bridge, vous pourrez également vous délecter d'une très belle vue sur le célèbre pont et sur la tour de Londres.
Plat 19,50 £, menu enfant 10 £

Browns *(anglais)*
26 Shad Thames, Butlers Wharf, SE1 2YG • ⊖ London Bridge, Tower Hill • browns-restaurants.co.uk • lu-je 9h-23h, ve-sa 9h-0h (di 22h30)
C K Plan p. 82-83 16 H3
Voir descriptif p. 184.
Afternoon tea 12 £

Kitcho *(japonais)*
57 Greenwich High Rd, London SE10 8LP • ⊖ Cutty Sark, Greenwich • aji-ichiban.co.uk • 020 8691 5511 • lu-sa 12h-23h (di 22h30)
C Plan p. 82-83 17 E5
Ce restaurant de sushis est considéré par beaucoup comme le meilleur de Greenwich. Il propose une carte de sushis très élaborée et des *ramen*, un plat de pâtes servi dans un bouillon à base de poisson ou de viande, qui fera le bonheur des plus jeunes. Le menu du déjeuner est très abordable.
Menu déjeuner 6,90 £, soupe 8,50 £

Frankie & Benny's *(italien)*
Greenwich Promenade, King William Walk, SE10 9HT • ⊖ Cutty Sark • frankieandbennys.com • 020 8305 2345 • lu-sa 11h-23h (di 22h30)
C K Plan p. 82-83 19 G4
Photos en noir et blanc, banquettes en moleskine rouge, nappe à carreaux rouges et blancs, murs de brique... le décor semble tout droit sorti d'un film américain des années 1950. Plusieurs menus enfants sont proposés en fonction de leur âge (de 0 à 12 ans) : vous n'aurez que l'embarras du choix. Et pour occuper les *bambini* : pochette d'activités et puzzle.
Menu adulte (lu-ve midi) 10 £, menu enfant 4,25 £

The Brasserie *(anglais)*
National Maritime Museum, King William Walk, SE10 9NF • ⊖ Cutty Sark • brasseriegreenwich.co.uk • 020 8305 0445 • tlj 10h-17h
C K Plan p. 82-83 20 G4
Rien de tel après une visite du musée qu'une petite pause à la brasserie située au rez-de-chaussée. Les baies vitrées offrent une très belle vue sur le parc de Greenwich et la terrasse est ouverte par beau temps. On y sert des plats typiquement anglais et le brunch du dimanche est très apprécié. Attention, le service peut être long en cas d'affluence.
Plat 12 £, menu enfant 5,50 £

GOÛTERS

Riverside Terrace Café

Royal Festival Hall, Belvedere Rd, SE1 8XX • ⊖ Waterloo • 020 7921 0758 • southbankcentre.co.uk • tlj 10h-22h30

Plan p. 82-83 ② A2

Atmosphère détendue pour ce café situé à l'intérieur du Royal Festival Hall. Vous y trouverez de délicieux brownies. Durant l'été, l'immense terrasse du café permet aux enfants de se défouler en toute sécurité. Pour une pause bucolique, grimpez de deux étages au Queen Elizabeth Roof Garden (ouvert d'avril à fin septembre) pour profiter de la vue au milieu des arbres et des fleurs.

Albion

Neo Bankside, Holland St, SE1 9FU • ⊖ Southwark • albiongrill.co.uk • 020 3764 5550 • lu-ve 8h-23h, sa 9h-23h (di 19h)

C Plan p. 82-83 ⑦ D2

Ce café-restaurant, situé derrière la Tate Modern, dispose d'une belle terrasse très agréable pour goûter quelques-unes de ses délicieuses pâtisseries ou prendre un snack léger. Mais c'est également un *food & wine market* où vous trouverez des produits à emporter.

CanteenM

Hôtel CitizenM, 20 Lavington St, SE1 0NZ • ⊖ Southwark, London Bridge • citizenm.com • 020 3519 1680 • tlj 24h/24

Plan p. 82-83 ⑧ D2

YUMMY

Ce boutique-hôtel (p. 247) à l'ambiance branchée a particulièrement soigné la décoration de son bar-restaurant ouvert 24h/24. Vous vous sentirez comme à la maison au milieu des sofas et des bibliothèques ultradesign. Nous vous conseillons l'*afternoon tea* servi entre 14h30 et 17h. *"Relax and enjoy"*, comme on dit à Londres !

Afternoon tea 12,50 £

Ben & Jerry's

Cutty Sark Complex, SE10 9SW • ⊖ Cutty Sark • tlj 8h-22h

Plan p. 82-83 ⑱ F4

Des petits pots, des grands pots, vanille, chocolat, fraise, banane avec des noix de pécan, cookies, brownies… Le choix est vaste. Les produits sont issus du commerce équitable, de quoi craquer en toute bonne conscience.

Pavilion Tea House

Charlton Way, SE10 8QY • ⊖ Cutty Sark • .royalparks.org.uk • 020 8858 9695 • tlj 9h-18h

C K Plan p. 82-83 ㉒ H5

Impossible de rater ce bâtiment de forme octogonale qui date de 1906. Avec son grand jardin fermé, c'est l'endroit idéal pour faire une pause goûter ; les enfants peuvent aller gambader en toute sécurité ! Si votre faim est plus grande, vous pouvez aussi choisir dans leur section cafétéria des plats bon marché servis toute la journée.

PIQUE-NIQUES

Jubilee Gardens

South Bank, SE1 7XZ • ⊖ Waterloo
Plan p. 82-83 1 A2
Cette petite oasis située face à la Tamise et toute proche du London Eye est parfaite pour un déjeuner sur le pouce. Vous trouverez de nombreuses possibilités de vente à emporter sur Belvedere Road.

Southwark Cathedral

⊖ London Bridge
Plan p. 82-83 11 F2
Faites vos emplettes dans les nombreux stands de vente à emporter de Borough Market, puis installez-vous dans le petit jardin situé au pied de la cathédrale pour dévorer votre butin.

Greenwich Park

⊖ Cutty Sark
Plan p. 82-83 21 H5
C'est l'endroit parfait pour déjeuner en profitant d'une des plus belles vues panoramiques de Londres. L'idéal est de faire vos courses au Greenwich Market (p. 234). Des buvettes et un self sont également à votre disposition dans le parc.

LONDRES EST

RESTAURANTS

The Happenstance

(cuisine fusion)
1 Ludgate Hill, EC4M 7AA • ⊖ St Paul's • thehappenstancebar.co.uk • 0845 468 0104 • lu-ve 7h30-23h, sa 10h-23h (di 18h)
C K **Plan p. 101 1 A2**
Cette ancienne banque a été transformée en un restaurant branché qui décline une cuisine d'inspiration internationale. Coup de cœur pour les plateaux à partager *(sharing board)* pour jouer à la dînette en famille !
Plat ou sharing board 10 £, Sunday Roast adulte 12,95 £, enfant 6,50 £

Ping Pong *(asiatique)*

Bow Bells House, 1 Bread St, EC4M 9BE • ⊖ St Paul's, Mansion House • pingpongdimsum.com • 020 7651 0880 • lu-ve 11h-23h, sa 12h-22h (di 19h)
C **Plan p. 101 2 B2**
La spécialité de ce restaurant est les *dim sum*, ces savoureuses petites bouchées cuites à la vapeur. Nous vous conseillons de prendre un assortiment pour toute la famille, les enfants auront l'impression de jouer à la dînette en picorant dans les petits paniers en bambou. Essayez le thé à base de fleurs. Des coloriages sont proposés aux enfants.
Dim sum 3,35 £, menu 9,50 £

London Wall Bar & Kitchen *(anglais)*
150 London Wall, EC2Y 5HN •
⊖ Barbican, St Paul's •
benugo.com • 020 7600 7340 •
lu-ma 9h-22h, me-ve 9h-23h,
sa-di 12h-16h
C K Plan p. 101 3 B1
Situé juste à côté du Museum of London (p. 106), ce restaurant est parfait pour recevoir les familles, avant ou après leur visite du musée. Les grandes tables communes et la terrasse sont très appréciées.
Plat 12 £, menu enfant 5 £

Tortilla *(mexicain)*
28 Leadenhall Market, EC3V 1LR •
⊖ Monument, Tower Hill •
tortilla.co.uk • 020 7929 7837 •
lu-ve 11h-19h
C Plan p. 101 5 D2
Si vous avez un petit creux, ce restaurant mexicain situé en plein cœur du Leadenhall Market (p. 235) propose des *burritos* à déguster sur place ou à emporter. À vous de choisir les ingrédients pour composer votre plat. À l'heure du déjeuner, attendez-vous à voir dans la file d'attente de nombreux financiers de la City qui viennent chercher ici un peu d'exotisme.
Burrito 5 £

Sky Garden *(anglais)* YUMMY
20 Fenchurch St, EC3M 3BY •
⊖ Monument, Tower Hill •
skygarden.london • lu-ve 7h-18h,
sa-di 7h-21h
C K Plan p. 101 6 D2
Si vous avez décidé de visiter le Sky Garden (p. 103), profitez-en pour déjeuner sur place et bénéficier de la vue magnifique qu'offre ce jardin panoramique. Le Sky Pod est un grand bar-restaurant. Des tables et des canapés sont disséminés un peu partout sur la vaste esplanade et vous pourrez vous blottir sous les couvertures en hiver. L'autre restaurant, le Darwin, situé au second étage, est plus formel mais vous donne un accès prioritaire au jardin si vous réservez pour le déjeuner. Menu enfant et kit de coloriage sont prévus pour les petits.
Sky Pod : plat 5 £ ; Darwin Brasserie : plat 13,50 £, menu enfant 8,50 £

The Kitchen@Tower *(américain)* YUMMY
Byward St, EC3R 5BJ • ⊖ Tower Hill • thekitchenattower.com •
020 7481 3533 • lu-ve 8h-17h30,
sa-di 10h-17h30
C K Plan p. 101 7 E3
Que diriez-vous de déjeuner dans une église ? Ce café a élu domicile dans l'église All Hallows-by-the-Tower, la plus vieille de Londres.
Elle est toujours en activité. C'est ici que les connaisseurs se retrouvent après une visite de la tour de Londres. L'espace est entouré de baies vitrées et donne sur un jardin clos qui fera le bonheur des enfants. La terrasse est très agréable en été.
Plat 10,50 £, menu enfant 5,60 £

Bodean's *(américain)*
16 Byward St, EC3R 5BA •
⊖ Tower Hill • 020 7488 3883 •
lu-sa 12h-23h (di 22h30)
C K Plan p. 101 8 E3
Voir descriptif p. 176.

St Katharine Docks
50 St Katharines Way, E1W 1L1 •
⊖ Tower Hill • www.skdocks.co.uk •
Plan p. 101 9 F3
Ce petit port de plaisance offre un cadre très agréable pour déjeuner au bord de la Tamise. Vous y trouverez une vingtaine de bars et restaurants *family friendly* ainsi qu'un marché de cuisines du monde qui se tient tous les vendredis de 11h à 15h dans une ambiance *street food*. Idéal après une visite de la tour de Londres ou du Tower Bridge.

Chez Elles Bistroquet *(français)*
45 Brick Lane, E1 6PU •
⊖ Shoreditch High Street •
chezellesbistroquet.co.uk •
020 7247 9699 • me-ve 12h-15h, 17h30-22h30, sa 12h-22h30, di 11h-17h
C Plan p. 100 10 C3
Ce petit restaurant chic et rétro détonne dans ce quartier où vous trouverez plutôt des restaurants indiens. Vous serez accueillis sur une bande-son *frenchie* par deux anciennes employées d'Eurostar. La carte présente les grands classiques d'un bistro parisien : confit de canard, tartare de bœuf, moules frites. Les petits pourront quant à eux déguster un croque-monsieur et une pâtisserie faits maison.
Plat 13,50 £, croque-monsieur 7,50 £

Leon *(méditerranéen)*
Old Spitalfields Market, E1 6DW •
⊖ Liverpool Street • 020 7247 4369 •
lu-ve 7h30-22h, sa 8h30-21h (di 18h)
C K Plan p. 100 11 B3
Grande terrasse en plein cœur du marché. Voir descriptif p. 177.

Sheba *(indien)*
136 Brick Lane, E1 6RU
⊖ Shoreditch High Street, Liverpool Street • shebabricklane.com •
020 7247 7824 • tlj 12h-0h
C Plan p. 100 13 C3
Brick Lane regorge de restaurants indiens et vous serez sans doute assaillis par des rabatteurs. Mais celui-ci est un des plus vieux du quartier et malgré son apparence modeste, il a remporté le prix du meilleur curry au Royaume-Uni en 2013. Prenez plusieurs entrées pour les enfants, elles sont moins épicées que les plats principaux.
Entrée 4 £, plat 10 £

Beigel Bake *(bagels)*
159 Brick Lane, E1 6SB •
⊖ Shoreditch High Street •
020 7729 0616 • tlj 24h/24
Plan p. 100-101 14 C2
Véritable institution dans le quartier, ce petit magasin est ouvert sans interruption dans le style new-yorkais. Ne vous fiez pas à la devanture un peu *cheap*, ce lieu est un incontournable ! Vous pourrez y

déguster de délicieux bagels à base de bœuf salé et ou de saumon. Les plus gourmands craqueront pour le cheesecake. Il y a peu de place à l'intérieur, donc prenez plutôt à emporter pour un snack sur le pouce.
Bagel 3 £

Dishoom *(indien)*
7 Boundary St, E2 7JE •
⊖ Shoreditch High Street •
dishoom.com • 020 7420 9324 •
lu-me 8h-23h, je-ve 8h-0h, sa 9h-0h (di 23h)
C K Plan p. 100 15 B2
Inspiré des cafés iranis très populaires en Inde, cet immense restaurant vous plongera dans l'ambiance du Bombay des années 1920. Le design raffiné allie des matériaux industriels aux tables en bois et banquettes en cuir. N'hésitez pas à vous poser sous la véranda, au milieu des livres et des photos anciennes. Le *breakfast* à base de *naan rolls* est un must ! Nous vous conseillons de prendre un assortiment de plats pour faire découvrir la cuisine indienne aux enfants (leur menu est assez épicé !).
Plat 12 £, menu enfant 7,50 £

Tramshed *(anglais)*
32 Rivington St, EC2A 3LX •
⊖ Old St, Shoreditch High Street •
chickenandsteak.co.uk •
020 7749 0478 • lu-sa 11h30-0h30 (di 21h30)
C K Plan p. 100 16 A2
Élu meilleur restaurant de viande en 2012 par Time Out, Tramshed est un paradis pour les petits carnivores : ils peuvent y déjeuner gratuitement et faire le plein de protéines. Une vache grandeur nature trône dans un aquarium en verre au milieu du restaurant ! Les enfants sont particulièrement choyés (ainsi que le porte-monnaie de leurs parents !). Leur repas est gratuit pour tout adulte payant.
Plat 13,50 £, menu enfant (– 10) gratuit lu-ve 16h-18h, sa-di 12h-18h

Sông Quê Café *(vietnamien)*
134 Kingsland Rd, E2 8DY • ⊖ Hoxton •
songque.co.uk • 020 7613 3222 •
lu-ve 12h-15h, 17h30-23h, sa-di 12h-23h
C Plan p. 100 18 B1
Surnommée le "Phô Mile" en référence à la fameuse soupe, Kingsland Road est le quartier vietnamien de Londres. Vous y trouverez un grand nombre de restaurants, mais le Sông Quê Café reste LA référence ! Parfaite après une visite du Geffrye Museum (p. 109), cette grande cantine propose une carte exotique et savoureuse.
Soupe 9 £

GOÛTERS

Euphorium Bakery

60 Threadneedle St, EC2R 8HP • ⊖ Bank • euphoriumbakery.com • 020 7796 3435 • lu-ve 7h-20h, sa 11h-17h

Plan p. 101 ④ C2

Il est difficile de trouver une bonne baguette à Londres et les Anglais ont du mal à surpasser les boulangers français. Mais ici, pari tenu ! Outre de l'excellent pain, vous y trouverez des tartelettes et de délicieuses viennoiseries à savourer dans un joli décor composé de grandes tables communes et de baies vitrées.

Lola's Cupcakes

Spitalfield Market, Bishops Sq E1 6EW • ⊖ Liverpool Street • 020 8963 5757 • lolas-kitchen.co.uk • lu-sa 8h30-21h (sa 20h), di 9h-20h

Plan p. 100 ⑫ B3

On vous l'accorde, on trouve des cupcakes un peu partout dans Londres mais pour nous, ceux-ci sont sans conteste parmi les meilleurs. Preuve de leur qualité exceptionnelle, on les trouve dans les plus grands magasins d'Oxford Street et les gares de Londres.

Look Mum no Hands

49 Old St, EC1V 9HX • ⊖ Old Street • lookmumnohands.com • 020 7253 1025 • lu-ve 7h30-22h, sa 8h30-22h, di 9h30-22h

Plan p. 100 ⑰ A2

Vous serez sans doute surpris de voir des vélos un peu partout à l'intérieur comme à l'extérieur de ce grand café. Normal puisqu'il s'agit aussi d'un *repair shop* pour vélos (un magasin de réparation de vélos). Des roues sont ainsi suspendues au plafond et toute la décoration tourne autour des deux-roues, de quoi plaire aux fans qui pourront également suivre le Tour de France. Très prisé par les familles locales et les cyclistes, cet endroit est un lieu original pour une pause goûter.

Treacle

110-112 Columbia Rd, E2 7RG • ⊖ Hoxton, Shoreditch High Street • 020 7729 0538 • di 9h-15h

Plan p. 100 ⑲ C1

Si vous avez décidé de visiter un dimanche matin le pittoresque marché aux fleurs de Columbia Road (p. 235), vous ne pourrez pas résister à la devanture alléchante de cette jolie pâtisserie 100 % *british*. Les cupcakes sont à tomber et vous trouverez sur place tous les accessoires pour créer vous-même vos *afternoon teas*, histoire de prolonger le plaisir de retour chez vous.

LONDRES NORD

RESTAURANTS

YUMMY

Royal China *(chinois)*
24-26 Baker St, W1U 7AB • ⊖ Bond Street, Baker Street • rcguk.co.uk • 020 7487 4688 • lu-sa 12h-23h (ve-sa 23h30), di 11h-22h
C Plan p. 114-115 1 C5
Ce restaurant chinois, situé hors de Chinatown, est pris d'assaut tous les dimanches midi par les familles venues pour un brunch exotique. Les *dim sum* (bouchées vapeur) sont parmi les meilleures de Londres. Vous trouverez également au menu, des plats classiques chinois dont le fameux *crispy duck*. Autre adresse à Queensway (p. 181).
Plat 10 £, dim sum 3,10 £, réservation conseillée le week-end

The Natural Kitchen *(anglais)*
55 Baker St, W1U 8EW • ⊖ Baker Street • thenaturalkitchen.com • 020 7935 0987 • lu-ve 8h-22h, sa 9h-22h (di 21h)
C K Plan p. 114-115 2 C5
Cet endroit, qui fait office à la fois de café, de restaurant et de *deli* (traiteur-épicerie), propose des plats sains et équilibrés que l'on peut savourer sur place ou emporter ; idéal si vous souhaitez faire un pique-nique à Regent's Park. Large espace pour déposer vos poussettes.
Menu adulte 14,95 £, menu enfant 6,95 £

Pizza Express *(italien)*
133 Baker St, London W1U 6SF • ⊖ Baker Street • 020 7486 0888 • tlj 11h30-23h (di 22h30)
C K Plan p. 114-115 4 C4
Voir descriptif p. 177.

Phoenix Palace *(chinois)*
5 Glentworth St, London NW1 5PG • ⊖ Baker Street • phoenixpalace.co.uk • 020 7486 3515 • lu-ve 12h-23h30, di 11h-22h30
C Plan p. 114-115 5 C4
Plongez dans le somptueux décor tout en laque rouge de cet immense restaurant idéalement situé dans une petite rue près de Baker Street. En matière culinaire, il fait concurrence au Royal China (p. 181 et ci-contre) avec une plus large sélection de *dim sum*.
Plat 10 £, dim sum 3,60 £

Sea Shell of Lisson Grove *(fish & chips)*
49-51 Lisson Grove, NW1 6UH • ⊖ Marylebone • seashellrestaurant.co.uk • 020 7224 9000 • lu-sa 12h-22h30
C K Plan p. 114-115 6 A4
Ouvert depuis plus de quarante ans, le Sea Shell est réputé comme l'un des meilleurs *fish & chips* de Londres. Les poissons sont de première fraîcheur. Cependant, que les carnivores soient entièrement rassurés, la carte propose aussi des plats de viande.
Plat 15,95 £, menu enfant 10,50 £

Regent's Bar & Kitchen
(anglais)
Regent's Park, Inner Circle, NW1 4NU • ⊖ Baker Street, Regent's Park • benugo.com • 020 7935 5729 • tlj 8h-20h 9h-18h (16h en hiver)
C K Plan p. 114-115 7 C3
Si vous avez envie de grignoter en plein cœur de Regent's Park, voici un agréable restaurant qui offre en prime une belle terrasse aux beaux jours, de quoi plaire aux enfants qui veulent gambader. En été, le chef ouvre le barbecue pour vous servir de succulents burgers. À consommer sur place ou à emporter.
Plat 12,50 £, menu enfant 4 £

Lemonia *(grec)*
89 Regent's Park Rd NW1 8UY • ⊖ Chalk Farm • lemonia.co.uk • 020 7586 7454 • lu-sa 12h-15h, 18h-23h, di 12h-15h30
C Plan p. 114-115 12 E1
Ce restaurant familial officie dans le quartier depuis plus de 30 ans ! Les célébrités comme Kate Moss, Jude Law ou encore Harry Styles des One Direction viennent y déjeuner pour se mettre au vert sous les plantes qui ornent l'intérieur. La carte propose des plats traditionnels grecs sous forme de petites assiettes, parfaites pour partager avec les enfants.
Entrée 5 £, plat 14 £

Yum-Cha *(chinois)*
27-28 Chalk Farm Rd, NW1 8AG • ⊖ Camden Town, Chalk Farm • yumchasilksandspice.co.uk • 020 7482 2228 • tlj 12h-23h (ve-sa 0h, di 22h30)
C Plan p. 114-115 15 G1
Si les stands de *street food* asiatiques de Camden ne vous inspirent pas plus que ça, mais que vous avez malgré tout envie de manger chinois, foncez sans hésitation dans ce restaurant qui offre un vaste choix de délicieux *dim sum* et d'excellents *chow mein*, ce plat traditionnel de nouilles sautées accompagnées de viande ou de crevettes.
Dim sum (vapeur) 2,80 £, plat 7,95 £

In Spiral Lounge *(végétarien)*
250 Camden High St, NW1 8QS • ⊖ Camden Town • inspiral.co • 020 7428 5875 • di-ma 10h-22h, me-je 10h-23h, sa-di 10h-1h30
C Plan p. 114-115 17 G1
Ce restaurant *eco-friendly* est idéalement situé au bord du canal et offre une très jolie vue. La carte est 100 % végétarienne. Tartes maison, salades bio, cocktails de fruits : tout est cuisiné avec des ingrédients naturels et sans additif. Ça change des mauvais stands de *street food* éparpillés dans le marché.
Salade 8,90 £, sharing platter 12,90 £

Wagamama *(asiatique)*
11 Jamestown Rd, NW1 7BW • ⊖ Camden Town, Chalk Farm • 020 7428 0800 • tlj 11h-23h
C K Plan p. 114-115 (18) G2
Voir descriptif p. 177.

Haché Burger Connoisseurs *(américain)*
24 Inverness St, NW1 7HJ • ⊖ Camden Town • 020 7485 9100 • hacheburgers.com • tlj 12h-22h30 (ve-sa 23h)
C K Plan p. 114-115 (19) G2
Haché propose une variété incroyable de burgers pour plaire à tous les goûts : bœuf, agneau, canard, poisson, le tout cuisiné avec des ingrédients venus du monde entier. On y trouve même des burgers végétariens à base de falafel et une version basses calories où le pain est remplacé par de la salade !
Burger 7,50 £

YUMMY

Dishoom *(indien)*
5 Stable St, N1C 4AB • ⊖ King's Cross, St Pancras • dishoom.com • 020 7420 9321 • lu-me 8h-23h, je-ve 8h-0h, sa 9h-0h (di 23h)
C K Plan p. 114-115 (21) H1
Situés près de King's Cross, les hangars de Granary Square stockaient les marchandises qui arrivaient en train à Londres. Ils ont depuis été réaménagés en espaces commerciaux et restaurants, dont le délicieux Dishoom. Occupant les trois étages d'un ancien entrepôt, vous vous retrouverez plongé dans l'ambiance d'une gare du Bombay des années 1930 : photos sépia, ventilateurs, pèse-valise. Une vieille horloge rappelle l'heure aux voyageurs qui viennent s'y installer avant de prendre leur train ! Pour le menu, voir descriptif p. 203.

Carluccio's *(italien)*
St Pancras International Station, First Floor, N1C 4QL • ⊖ St Pancras • 020 7278 7449 • lu-sa 7h-23h, di 9h-22h30
C K Plan p. 114-115 (22) H2
Voir descriptif p. 176.

North Sea Fish *(fish & chips)*
7-8 Leigh St, WC1H QEW • ⊖ Russel Square • northseafishrestaurant.co.uk • 020 7387 5892 • lu-sa 12h-14h30, 17h30-22h30, di 13h-18h
C Plan p. 114-115 (23) H3
Ce *fish & chips* traditionnel aux allures de pub anglais sert des portions très copieuses. Un service à emporter est disponible ; pratique en vue d'un pique-nique.
Plat 11,25 £

GOÛTERS

Pâtisserie des rêves
43 Marylebone High St, W1U 5HE • ⊖ Baker Street • 020 3603 7333 • tlj 9h-19h (di 18h)
Plan p. 114-115 (3) D4
Ici, vous trouverez des boîtes de mini-gâteaux spécialement conçues pour les enfants. Voir descriptif p. 183.

The Hub

Regents Park, NW1 4NU • ⊖ Regent's Park • benugo.com • 020 7935 5729 • tlj 8h-20h (16h en hiver)
C Plan p. 114-115 (9) C2

Impossible de rater ce café moderne situé sur une petite colline en plein milieu de Regent's Park. Muni de baies vitrées, il offre une vue à 360° sur le parc. Parfait pour un goûter après une balade dans le parc ou avant de filer au zoo (p. 118).

Sweet Things

138 Regent's Park Rd, NW1 8XL • ⊖ Chalk Farm • sweetthings.biz • 020 7722 2107 • lu-ve 8h30-18h, sa-di 9h30-18h30
Plan p. 114-115 (11) E2

YUMMY

Vous ne pourrez pas résister à l'envie de goûter les gâteaux alléchants exposés dans la vitrine. Même les tables présentent des sucreries sous verre ! Leur spécialité : les brownies et les cupcakes *of course* !

The Basement Tea Rooms

Camden Stables Market, Chalk Farm Rd, NW1 8AH • ⊖ Camden Town, Chalk Farm • lu-ve 12h-19h, sa-di 11h-20h
C K Plan p. 114-115 (13) F1

Cet ancien espace de breloques, situé au sous-sol du Camden Stables Market, a été transformé en salon de thé chic et rétro. Vous pourrez faire une pause bien méritée loin de la foule dans de grands canapés et fauteuils en cuir. Du brunch au dîner, un choix varié de plats et de sandwichs complète les délicieuses pâtisseries exposées sous cloche, le tout présenté dans un service en porcelaine.
Sandwich 3,50£, dessert 1,50£

Cereal Killer Café

Camden Stables Market, Chalk Farm Rd, NW1 8AH • ⊖ Camden Town, Chalk Farm • cerealkillercafe.co.uk • 079 4360 3517 • tlj 9h30-19h
Plan p. 114-115 (14) F1

Le concept de ce bar à céréales ? Pouvoir choisir parmi plus de 120 marques de céréales venues du monde entier, 20 sortes de lait et une large variété d'accompagnements. Idéal pour une pause goûter ! Lits et duvets Mario Bros., arcades de jeux, écrans rétro, chaises multicolores peuplent cette grande chambre d'enfants, de quoi plaire aux *kids* et offrir une bonne dose de nostalgie aux parents !

Chin Chin Labs

49-50 Camden Lock Pl, NW1 8AF • ⊖ Camden Town • 078 8560 4284 • chinchinlabs.com • tlj 12h-19h
Plan p. 114-115 (16) G1

YUMMY

Cet endroit ressemble plus à un laboratoire scientifique qu'à un magasin de glaces. Celles-ci sont fabriquées sous vos yeux avec de l'azote liquide que l'on fait gonfler et qui s'échappe en fumée ! Résultat, une texture particulière que l'on déguste en agrémentant le tout de *toppings* variés. Les parfums proposés changent au gré des saisons. À tester si vous êtes dans le coin.

Yumchaa Teas

35-37 Parkway, NW1 7PN • ⊖ Candem Town • yumchaa.com • 020 7209 9641 • lu-ve 9h-18h, sa-di 8h30-19h

Plan p. 114-115 ⑳ G2

À ne pas confondre avec le restaurant chinois portant le même nom : ici, on déguste principalement du thé (plus de 40 variétés) et des scones. *Yum chaa* signifie d'ailleurs "boire du thé". De grands fauteuils en cuir et des tables en bois apportent une touche rétro à ce grand salon de thé, très prisé par la clientèle locale.

PIQUE-NIQUES

Regent's Park

⊖ Regent's Park, Baker Street

Plan p. 114-115 ⑧ D3

Profitez de cet immense parc (p. 116) pour vous détendre après une visite chez Madame Tussauds (p. 112) ou au zoo (p. 119). Pour faire vos courses, rendez-vous au Waitrose (98 Marylebone High Street). Si vous êtes amateur de produits bio, nous vous recommandons The Natural Kitchen (Baker Street, p. 205).

Primrose Hill

Albert Terrace, NW1 • ⊖ Camden Town, Chalk Farm • royalparks.org.uk • tlj 5h jusqu'au coucher du soleil

Plan p. 114-115 ⑩ C1

Probablement le meilleur spot pour pique-niquer à Londres. Situé à quelques pas du zoo, Primrose Hill vous offre une vue imprenable sur la *skyline*. Vous trouverez tout ce qu'il vous faut chez Sherpherd's Foods sur Regent's Park Road.

LE TOP DES AFTERNOON TEAS

- **Le plus traditionnel**
  The Orangery p. 182
- **Le plus chocolaté**
  Little Oompa Loompa p. 188
- **Le plus royal**
  Prince and Princess p. 194
- **La plus belle vue**
  Oxo Tower p. 195
- **Le plus branché**
  CanteenM p. 199
- **Le plus original**
  BB Bakery Afternoon tea Bus p. 193
- **Le plus girly**
  Mad Hatter's Afternoon Tea p. 188
- **Le meilleur deal**
  Tea & Tattle p. 189

On a cassé la tirelire !

Comment résister à la tentation du shopping quand Londres regorge de tant de boutiques, de marchés et de grands magasins. Nous avons sélectionné pour vous des adresses qui feront la joie de toute la famille, allant du magasin de jouets vintage aux grandes marques plébiscitées par les ados en passant par des boutiques de confiseries. Les grands magasins comme Harrods ou Hamley's se visitent comme des musées ! Mais attention, les prix y sont 30 % plus élevés qu'ailleurs... En Angleterre, les soldes d'hiver commencent le 26 décembre et attirent des milliers de touristes venus faire de bonnes affaires ! Le reste de l'année, les *mid-season sales* (soldes de milieu de saison) sont très courants. Nos boutiques préférées sont signalées par un WOW (qui veut dire : Oh, génial !). Les enfants, quand vous voyez quelque chose qui vous plaît, exercez-vous à dire "waho" (c'est comme ça que ça se prononce).

LES CHAÎNES

Londres, c'est avant tout la destination pour les accros du shopping et les grandes marques déferlent sur la capitale !

Accessorize • uk.accessorize.com

Vous trouverez des magasins de cette marque un peu partout dans Londres. Ce sont surtout les filles qui vont craquer devant les rayons, tout en rose, de bijoux, d'accessoires et de chaussures. Mais les mamans trouveront également leur bonheur à tout petits prix !

Cath Kidston • cathkidston.com

Couleurs pétillantes et imprimés à fleurs ont contribué au succès de cette marque qui prône le côté kitsch typiquement anglais. Vêtements, accessoires, ustensiles de cuisine : il y en a pour tout le monde. Les sacs connaissent notamment un grand succès pour leur imperméabilité, chose indispensable à Londres ! Idéal si vous voulez rapporter un joli cadeau à vos proches.

Dr Martens • drmartens.com

Les chaussures du célèbre bottier anglais, souvent associées aux punks et groupes de rock, plairont aux ados mais il existe maintenant une gamme de chaussures pour enfants, filles comme garçons.

Monsoon • monsoon.co.uk
Monsoon appartient également à Accessorize et les deux marques occupent souvent la même boutique. Le rêve de toutes les petites princesses prend forme sous leurs yeux au milieu des robes de bal spécialement conçues pour elles et des chaussures assorties. Impossible de résister !

Oliver Bonas • oliverbonas.com
Attention, les mini-fashionatas risquent de craquer pour ces boutiques qui recèlent de petites robes et de très jolis bijoux. On y trouve aussi de quoi décorer votre intérieur et des accessoires, mais c'est surtout pour ses prix très abordables que les Londoniens y font leur shopping.

Paperchase • paperchase.co.uk
C'est probablement la plus grosse enseigne de papeterie de tout le pays et on peut le comprendre quand on voit la qualité et l'originalité de leurs produits. Si vous avez des enfants un brin créatifs et que vous-même aimez les jolis cahiers et agendas, attendez-vous à passer des heures dans ces magasins hauts en couleur !

Tiger • tigerstores.co.uk
Ces grandes boutiques regorgent de rayons remplis de gadgets rigolos, d'articles de décoration et d'accessoires. Les enfants y trouveront de quoi peaufiner leur chambre ou leur bureau pour 2 £ seulement : les parents seront soulagés de voir des tarifs défiant toute concurrence.

Topshop • topshop.com
C'est *the* grande chaîne *british* qui fait l'unanimité auprès des touristes et des Anglais ! Cette marque étant difficile à trouver en France, vous aurez ici l'occasion de garnir votre garde-robe en suivant les dernières tendances. Vous y trouverez non seulement des vêtements mais également une belle sélection de chaussures, accessoires et maquillages. La force de cette marque est de renouveler leurs rayons très régulièrement et de faire appel à des icônes telles que Kate Moss ou Beyoncé pour créer leur propre ligne de vêtements.

Urban Outfitters • urbanoutfitters.com
Cette chaîne américaine joue sur la carte bobo et connaît un grand succès à Londres. La sélection de vêtements respecte cet esprit rétro et décontracté, les articles de décoration et accessoires sont plein d'humour. Les magasins adaptent par ailleurs leurs rayons en fonction de la demande locale. Un must.

… ter aux achats … une ville aussi vivante que Londres et votre porte-monnaie risque d'avoir des sueurs froides ! Voici quelques bons plans pour faire plaisir à toute la famille sans vous ruiner.

Vintage shops

C'est l'équivalent des dépôts-ventes en France où vous pourrez dénicher aussi bien des vêtements de grands créateurs que des tenues totalement *british* à moindre coût. Vous en trouverez notamment à Covent Garden, Soho et Brick Lane.

Charity shops

Ces boutiques, dont la première vocation est de recycler vêtements et accessoires pour différentes ONG, sont une vraie mine d'or pour trouver des articles haut de gamme à tout petit prix. Oxfam, Save the Children, Traid, Cancer Research ou Fara Kids… Les *charity shops* sont nombreux à Londres. Ceux situés dans des quartiers chics (et qui récupèrent les placards des fashionistas) ont des tenues de folie. De quoi allier shopping et défense d'une belle cause !

Outlets

Les grandes marques anglaises ont aussi leur *factory shops* à Londres où vous pourrez trouver leurs plus beaux articles à des prix cassés. Celui de Paul Smith et Joseph notamment se trouvent en plein centre de Londres mais pour le reste, filez à Hackney où Burberry, Aquascutum et Dr Martens ont ouvert leur propre *outlet*. Les ados sont déjà en train de trépigner rien que d'y penser !

LONDRES OUEST

Kensington et Knightsbridge rivalisent de tentations pour les addicts du shopping chic. Au cœur de Knightsbridge trône Harrods, véritable institution londonienne. Autre quartier pour succomber au plaisir du shopping, High Street Kensington et sa multitude de magasins. Plus au nord, Notting Hill et ses boutiques branchées, sans oublier le célèbre marché de Portobello Road.

Urban Outfitters *(mode)*

36-38 Kensington High St, W8 4PF • ⊖ High Street Kensington • urbanoutfitters.co.uk • 020 7761 1001 • tlj 10h-19h sf je 12h-17h et di 12h-18h

Plan p. 40-41 ③ D3

Voir descriptif p. 213.

Paul Smith Westbourne House *(mode)*

122 Kensington Park Rd, W11 2EP • ⊖ Notting Hill Gate • paulsmith.co.uk • 020 7727 3553 • lu-ve 10h-18h (sa 18h30), di 12h-17h

Plan p. 40-41 ⑦ B2

C'est LA boutique emblématique de la célèbre marque anglaise. Rien que la visite de cette grande maison de quatre étages vaut le détour. Amateurs de bonnes affaires, foncez au Paul Smith Sale Shop à Bond Street (voir p. 220).

One Small Step One Giant Leap *(mode)*

3 Blenheim Crescent, W11 2EE • ⊖ Ladbroke Grove, Notting Hill Gate • onesmallsteponegiantleap.com • 020 7243 0535 • lu-ve 10h-18h, sa 9h-18h, di 11h-17h
Plan p. 40-41 ⑨ B1
La vocation de ce magasin est de chausser les petits petons de vos *kids*.

Topshop *(mode)*

70 Brompton Rd, SW3 1ER • ⊖ Knightsbridge • topshop.com • 020 7581 6467 • lu-sa 10h-20h (je-ve 21h), di 12h30-19h
Plan p. 40-41 ⑰ G4
Ambiance plus calme qu'au magasin d'Oxford Street. Voir descriptif p. 213.

TK Maxx *(outlet)*

40 Kensington High St, W8 4PF • ⊖ High Street Kensington • tkmaxx.com • 020 7937 8701 • lu-sa 9h-21h, di 10h30-18h
Plan p. 40-41 ④ D3
Cet immense outlet vend les plus grandes marques de – 25 % à – 60 %. Les fashionistas peuvent y passer des heures afin de dénicher la tenue de leurs rêves à petits prix. Le rayon enfants est également très bien fourni, aussi bien pour les petites filles que pour les garçons.

Mary's Living & Giving Shop *(charity shop)*

177 Westbourne Grove, W11 2SB • ⊖ Notting Hill Gate • savethechildren.org.uk • 020 7727 6166 • lu-sa 10h-18h, di 12h-16h
Plan p. 40-41 ⑫ C1
Un *charity shop* qui tombe à point dans ce quartier où vous ne trouverez que des boutiques de luxe pour enfants !

Coco Nails Bar *(beauté)* WOW

267 Portobello Rd, W11 1LR • ⊖ Ladbroke Grove • coconailbar.com • 020 7243 1113 • lu 11h-19h, ma 10h-18h, me-ve 10h-22h, sa 10h-20h, di 11h-21h
Plan p. 40-41 ⑪ B1
Ce salon de manucure est bien plus qu'un *nail bar* : non seulement il propose toute une gamme de soins mais en plus, vous pourrez siroter un petit cocktail ou commander des sushis ! Les *girls* de moins de 11 ans auront droit à une spéciale mini-manucure (10 £) et pourront même rester branchées grâce à une installation Apple TV qui leur

permettra d'écouter leur musique préférée, de surfer sur Internet ou de regarder leurs séries sur tablette. Les mamans se laisseront aussi sûrement tenter !

Trotters *(mode, loisirs)*
127 Kensington High St, W8 5SF • ⊖ High Street Kensington • trotters.co.uk • 020 7937 9373 • lu-sa 9h-19h, di 10h-18h
Plan p. 40-41 2 D4
C'est le magasin où l'on trouve tout pour les enfants, aussi bien des vêtements et des chaussures pour tous âges qu'une belle gamme de jouets. Il y a même un salon de coiffure situé devant un aquarium !

London Tree House
(mode, loisirs)
146 Portobello Rd, W11 2DZ • ⊖ Ladbroke Grove, Notting Hill Gate • tlj 9h30-17h
Plan p. 40-41 8 B1
Cette boutique regorge de produits fun dérivés des personnages de la TV anglaise pour enfants : bottes, sacs, cirés, jouets, tabliers, mugs, parapluies... Filles comme garçons trouveront leur bonheur.

WOW

Honeyjam *(loisirs)*
2 Blenheim Crescent, W11 1NN • ⊖ Notting Hill Gate, Ladbroke Grove • honeyjam.co.uk • 020 7243 0449 • lu-sa 10h-18h, di 11h-16h
Plan p. 40-41 10 B1
Une des plus jolies boutiques de Londres offrant une belle gamme de jouets authentiques et vintage, des costumes colorés, leurs fameux kits de magie ainsi qu'une vaste sélection de Pocket Money Toys à des prix mini.

WOW

R.S. Currie & Co *(loisirs)*
105 Westbourne Grove, W2 4UW • ⊖ Notting Hill, Bayswater • rscurrie.com • 020 7792 2236 • lu-sa 10h30-18h, di 12h-17h
Plan p. 40-41 14 D1
Bien connu des familles du quartier, ce petit magasin de jouets traditionnels est une vraie caverne d'Ali Baba. Les enfants aimeront l'ambiance cosy et la grande variété des articles.

Paddington Bear Shop *(loisirs)*
Gare de Paddington, Praed St, W2 1RH • ⊖ Paddington • thisispaddington.com • 020 7402 5209 • lu-ve 7h30-19h30, sa-di 9h-19h
Plan p. 40-41 15 F1
Non loin de la statue de Paddington se trouve le seul magasin au monde entièrement consacré à l'ours le plus célèbre du Royaume-Uni ! Livres, peluches, DVD et produits dérivés feront la joie de toute la famille.

Science Museum Shop *(loisirs)*
Science Museum, Exhibition Rd, SW7 2DD • ⊖ South Kensington • sciencemuseumshop.co.uk • 0137 548 4567 • tlj 10h-18h

WOW

Plan p. 40-41 19 F4
Ce magasin situé au rez-de-chaussée du Science Museum (p. 38) est le

passage obligé (et bien mérité) après une visite du musée. Les petits scientifiques pourront y acheter des kits pour faire des expériences à la maison ou fabriquer des robots : rien de dangereux, on vous rassure ! Des gadgets volants, actionnés par des vendeurs hilares, passeront au-dessus de leurs petites têtes. Les adultes, qui sont finalement de grands enfants, auront aussi du mal à résister.

Cass Art *(loisirs, papeterie)*
220 Kensington High St, W8 7RG • ⊖ High Street Kensington • cassart.co.uk • 020 7937 6506 • lu-sa 10h-19h, di 11h-18h
Plan p. 40-41 1 C4
Les petits artistes en herbe se retrouveront au paradis dans ce magasin dédié à tout ce qui touche de près ou de loin aux arts graphiques et à la peinture. Une section dédiée aux enfants étale toutes sortes de kits créatifs *arts & crafts* et des livres d'illustration pour les aider à exprimer la fibre artistique qui sommeille en eux !

Paperchase *(papeterie)*
110 Westbourne Grove, W2 5RU • ⊖ Bayswater • paperchase.co.uk • 020 7229 9673 • sa 9h-19h, di 12h-18h
Plan p. 40-41 13 C1
Voir descriptif p. 213.

Harvey Nichols *(grand magasin)*
125 Knightsbridge, SW1X 7RJ • ⊖ Knightsbridge • harveynichols.com • 020 7235 5000 • lu-sa 10h-20h, di 11h30-18h
Plan p. 40-41 16 H3
Cette grande enseigne se pose comme le principal concurrent de Harrods qui se trouve juste à côté ! Il vous faudra grimper jusqu'au 5e étage (sans craquer devant les rayons) pour découvrir l'excellent *food market* et les restaurants dont l'un possède une terrasse (p. 181).

Harrods *(grand magasin)* WOW
87-135 Brompton Rd, SW1X 7XL • ⊖ Knightsbridge • harrods.com • 020 7730 1234 • lu-sa 10h-21h, di 12h-18h
Plan p. 40-41 18 G4
Harrods est le plus grand magasin de Londres et le plus emblématique avec ses 90 000 m² et ses 330 rayons. Deux espaces à visiter impérativement : l'Egyptian Hall, tout en marbre avec ses pharaons, et le Food Hall avec sa foultitude de produits alimentaires. Vous pourrez aussi manger dans l'un des 20 comptoirs de restauration. Le rayon enfants ultraluxueux se trouve au 4e étage, mais attention, les prix sont 30 % plus chers qu'ailleurs. Mieux vaut attendre les soldes !

E

artier de ommerçantes, mme Oxford Street ou Regent Street, où toutes les grandes enseignes sont regroupées. Autour de Carnaby Street se concentrent des boutiques plus tendance. Covent Garden, plus à l'est, abrite de nombreux magasins à même de plaire à une jeune clientèle : jeux et jouets, gadgets, accessoires.

Primark *(mode)*

499 Oxford St, W1C 7DA • ⊖ Marble Arch • primark.co.uk • 020 7495 0420 • lu-sa 8h-22h, di 11h30h-18h

Plan p. 56-57 ① A3

Le temple de la fringue fashion et très bon marché pour relooker toute la famille et la maison. Attention, le week-end c'est la cohue, voire l'hystérie. Alors, armez-vous de patience ! Sinon, allez au Primark de Tottenham Court Road, où il y a moins de monde (14-28 Oxford Street).

Forever 21 *(mode)*

360 Oxford St, W1C 1AB • ⊖ Bond Street • forever21.com • 020 7493 3054 • lu-sa 9h-22h, di 12h-18h

Plan p. 56-57 ⑤ B3

Cette marque américaine a énormément de succès auprès des adolescents et des plus jeunes qui veulent se relooker comme les grands... sans ruiner leurs parents !

Victoria's Secret *(mode)*

WOW

111 New Bond St, W1S 1DP • ⊖ Bond Street • victoriassecret.co.uk • 020 7318 1740 • lu-sa 10h-21h, di 12h-18h

Plan p. 56-57 ⑨ C4

Eh oui, il va falloir vous y faire mais les adolescentes sont fans de cette marque de lingerie connue pour ses magnifiques défilés. Contrairement aux idées reçues, la célèbre marque propose aussi des dessous très basiques mais d'excellente qualité à des prix compétitifs. Le magasin est absolument magnifique : des chandeliers de Murano éclairent un grand escalier en verre qui mène aux trois étages de lingeries. De quoi faire craquer aussi bien les *teenagers* que les mamans !

Topshop *(mode)*

WOW

214 Oxford St, W1W 8LG • ⊖ Oxford Circus • topshop.com • 0844 848 7487 • lu-sa 8h-22h (je 19h), di 11h30-18h

Plan p. 56-57 ⑫ D3

Le must pour les ados : une boutique Topshop sur cinq étages (c'est le plus grand des dix magasins londoniens). Pour une pause beauté, rendez-vous au Wah Nails, situé au sous-sol du magasin. Voir descriptif p. 213.

Urban Outfitters *(mode)*

200 Oxford St, W1D 1NU • ⊖ Oxford Circus • urbanoutfitters.co.uk •

020 7907 0800 • lu-sa 9h-21h, di 12h-18h
Plan p. 56-57 13 D3
Ne manquez pas d'aller faire un tour au dernier étage où se trouvent les collections de designers. Voir descriptif p. 213.

Monsoon Children & Accessorize *(mode)*
254 Regent St, W1B 3AA •
⊖ Oxford Circus • monsoon.co.uk •
020 7287 8388 • lu-sa 9h30-20h (je-ve 21h), di 11h-19h
Plan p. 56-57 17 D3
Voir descriptif p. 213.

Abercrombie & Fitch *(mode)*
7 Burlington Gardens, W1S 3ES •
⊖ Piccadilly Circus •
abercrombie.co.uk • 0844 412 5750 •
lu-sa 10h-19h, di 12h-18h
Plan p. 56-57 21 D4
Vêtements très tendance, beaucoup de sportswear. Les ados sont dingues de cette marque ! Vous y trouverez maintenant toute une gamme pour enfants à partir de 3 ans ; de quoi faire craquer toute la famille !

Hollister *(mode)*
83-97 Regent St, W1B 4EW •
⊖ Piccadilly Circus • hollisterco.com •
080 0859 5920 • lu-sa 10h-20h, 2h-18h
Plan p. 56-57 22 D4
Enseigne branchée visant les adolescents en leur proposant des articles de mode et accessoires à l'esprit jeune et au style californien décontracté.

Dr Martens *(mode)* WOW
17-19 Neal St, WC2H 9PU •
⊖ Covent Garden • drmartens.com •
020 240 7555 • lu-me 10h-19h, je-sa 11h-20h, di 11h-18h
Plan p. 56-57 31 F3
Profitez-en pour vous balader dans cette jolie rue qui regorge de petites boutiques. Voir descriptif p. 212.

Tatty Devine *(mode)*
44 Monmouth St, WC2H 9EP •
⊖ Covent Garden • tattydevine.com •
020 7836 2685 • lu-sa 10h30-19h (je 20h), di 11h30-17h
Plan p. 56-57 32 F3
Cette boutique de bijoux créée il y a plus de 15 ans par deux Anglaises plaira aux plus audacieuses. Vous y trouverez des colliers très classiques, mais aussi des modèles en forme d'animaux (homard, perroquet...), de fruits ou autre objet incongru qui en font de vrais objets artistiques ! Ces créations ont un succès fou et apparaissent régulièrement dans *Vogue* : de quoi vous convaincre.

Paul Smith Sale Shop *(outlet)*
23 Avery Row, W1K 4AX • ⊖ Bond Street • paulsmith.co.uk • 020 7493 1287 • lu-sa 10h30-18h30 (je 19h), di 12h-18h
Plan p. 56-57 8 C4
Une vraie mine d'or pour les fans de la célèbre marque anglaise où tout est bradé à 60 %, mais uniquement sur la gamme homme et enfants. Eh oui, chacun dans la famille a droit à sa petite séance shopping.

Beyond Retro *(outlet)*
58-59 Great Marlborough St, W1F 7JY • ⊖ Oxford Circus • beyondretro.com • 020 7729 9001 • lu-sa 10h30-20h30, di 11h-18h
Plan p. 56-57 14 D3
Cette boutique, considérée comme l'une des meilleures adresses de Londres, ne vend que des tenues vintage qui font un malheur auprès des jeunes. Pour faire de bonnes affaires, rendez-vous plutôt dans leur magasin situé à Brick Lane (p. 229).

Cath Kidston *(mode, déco)*
178-180 Piccadilly, W1J 9ER • ⊖ Piccadilly Circus, Green Park • cathkidston.co.uk • 020 7499 9895 • lu-sa 9h-22h, di 12h-18h
Plan p. 56-57 23 D5
S'il ne fallait en choisir qu'une, ne ratez pas la boutique de Piccadilly avec ses trois étages et 20 000 articles pour décorer votre maison ou habiller votre petite famille.
Voir descriptif p. 212.

Petit Chou *(mode, loisirs)*
15 St Christopher's Pl, W1U 1NJ • ⊖ Bond Street • petitchou.co.uk • 020 7486 3637 • lu-ve 10h30-19h, sa 10h-19h30 (di 18h)
Plan p. 56-57 3 B3
Vous trouverez dans cette petite boutique indépendante toute une gamme de vêtements chics et de jolis jouets traditionnels en bois conçus sans peinture toxique. D'ailleurs, le plastique est banni des rayons ! Le must reste le bus Routemaster, idéal pour offrir un cadeau ou ramener un souvenir de Londres.

Sass & Belle *(déco)*
21-22 New Row, WC2N 4LE • ⊖ Leicester Square • sassandbelle.co.uk • 020 7240 7309 • lu-sa 10h-20h15, di 10h-20h
Plan p. 56-57 35 F4
Cette boutique est idéale si vous souhaitez donner une touche *british* 100 % kitsch à votre intérieur ou faire un cadeau original. Les enfants pourront aussi trouver des idées pour décorer leur chambre : jouets en tissu, jolies guirlandes, coussins brodés ou cadres photo.

MAC Cosmetics *(beauté)*
30-31 Great Marlborough St, W1F 7JA • ⊖ Oxford Circus • maccosmetics.co.uk • 0370 192 5555 • lu-ve 10h-21h, sa 10h-20h, di 10h-18h
Plan p. 56-57 15 D3
Vous trouverez des boutiques MAC un peu partout dans Londres, mais ce

magasin "pro" ultradesign et moderne est dédié à celles qui prennent le maquillage au sérieux. Vous trouverez plus de 250 produits de la célèbre marque américaine sur trois étages. C'est ici que les professionnels de la télé et de la pub s'approvisionnent pour compléter leur trousseau. Des maquilleurs sont là pour vous montrer comment parfaire votre *make-up* : de quoi y passer des heures !

Disney Store *(loisirs)*
350 Oxford St, W1C 1JH • ⊖ Bond Street • disneystore.co.uk • 020 7491 9136 • lu-sa 9h-22h, di 12h-18h
Plan p. 56-57 6 B3
Le plus grand magasin Disney d'Europe. Il abrite un château de conte de fées et des écrans diffusent les dessins animés préférés des tout-petits. Maintenant que Disney possède la franchise *Star Wars*, inutile de vous dire qu'il vous sera difficile de ne pas céder aux envies de vos bambins qui vous supplieront de leur acheter les produits dernier cri !

Toy Store *(loisirs)*
375-383 Oxford St, W1C 2JS • ⊖ Bond Street • thetoystore.com • 020 7499 3354 • lu-sa 9h-23h, di 12h-18h
Plan p. 56-57 7 B3
Ce tout nouveau magasin est devenu LE concurrent de Hamley's (p. 222). Ses deux étages abritent toutes les marques de jouets. Les *kids* sont accueillis par leurs héros préférés en chair et en de *"play befor* permettra de de les mettre

So Tiny London *(cadeaux)*
64 Great Tichfield St, W1W 7QH • ⊖ Oxford Circus • sotinylondon.com • 020 7636 2501 • lu-ve 10h-18h30 (sa 18h), di 11h-17h
Plan p. 56-57 11 D2
Plein d'idées cadeaux originales pour bébés et enfants jusqu'à 10 ans, comme des Babygro pour petits rockers siglés Led Zeppelin, Rolling Stones...

Apple Store *(loisirs)*
apple.com/uk
◎ 235 Regent St, W1B 2EL • ⊖ Oxford Circus • 020 7153 9000 • lu-ve 9h-21h, di 12h-18h
Plan p. 56-57 18 C3
◎ 1-7 The Piazza, WC2E 8HB • ⊖ Covent Garden • 020 7447 1400 • lu-sa 10h-20h, di 12h-18h
Plan p. 56-57 39 G4
Petit passage obligé pour les addicts de la marque à la pomme. Celui de Covent Garden est le plus grand de la capitale. Hum... on a dit un "petit" passage !

…y's *(loisirs)*
…6 Regent St, W1B 5BT • …xford Circus • hamleys.com • …371 7041 977 • lu-ve 10h-21h (sa 9h30-21h), di 12h-18h
Plan p. 56-57 19 D4
Le paradis pour les petits (et les grands) avec des joujoux par milliers sur sept étages. Des animations sont régulièrement organisées pour montrer les nouveautés. Regardez bien les prix car ils sont souvent jusqu'à 30 % plus chers qu'ailleurs. À Noël, le magasin se pare de décorations féeriques et le Père Noël vous attend.

Blade Rubber Stamps *(loisirs)*
12 Bury Pl, WC1A 2JL • ⊖ Holborn • bladerubberstamps.co.uk • 020 7831 4123 • lu-ve 10h30-18h, di 11h-16h
Plan p. 56-57 28 F2
Cette petite boutique située à côté du British Museum ne vend que des tampons décoratifs, aussi jolis que variés : bus rouges, animaux, monuments et personnages célèbres. Il y en a pour tous les goûts !

Build-A-Bear *(loisirs)*
Covent Garden North Piazza, WC2 E7QA • ⊖ Covent Garden • buildabear.co.uk • 020 7240 2372 • lu-sa 10h-20h, di 10h-21h
Plan p. 56-57 36 G4
Votre enfant peut ici créer lui-même sa peluche (ours, dinosaure…) et la rendre absolument unique. Il choisit un prénom, des accessoires et des vêtements. Puis un employé lui donne vie et lui délivre même un passeport !

Nauticalia *(loisirs)*
18 B The Market, WC2E 8RF • ⊖ Covent Garden • nauticalia.com • 020 7836 1805 • tlj 10h-20h
Plan p. 56-57 37 G4
Venez découvrir des maquettes de bateaux, d'avions, de voitures, nombreux gadgets et objets insolites.

Benjamin Pollock's Toys Shop *(loisirs)*
44 The Market, WC2E 8RF • ⊖ Covent Garden • pollocks-coventgarden.co.uk • 020 7379 7866 • lu-me 10h30-18h (je-sa 18h30), di 11h-18h
Plan p. 56-57 38 G4
Célèbre magasin de jouets traditionnels fabriqués à la main, marionnettes, jouets en bois, poupées à découper et à habiller, boîtes à musique. Des petites maquettes de décors permettront aux enfants de donner vie à leurs personnages préférés et de créer eux-mêmes leurs mini-pièces de théâtre.

Soccer Scene *(sports)*
56 Carnaby St, W1F 9QF • ⊖ Oxford Circus • soccerscene.co.uk • 0844 332 5016 • lu-sa 10h-19h (je 20h), di 12h-18h
Plan p. 56-57 20 D4
Les fans de foot et de rugby, les grands comme les petits, trouveront leur bonheur dans ce magasin dédié aux équipes de Premier League.

Lillywhites *(sports)*
24-36 Regent St, SW1Y 4QF • ⊖ Piccadilly Circus • lillywhites.com • 0344 332 5602 • lu-sa 9h30-22h, di 11h45-18h
Plan p. 56-57 25 E4
Destination incontournable pour les sportifs, ce grand magasin sur six étages attire les célébrités et les touristes à la recherche d'équipements et vêtements de sport haut de gamme. L'enseigne est réputée pour son panel de marques connues dans le monde entier, telles que Nike, Lonsdale, Adidas, Karrimor, Puma... le tout à des prix bradés, plus intéressants qu'en France.

Slam City Skates *(sports)*
37 Endell St, WC2H 9EE • ⊖ Covent Garden • slamcity.com • 020 7836 3079 • lu-sa 11h-19h, di 12h-17h
Plan p. 56-57 30 F3
Grand choix de planches de skate décorées, de tennis et de tee-shirts streetwear : de quoi rester ultrabranché !

Gosh! *(librairie)*
1 Berwick St, W1F 0DR • ⊖ Piccadilly Circus • goshlondon.com • 020 7636 1011 • tlj 10h30–19h WOW
Plan p. 56-57 26 E3
Ni jouets ni accessoires : ici, tout tourne autour des comics (BD) et c'est pour cela que cette boutique est presque un lieu de culte. Vous trouverez même les versions anglophones de vos bandes dessinées françaises préférées. Pour les fans uniquement.

Forbidden Planet *(librairie, loisirs)*
179 Shaftesbury Ave, WC2H 8JR • ⊖ Tottenham Court Road • forbiddenplanet.com • 020 7420 3666 • lu-sa 10h-19h30 (je 20h), di 12h-18h
Plan p. 56-57 29 F3
Ce mégastore sur deux niveaux est le temple du merchandising pour tous les amateurs de science-fiction et de comics américains. Vous y trouverez jeux, figurines, jouets, gadgets, posters, livres et les derniers mangas.

Magma *(librairie, loisirs)*
8 Earlham St, WC2H 9RY • ⊖ Covent Garden • magma-shop.com • 020 7240 8498 • lu-sa 10h-19h, di 12h-18h
Plan p. 56-57 33 F3
Vous trouverez ici de très beaux livres, magazines et posters originaux. Les enfants craqueront plutôt sur les rayons de gadgets et accessoires design.

Tiger *(cadeaux)*
105-107 Oxford St, W1D 2HQ • ⊖ Tottenham Court Road • tigerstores.co.uk • 020 7439 9785 • lu-sa 10h-22h, di 12h-18h
Plan p. 56-57 ㉗ E3
Voir descriptif p. 213.

Mrs Kibble's Olde Sweet Shoppe *(alimentation)*
4 St Christopher's Pl, W1U 1LZ • ⊖ Bond Street • mrskibbles.co.uk • 0333 123 2345 • lu-me 10h-18h (je-ve 18h30), sa 11h-18h30, di 12h-18h
Plan p. 56-57 ④ B3
Pour les enfants sages et gourmands : 200 variétés de bonbons à l'ancienne présentés dans de jolis bocaux.

M&M's World *(alimentation)*
1 Leicester Sq, W1D 6AP • ⊖ Leicester Square • mmsworld.com • 020 7025 7171 • lu-sa 10h-0h, di 12h-18h
Plan p. 56-57 ㉞ E4
Incontestablement le plus grand magasin de bonbons du monde avec ses 3 250 m² sur trois étages. Vous y trouverez bien sûr les fameuses pastilles toutes rondes et de toutes les couleurs : celles-ci sont dans d'immenses tubes et les gourmands actionnent une manette pour les déverser dans des sachets ; c'est un peu comme un self-service de bonbons. Attention, ça va vite et vous serez facturé au poids ! Il y a également des rayons de vêtements, d'accessoires et de jouets pour les fans de la marque.

Selfridges *(grand magasin)*
400 Oxford St, W1A 1AB • ⊖ Bond Street, Oxford Circus • selfridges.com • 0800 123 400 • lu-sa 9h30-21h, di 11h30-18h
Plan p. 56-57 ② B3
Grand magasin très tendance qui présente aussi bien des marques connues que certaines plus confidentielles et même des très branchées comme Juicy Couture, Diesel, Ted Baker. Ne ratez pas le rayon enfants au design futuriste qui propose des jouets et accessoires.

John Lewis *(grand magasin)*
300 Oxford St, W1C 1DX • ⊖ Bond Street, Oxford Circus • johnlewis.com • 020 7629 7711 • lu-sa 9h30-20h (je 21h), di 12h-18h
Plan p. 56-57 ⑩ C3
Ce grand magasin est réputé pour ses produits de bonne qualité. On trouve tout pour les petits et les plus grands. Le rayon chaussures pour les enfants au 4e étage est particulièrement bien fourni.

Liberty *(grand magasin)*
Great Marlborough St, W1B 5AH • ⊖ Oxford Circus, Piccadilly Circus • liberty.co.uk • 020 7734 1234 • lu-sa 10h-20h, di 12h-18h
Plan p. 56-57 ⑯ D3
Ce magnifique bâtiment style Tudor abrite une des plus anciennes boutiques de Londres, depuis transformée en grand magasin. Le fameux imprimé Liberty, aux

motifs floraux délicats, est décliné sous toutes ses formes : de la culotte pour enfant au service à thé en passant par toute une gamme de petites robes qui fera la joie des minifashionistas.

Fortnum & Mason

(grand magasin) WOW

181 Piccadilly, W1A 1ER • ⊖ Piccadilly Circus, Green Park • fortnumandmason.com • 020 7734 8040 • lu-sa 10h-20h, di 11h30-18h

Plan p. 56-57 24 D5

Véritable institution à Londres, ce magasin ultrachic se visite comme un musée. Au rez-de-chaussée, les rayons exposent tous les produits typiquement anglais (*shortbread, fudge*, marmelade, vaste sélection de thés...) dans de magnifiques boîtes. Si vous êtes fans d'*afternoon teas*, vous trouverez tout l'attirail nécessaire au 1er étage pour prolonger le plaisir *back home*. Idéal si vous souhaitez rapporter un cadeau haut de gamme.

LONDRES SUD

C'est autour de Sloane Square, en plein cœur de Chelsea, que vous pourrez gâter toute la famille. Longez la fameuse King's Road, l'une des artères les plus commerçantes qui alterne adresses chics indépendantes et chaînes classiques.

Topshop *(mode)*

18 Cardinal Pl, SW1E 5JL • ⊖ Victoria • topshop.com • 020 7828 6139 • lu-je 9h-20h, sa 10h-19h, di 11h-17h

Plan p. 68-69 6 E3

Voir descriptif p. 213.

Retromania *(charity shop)*

6 Upper Tachbrook St, SW1V 1SH • ⊖ Victoria • faracharityshops.org • 020 7630 7406 • tlj 10h18h

Plan p. 68-69 8 E4

Bien que ce *charity shop* soit associé à Fara Kids, qui vient en aide aux orphelins, vous trouverez principalement des vêtements haut de gamme à des prix ultra-abordables. Toutes les grandes marques y sont stockées pour le plus grand bonheur des connaisseurs. Certaines célébrités anglaises viennent même y faire leur shopping.

Bobokids *(mode, déco)*

29 Elystan St, SW3 3NT • ⊖ Sloane Square • bobokids.co.uk • 020 7838 1020 • lu-sa 10h-18h

Plan p. 68-69 2 A4

Cette boutique fait le bonheur des *people* et des mamans en quête d'objets sympas et stylés pour les *kids*. Vous y trouverez des articles design de déco, de ravissantes gigoteuses, des lampes ou de jolis coussins.

Igloo *(mode, loisirs)*
227 King's Rd, SW3 5EJ • ⊖ Sloane Square • iglookids.co.uk • 020 7352 4572 • lu-sa 9h30-18h30 (me-je 19h), di 11h-17h30
Plan p. 68-69 ❶ A5
Ce *concept store* multimarque propose tous les produits pour les 0 à 12 ans : jeux divers, large sélection de livres, mobilier rigolo, vêtements, chaussures, déco pour les fêtes d'anniversaire.

Trotters *(mode, loisirs)*
34 Kings Rd, SW3 4UD T • ⊖ Sloane Square • trotters.com • 020 7259 9620 • lu-sa 9h-19h, di 10h-18h
Plan p. 68-69 ❸ B4
Voir descriptif p. 216.

The Guards Toy Soldier Shop *(loisirs)*
Wellington Barracks, Birdcage Walk, SW1E 6HQ • ⊖ St James's Park • theguardsmuseum.com/Guards-Shop • 020 7976 0850 • tlj 10h-16h
Plan p. 68-69 ❺ F2
Les grandes batailles anglaises sont reproduites avec des figurines miniatures dans ce petit magasin situé à l'entrée du musée. Il faut coller son nez aux vitrines pour apprécier les détails de ces petits soldats peints à la main.

Peter Jones *(grand magasin)*
Sloane Sq, SW1W 8EL • ⊖ Sloane Square • johnlewis.com • 020 7730 3434 • lu-sa 9h30-19h (me 20h), di 12h-18h
Plan p. 68-69 ❹ B4
Cette deuxième enseigne de John Lewis possède, au 3e étage, un département impressionnant de jouets et de mode dédié aux enfants.

House of Fraser *(grand magasin)*
101 Victoria St, SW1E 6QX • ⊖ Victoria • houseoffraser.co.uk • 0344 800 3762 • lu-ve 9h30-19h, sa 10h-19h, di 12-18h30
Plan p. 68-69 ❼ F3
Ce grand magasin est le concurrent direct de Selfridges ou d'Harrods. Son rayon cosmétiques vaut le détour et vous pourrez y faire une pause beauté manucure ou au *brow bar*, des soins qui redessinent vos sourcils à l'aide d'un simple fil.

LONDRES SUD-EST

Pas de grande activité commerciale de ce côté-ci de la Tamise, si ce n'est Borough Market (p. 234), le plus grand marché alimentaire de Londres. Du côté de Greenwich, ne manquez pas le marché avec ses nombreux stands d'artisanat.

Oliver Bonas *(mode, déco)*
100 Southwark St, SE1 0SU • ⊖ Southwark • oliverbonas.com • 020 7928 6419 • lu-ve 8h-19h, sa 10h-18h, di 10h-17h
Plan p. 82-83 5 D2
Voir descriptif p. 213.

Chock-A-Block Toys *(loisirs)*
5 Nelson Rd, SE10 9JB • ⊖ Cutty Sark • chock-a-blocktoys.co.uk • 020 8616 3308 • lu-ve 11-18h, sa-di 10h30-18h
Plan p. 82-83 7 F4
Beaucoup de jeux et jouets en bois, traditionnels ou modernes, ainsi que des robes de fée ou de princesse, des nounours et des marionnettes. De quoi récompenser les enfants qui ont été bien sages !

South Bank Book Market
(marché aux livres)
Riverside Walk, SE1 • ⊖ Waterloo • tlj 11h-19h
Plan p. 82-83 2 A2
Ce marché aux livres d'occasion est le seul d'Angleterre en extérieur, idéalement abrité sous le pont de Waterloo. Vous pourrez ainsi vous balader le long des rayons à la recherche d'une édition rare qu'il vente ou qu'il pleuve !

SouthBank Shop Centre
(cadeaux)
Belvedere Rd, SE1 8XX • ⊖ Waterloo • shop.southbankcentre.co.uk • 020 7921 0771 • lu-ve 10h-21h, sa 10h-20h, di 10h-20h
Plan p. 82-83 1 A2
Cette boutique met en valeur les créations de plusieurs designers, déclinées sous toutes les formes et notamment de très beaux jouets, bijoux et accessoires pour enfants. Les rayons changent au gré des saisons et des événements artistiques qui ont lieu toute l'année sur South Bank. Autre boutique au Royal Festival Hall, plus loin sur les quais.

Suck UK *(cadeaux)* WOW
1.03 OXO Tower, Bargehouse St, SE1 9PH • ⊖ Southwark, Blackfriars • suck.uk.com • 020 7928 0855 • lu-ve 10h-19h, di 10h-17h30
Plan p. 82-83 4 C2
On adore cette petite boutique qui regorge d'idées de cadeaux originaux ! Des parapluies qui changent de couleur, des gommes intergalactiques, des boîtes en fer pour ranger vos petits trésors : il y en a pour tous les âges et tous les goûts. Impossible d'en ressortir les mains vides !

Mr Humbug *(alimentation)*
12 Greenwich Market, SE10 9HZ • ⊖ Cutty Sark • mrhumbug.com • 020 7871 4944 • lu-ve 9h30-17h30
Plan p. 82-83 8 F4
Humbug signifie “berlingots”. Ici, on trouve des centaines de variétés de sucreries sans gélatine et même sans... sucre ! Des rayons remplis de bonbons de toutes les couleurs et de toutes les saveurs. De quoi faire plaisir aux gourmands et... à votre dentiste !

Gabriel's Wharf *(galerie marchande)*
South Bank, London, SE1 9PP • ⊖ Waterloo, Southwark • southbanklondon.com/gabriels-wharf • 020 7021 1600
Plan p. 82-83 3 C2
Cette petite enclave sur South Bank, juste au pied de l'OXO Tower, est comme un village en plein cœur de la ville. Les magasins sont surtout tenus par des designers locaux. On y trouve aussi des cafés et des restaurants à l'atmosphère détendue, loin de la foule.

LONDRES EST

Ce quartier en pleine expansion a vu pousser beaucoup d'enseignes connues, notamment sur Commercial Street. Du BoxPark de Shoreditch au Spitalfields Market, le East London n'aura bientôt plus rien à envier au centre de Londres.

Oh Baby London *(mode)*
162 Brick Lane, E1 6RU • ⊖ Shoreditch High Street • ohbabylondon.com • 020 7247 4949 • lu-ve 10h-18h, sa-di 11h-19h
Plan p. 100 12 C3
On a craqué pour les tee-shirts façon smoking et les pyjamas Batman pour bébé de cette boutique de vêtements au design original et rock and roll.

Carhartt *(mode)*
191 Shoreditch High St, E1 6HU • ⊖ Shoreditch High Street • carhartt-wip.com • 020 7739 9040 • lu-ve 11h-19h, di 10h-18h
Plan p. 100 14 B2
Cette marque a longtemps été prisée par les ouvriers car ses vêtements sont tout simplement in-cre-va-bles ! Elle est depuis devenue une marque architendance. Idéal si vous avez des enfants qui usent souvent leurs fonds de pantalons !

Bob & Blossom *(mode)*
140 Columbia Rd, E2 7RG • ⊖ Hoxton • bobandblossom.co.uk • 020 7739 4737 • sa 11h-16h, di 9h-15h
Plan p. 100 19 C1

Uniquement ouvert le week-end, ce magasin est connu pour ses imprimés à rayures de toutes les couleurs. On aime surtout les tee-shirts à gros numéros et les tutus bouffants absolument irrésistibles.

TK Maxx *(outlet)*
33 Gracechurch St, EC3V 0BT • ⊖ Bank, Monument • tkmaxx.com • 020 7283 7787 • lu-ve 8h30-19h30, sa 11h-18h, di 12h-18h
Plan p. 101 3 C2
Voir descriptif p. 215.

Beyond Retro *(outlet)*
110-112 Cheshire St, E2 6EJ • ⊖ Shoreditch High Street • beyondretro.com • 020 7729 9001 • lu-sa 10h-19h (je 20h), di 11h30-18h
Plan p. 100 16 D2
Occupant une ancienne usine laitière, cette boutique est le royaume de la fripe vintage ! Un mur de 20 m est entièrement consacré aux robes, de quoi satisfaire les *teenagers* branchées. La section *outlet* vous permettra de trouver de pures merveilles à tout petit prix. Autre boutique dans le centre (p. 220).

Blitz *(vintage shop)* WOW
55-59 Hanbury St, E1 5JP • ⊖ Shoreditch High Street • blitzlondon.co.uk • 020 7377 0730 • lu-sa 11h-19h, di 12h-18h
Plan p. 100 10 C3
Considérée comme une des dix meilleures adresses de shopping de Londres, Blitz vend surtout des articles vintage pour toute la famille. La boutique en elle-même est magnifiquement décorée ; un passage obligé si vous êtes sur Brick Lane.

MW Nails *(beauté)* WOW
111B Commercial St, E1 6BG • ⊖ Liverpool Street • mwnails.com • 020 7247 0288 • lu-ma 10h-20h, me-ve 10h-21h, sa-di 10h-18h
Plan p. 100 6 B3
Situé dans le Old Spitalfields Market, ce *nails bar* a recyclé les éléments d'un Boeing 737 pour donner l'impression d'être à bord d'un avion en première classe ! Les esthéticiennes, en tenue d'hôtesse de l'air, proposent un large choix de soins et des designs originaux. Réservation conseillée.

Slam City Skates *(sports)*
136 Bethnal Green Rd, E2 6DG • ⊖ Shoreditch High Street • slamcity.com • 020 3487 0577 • lu-sa 11h-19h, di 12h-17h
Plan p. 100 15 C2
Autre adresse dans Londres Centre (p. 223).

Jessie Chorley *(papeterie)*
158 a Columbia Rd E2 7RG • ⊖ Hoxton • jessiechorleyinspirations.com • 077 0892 1550 • je-ve 11h-18h, sa 11h-17h, di 9h-17h
Plan p. 100 20 C1
Cette boutique-atelier est une vraie caverne d'Ali Baba pour ceux qui

cherchent de beaux articles de papeterie originaux, des idées de cadeaux, dont de jolis kits de broderie.

Tower of London Shop *(cadeaux)*

Tower Hill, EC3N 4AB • ⊖ Tower Hill • hrp.org.uk • 020 7720 0102 • ma-sa 9h-17h, di-lu 10h-17h
Plan p. 101 ⑤ E3
Si vos enfants ont adoré leur visite de la tour de Londres, ils seront aux anges dans cette boutique victorienne où ils trouveront de quoi se revêtir en véritable chevalier ou en princesse des pieds à la tête.

Tiger *(cadeaux)*

Old Spitalfields Market, 7 Horner Sq, E1 6EA • ⊖ Liverpool Street • tigerstores.co.uk • lu-sa 10h-19h, di 11h-18h
Plan p. 100 ⑦ B3
Voir descriptif p. 213.

Rough Trade *(musique)*

Old Truman Brewery, 91 Brick Lane, E1 6QL • ⊖ Shoreditch High Street • roughtrade.com • 020 7392 7788 • lu-ve 8h-21h, sa 10h-20h, di 11h-19h
Plan p. 100 ⑪ C3
Vous avez des ados fans de musique et qui passent leur temps sur YouTube ? Rough Trade est *the* magasin où ils trouveront des labels indépendants qui leur feront découvrir autre chose que la pop ! Les parents, quant à eux, seront ravis de compléter leur collection de vinyles (eh oui, ça existe encore !).

Dark Sugars *(alimentation)*

WOW

124-126 Brick Lane, E1 6RU • ⊖ Shoreditch High Street • darksugars.co.uk • 074 2947 2606 • tlj 10h-22h
Plan p. 100 ⑨ C3
Coup de cœur pour cette boutique entièrement consacrée au chocolat ! Vous y trouverez des montagnes de truffes chocolatées présentées dans des vasques en bois brut et ce n'est pas moins de 60 variétés qui régalent les gourmands tous les jours. Les produits sont vendus au poids et vous n'aurez qu'à concocter vous-même votre assortiment. Après le succès de leur première boutique au 141 Brick Lane, les fondateurs ont ouvert cet espace quatre fois plus grand pour le plus grand bonheur des grands et des petits… gourmands.

Suck and Chew *(alimentation)*

130 Columbia Rd, E2 7RG • ⊖ Hoxton • 020 8983 3504 • sa 12h-16h30, di 9h-16h30
Plan p. 100 ⑱ C1
Les gourmands trouveront leur bonheur dans cette boutique de bonbons rétro typiquement anglais : marshmallows, réglisses, soucoupes volantes…

One New Change *(centre commercial)*

1 New Change, EC4M 9AF • ⊖ St Paul's • onenewchange.com • 020 7002 8900 • lu-ve 10h-19h (je 20h), sa 10h-18h, di 12h-18h
Plan p. 101 ① B2

Vous trouverez une multitude de restaurants et toutes les grandes marques dans ce centre commercial situé tout à côté de la cathédrale Saint-Paul (p. 105) : Topshop, Accessorize, All Saints, H&M, Mango. Ne manquez pas le *roof terrace* (visite libre) qui offre une vue incroyable sur Londres !

Royal Exchange *(galerie marchande)*
The Royal Exchange, EC3V 3DG • ⊖ Bank • theroyalexchange.co.uk • 020 7283 8935 • lu-ve 10h-19h
Plan p. 101 ❷ C2
Cette très belle galerie marchande, autrefois la Bourse de Londres, abrite principalement des boutiques de luxe mais vous y trouverez, ô surprise, un *outlet shop* Paul Smith. La cour intérieure est absolument magnifique. Attention, fermée le week-end.

BoxPark Mall *(pop-up store)*
2-10 Bethnal Green Rd, E1 6GY • ⊖ Shoreditch High Street • boxpark.co.uk • 020 7033 2899 • lu-sa 11h-19h (je 20h), di 12h-18h (boutiques), lu-sa 8h-23h, di 10h-22h (restaurants)
Plan p. 100 ⓭ B2
Situé face à la station d'Overground de Shoreditch, ce *pop-up mall* est un mini-centre commercial au concept original : chaque boutique occupe un box amovible. Des marques très originales s'inscrivent dans l'ambiance underground et créative de ce quartier en plein boom. Vous pourrez manger ou faire une pause dans l'un des bars ou restaurants à l'étage.

LONDRES NORD

Le quartier de Marylebone est surtout connu pour ses boutiques très chics. Dans un autre style, le marché de Camden est le lieu parfait pour découvrir le Londres punk. De nombreuses enseignes ont ouvert à St Pancras et King's Cross pour ceux qui veulent faire du shopping avant de prendre l'Eurostar.

The Little White Company *(mode)*
90 Marylebone High St, W1U 4QZ • ⊖ Bond Street, Baker Street • thewhitecompany.com • 020 7486 7550 • lu-sa 10h-19h, di 11h30-18h
Plan p. 114-115 ❶ D5
Cette chaîne made in UK propose des vêtements chics, mais à des prix très abordables. Coup de cœur pour les pyjamas tout doux et la collection pour nouveau-nés, parfaite pour un cadeau.

Urban Outfitters *(mode)*
211 Camden High St, NW1 7BT •
⊖ Camden Town •
urbanoutfitters.com • 020 7284 1284 •
lu-sa 10h-20h, di 12h-18h
Plan p. 114-115 ⑩ G2
Mention spéciale pour cette boutique qui fut auparavant un cinéma, puis un marché couvert ! Voir descriptif p. 213.

Anthropologie *(mode, déco)*
33-34 Marylebone High St, W1U 4PT •
⊖ Baker Street • anthropologie.com •
020 7486 9858 • lu-je 10h-17h
(ma-me 19h), sa 10h-19h, di 11h-17h
Plan p. 114-115 ③ D5
Cette enseigne, qui déniche des marques indépendantes, s'adresse surtout aux modeuses. Les robes et tops sont à craquer, et les accessoires raviront les plus jeunes. Le rayon décoration vaut vraiment le détour, que ce soit pour embellir votre chambre ou votre cuisine. Les prix sont assez élevés donc attendez les soldes ou faites un tour au rayon *sale*, où de nombreux articles sont vendus à des prix plus intéressants, et ce toute l'année.

Cyberdog *(mode, loisirs)*
Stables Market, Chalk Farm Rd,
NW1 8AH • ⊖ Camden Town •
cyberdog.net • 020 7482 2842 •
lu-ve 11h-19h30 (ve 20h),
sa-di 10h-20h
Plan p. 114-115 ⑥ F1
Impossible de manquer l'entrée de cette boutique futuriste encadrée par deux robots géants. Outre les vêtements fluo, vous trouverez bon nombre de jouets et d'accessoires insolites : un avant-goût du futur qui ravira les enfants. Mais ne les laissez pas s'aventurer au 2e sous-sol où sont exposés des articles coquins qui s'adressent à un public averti.

I'm Puzzled *(loisirs)*
Stables Market • stand D15,
Chalk Farm Rd, NW1 8AH •
⊖ Camden Town • 020 7284 3267 •
tlj 10h-18h
Plan p. 114-115 ⑦ F1
Du sol au plafond, les joujoux s'entassent dans un joyeux bazar. On se croirait dans la caverne d'Ali Baba ou la réserve du Père Noël. Figurines insolites, puzzles en bois, Pocket Money Toys... Ces jouets uniques feront le bonheur des petits collectionneurs.

Oddballs *(loisirs)*
Camden Lock Market, Chalk Farm Rd,
NW1 8AB • ⊖ Camden Town •
oddballs.co.uk • 020 7284 4488 •
tlj 10h-18h
Plan p. 114-115 ⑧ G1

Les amateurs de cirque, de jonglerie, de diabolos et autres prouesses à balle trouveront tout le matériel nécessaire pour s'entraîner et impressionner leur entourage.

Harry Potter at Platform 9 3/4 *(loisirs)* WOW

Kings Cross Station, N1 9AP • St Pancras International, King's Cross • harrypotterplatform934.com • 020 7803 0500 • lu-sa 8h-22h, di 9h-21h

Plan p. 114-115 ⓬ H2

Vous n'avez pas eu le temps d'aller visiter les studios Warner Bros (p. 134) ? Pas de panique, un magasin entièrement consacré à l'univers de Harry Potter se trouve dans la gare de King's Cross, non loin de la plate-forme 9 ¾. Les apprentis sorciers pourront acheter l'attirail complet : baguette magique, carte du Maraudeur, chouette...

Daunt Books *(librairie)*

83-84 Marylebone High St, W1U 4QW • ⊖ Baker Street • dauntbooks.co.uk • 020 7224 2295 • lu-sa 9h-19h30, di 11h-18h

Plan p. 114-115 ❷ D5

Cette enseigne, qui compte six librairies dans Londres est une référence en matière de livres de voyages. Rien que la décoration vaut le détour ! Les livres sont alignés sur de magnifiques étagères en bois et vous y trouverez un *kids' corner*, où les enfants peuvent feuilleter au calme des livres illustrés pour tous les âges.

Mega City Comics *(librairie)*

18 Inverness St, NW1 7HJ • ⊖ Camden Town • megacitycomics.co.uk • 020 7485 9320 • tlj 10h-18h (je 19h)

Plan p. 114-115 ❾ G2

Vous trouverez ici un large choix de comics américains et produits dérivés. Les vendeurs sont particulièrement attentifs et enclins à vous donner des conseils. Pour les fans uniquement.

Beatles Store *(cadeaux)*

231-233 Baker St, NW1 6XE ⊖ Baker Street • beatlesstorelondon.co.uk • 020 7935 4464 • tlj 10h-18h30

Plan p. 114-115 ❹ C4

Grand magasin consacré au plus célèbre des groupes de pop anglaise ! Pour les fans uniquement ou les parents nostalgiques...

St Pancras International *(galerie marchande)*

Euston Road, N1C 4QP • ⊖ St Pancras International, King's Cross • stpancras.com • 020 7843 7688 • tlj 8h-20h

Plan p. 114-115 ⓫ H2

Vous n'avez pas eu le temps de faire vos emplettes pendant votre séjour ? Il reste quelques livres au fond de votre porte-monnaie ? Pas de panique, vous trouverez les plus grandes marques anglaises dans la gare : Hamley's, Cath Kidston, John Lewis, Fortnum & Mason, Accessorize... Idéal si vous arrivez très en avance et que vous souhaitez faire des cadeaux *so british*.

LES CENTRES COMMERCIAUX

Ces deux centres gi-gan-tes-ques, abritent une multitude de restaurants et des centaines de boutiques. Du haut de gamme au bon marché, tout Londres se trouve concentré ici. Les *kids* pourront se balader à bord de petites voitures dans les allées : celles-ci sont mises à disposition gratuitement au service "concierge". Il y a également des zones de jeux. Passez au Lego Store où des bacs remplis de briques sont mis à disposition et des écrans interactifs projettent les constructions de chaque boîte en 3D. Ceux qui ne sont pas fans de shopping pourront toujours aller s'éclater au Kidzania (p. 53) pendant que les parents dévalisent les magasins en toute tranquillité. Parfait quand il pleut !

Westfield Shepherd's Bush

WOW

Ariel Way, W12 7SL • ⊖ Shepherd's Bush • uk.westfield.com • 020 3371 2300 • lu-sa 10h-22h, di 12h-18h

Plan p. 40-41 (5) A3

Westfield Stratford City

2 Stratford Pl, E20 1EJ • ⊖ Stratford • uk.westfield.com • 020 8221 7300 • lu-ve 10h-21h, sa 9h-21h, di 12h-18h

Plan p. 100 (21) F2

LES MARCHÉS

Londres possède plus de 85 grands marchés de rue qui vendent artisanat, vêtements, fripes, antiquités, plats à emporter.

Portobello Road

⊖ Notting Hill Gate, Ladbroke Grove • portobelloroad.co.uk • lu-me 9h-18h, je 9h-13h, ve-di 9h-19h

Plan p. 40-41 (6) C2

Le célèbre marché d'antiquités de Notting Hill (le plus grand du monde !) a lieu le vendredi et le samedi. À proximité, Pembridge Road vaut le détour pour ses multiples boutiques de mode (surtout vintage).

Borough Market

⊖ Southwark, London Bridge • boroughmarket.org.uk • me-je 10h-17h (ve 18h), sa 8h-17h

Plan p. 82-83 (6) F2

Situé dans le sud-est de Londres, ce marché alimentaire est l'un des plus anciens et des plus grands de Londres. Ses étals de produits venus de toute la Grande-Bretagne et d'Europe sont le paradis des gourmets. Vous pouvez acheter de quoi déjeuner dans l'un des nombreux stands puis pique-niquer dans la cour de la Southwark Cathedral voisine.

Greenwich Market

⊖ Cutty Stark, Greenwich • greenwichmarketlondon.com • ma-di 10h-17h30

Plan p. 82-83 (9) F4

Joli marché couvert de style victorien situé aussi dans le Sud-Est. Il propose, selon les jours, antiquités (ma-je-ve), artisanat, vêtements et alimentation (ma-me et week-end). Si vous ne trouvez pas votre bonheur, visitez les nombreuses boutiques aux alentours de ce marché.

Leadenhall Market

⊖ Bank • lu-ve 10h-18h (fermé le we)
Plan p. 101 ④ D2

Implanté à l'est de Londres, ce joyau de l'architecture victorienne a servi de cadre pour le premier des films de la saga *Harry Potter*, sous le nom de Diagon Alley (p. 134). Des boutiques plutôt chics, de nombreux restaurants et des pubs se trouvent aux abords du marché.

Old Spitalfields Traders Market

Horner Sq, E1 6EW •
⊖ Liverpool Street •
oldspitalfieldsmarket.com •
lu-me 10h-17h, je 9h-17h,
ve 10h-16h, sa 11h, 17h, di 9h-17h
Plan p. 100 ⑧ B3

Situé sous une magnifique halle victorienne, ce marché de l'est de Londres où abondent vêtements vintage, CD, bijoux et produits artisanaux est une vitrine pour de jeunes artistes vendant leurs créations.

Columbia Road Flower Market

Columbia Rd, London E2 7RG •
⊖ Hoxton, Shoreditch High Street •
columbiaroad.info • di 9h-15h
Plan p. 100 ⑰ C1

Tous les dimanches, cette petite rue se transforme en oasis de fleurs et d'arbres en tout genre. Ce marché est certes excentré, mais l'ambiance qui y règne est unique. Les gens se pressent dans l'allée centrale, tandis que les vendeurs haranguent la foule en cokney pour les attirer à leurs étals. Ne manquez pas de jeter un œil sur les jolies boutiques sur le côté, qui sont toutes plus originales les unes que les autres (p. 228).

Camden Market

⊖ Camden Town, Chalk Farm •
camden-market.org • tlj 10h-18h
Plan p. 114-115 ⑤ F1

Pas moins de 1000 boutiques et stands se répartissent sur cinq marchés (p. 122). On y vend de tout : vêtements, fripes, artisanat. Les rues avoisinantes de Camden High Street et Chalk Farm Road sont la Mecque des punks et des gothiques, ce qui va beaucoup amuser les enfants. Vous trouverez aussi des stands de plats à emporter offrant un véritable tour du monde gastronomique.

Où est-ce qu'on dort ?

Londres ne manque pas d'hôtels, mais les chambres sont plutôt petites et les prix plutôt élevés, sans compter que la propreté n'est pas toujours au rendez-vous, notamment dans les hôtels très bon marché. Nous avons donc recherché parmi les chaînes hôtelières, les hôtels traditionnels et les appartements hôteliers, les hébergements les mieux adaptés aux familles. Certaines chaînes hôtelières présentent un rapport qualité/prix intéressant mais une décoration parfois un peu impersonnelle. Les hôtels traditionnels proposent un environnement moins aseptisé, mais sont parfois plus chers que les chaînes. Quant aux apparts-hôtels, ils représentent une alternative intéressante pour les familles car ils offrent à la fois l'espace d'un appartement et des services comparables à ceux d'un hôtel classique. Ils sont équipés pour préparer des repas avec, au minimum, four micro-ondes et vaisselle, ce qui permet d'économiser sur le budget alimentaire.
Nos adresses préférées sont signalées par ce picto

HÔTELS ET APPARTS-HÔTELS

Comme dans toutes les grandes villes touristiques, les tarifs varient en fonction du taux d'occupation, de la saison et de la date de réservation. Il faut donc surfer sur le Web pour dénicher de bonnes affaires. Pour vous permettre de vous repérer facilement, nous avons classé les établissements par gamme de prix, sur la base d'un hébergement pour 2 adultes et 2 enfants, réservé 2 mois à l'avance. Nous avons sélectionné des hôtels avec des chambres familiales, mais, dans quelques très rares cas, il vous faudra prendre 2 chambres. Nous avons indiqué (2) pour vous signaler que le budget est basé sur 2 chambres.

£ ou £ (2) = moins de 150 £
££ ou ££ (2) = entre 151 £ et 249 £
£££ ou £££ (2) = plus de 250 £

LOCATIONS D'APPARTEMENTS

Une alternative intéressante lorsque l'on voyage en famille est la location d'appartements de courte durée. Des sites proposent leurs services pour mettre en relation des particuliers en toute sécurité.
En voici quelques-uns : airbnb.fr, friendlyrentals.com, homelidays.com, interhome.com ou waytostay.com. Autre possibilité, bridgestreet.com

propose des appartements modernes et très bien équipés (qui vont du studio au 3 pièces) en location de courte durée.

Voici quatre symboles pour vous permettre de repérer facilement les petits plus de nos hôtels.

W Wi-fi gratuit dans les chambres
R Restaurant sur place
K Kitchenette et/ou four à micro-ondes
P Piscine

CHAÎNES HÔTELIÈRES

Vous trouverez ci-dessous une présentation générale des chaînes hôtelières. Vous les retrouverez ensuite dans la liste des hôtels classés par quartiers avec, uniquement, leurs spécificités "locales".

Novotel

novotel.com • 0800 5504 030
Le groupe français est particulièrement accueillant pour les familles et possède 6 hôtels en centre-ville. 2 enfants de moins de 16 ans peuvent dormir gratuitement dans la chambre des parents sur un canapé convertible. Et, pour eux, le petit déjeuner est offert. La chambre supplémentaire pour des enfants est à −50 %. Des aires de jeux sont disponibles à l'intérieur et vous pouvez même louer une poussette gratuitement sur place. Les restaurants proposent menus enfants et kits d'activités. Le dimanche, vous pouvez garder votre chambre jusqu'à 17h.

Travelodge

travelodge.co.uk • 0871 984 8484
Prix imbattables pour loger dans le centre de Londres avec les nuitées et le petit déjeuner gratuits pour les enfants de moins de 16 ans. Le menu enfant est à 4,95 £. Confort basique et aucune fioriture dans la décoration. Le shampoing n'est pas fourni, sèche-cheveux et fer à repasser sont à réclamer à la réception. Les chambres familiales disposent d'un lit double pour les adultes, d'un canapé et d'un lit gigogne pour 2 enfants de moins de 16 ans. Une douzaine d'hôtels en centre-ville.

Premier Inn

premierinn.com • 0871 527 9222
Hôtels aux prix serrés offrant des chambres sans espace inutile. Elles peuvent accueillir 2 adultes et 2 enfants jusqu'à 16 ans. La disposition varie selon les hôtels.

Certains proposent un canapé convertible pour les enfants, d'autres des lits gigognes qui, une fois sortis, peuvent rendre difficiles les déplacements vers la salle de bains. Petit déjeuner et logement gratuits pour les enfants de moins de 16 ans également. Le menu pour un dîner à petit prix est de seulement 5 £. 6 hôtels en centre-ville et une douzaine d'autres dans un rayon plus large.

Park Plaza

parkplaza.co.uk • 080 0169 6128

Cette petite chaîne possède 6 hôtels en ville. Les prestations sont excellentes pour le prix. La plupart proposent des *Studio Rooms*. Avec deux zones de couchage nettement séparées, ces chambres sont bien adaptées pour les familles. Lit double pour les parents et canapé convertible pour les enfants. Une kitchenette équipée d'un micro-ondes et de la vaisselle pour préparer un repas simple. Le petit déjeuner, servi sous forme d'un buffet généreux, est gratuit pour les enfants de moins de 12 ans. Les parents devront acheter des bons à la réception. Et histoire de chouchouter encore plus les *kids*, ils auront droit à un sac cadeau plein de surprises à leur arrivée !

Citadines

citadines.com • 080 0376 3898

Cinq adresses dans le centre de Londres pour cette chaîne française d'appart-hôtel. Décor sobre pour ces appartements de 2 pièces de 38 m² pour 4 personnes, avec coin cuisine et coin séjour pour des prix allant de 200 £ à 300 £ selon les adresses. Ménage complet, deux fois par semaine. Parmi les services, baby-sitting et laverie automatique. Les animaux sont autorisés.

LONDRES OUEST

Si pour vous Londres se traduit par de jolies maisons blanches de style victorien, vous serez comblé par le quartier de South Kensington où se côtoient trois grands musées et de nombreux hôtels et restaurants autour des stations de South Kensington, Gloucester Road et Earl's Court. Si vous voulez profiter de l'ambiance bobo de Notting Hill, optez plutôt pour les hôtels autour de Bayswater.

Premier Inn Kensington

11 Knaresborough Pl, SW5 0TJ • ⊖ Gloucester Road (2 min) • premierinn.com • 0871 527 8666 £ • 184 ch.

R Plan p. 40-41 2 D5

Grâce à son lifting complet réalisé récemment, les chambres de ce Premier Inn sont toutes fraîches. Demandez une chambre dans le bâtiment principal afin d'éviter à avoir à parcourir de longs couloirs car l'immeuble enjambe la rue, via un pont.

Amsterdam Hotel

7 Trebovir Rd, SW5 9LF • ⊖ Earl's Court (2 min) • 020 7370 5084 • amsterdam-hotel.com
££ • 19 ch. et 8 appart.
W K Plan p. 34-35 4 C5

Cet hôtel propose des chambres et des appartements décorés dans de jolies teintes acidulées à un prix très raisonnable compte tenu de la qualité. Les appartements sont équipés d'une cuisine. Le *Two Bedroom Penthouse Apartment* (70 m^2) peut accueillir, sous un toit mansardé, jusqu'à 6 personnes. À l'arrière de l'hôtel se trouve un petit jardin offrant un bout de verdure très agréable pour les *kids*.

Presidential Apartments

6-12 Barkston Gardens, SW5 0EN • ⊖ Earl's Court (2 min) • presidentialapartmentslondon.com • 020 7373 4040
££ • 58 appart. •
W R K Plan p. 40-41 3 D5

Derrière une façade en brique rouge, qui tranche avec le style des maisons toutes blanches des alentours, se trouve un ensemble élégant de studios et d'appartements très bien aménagés (parquet en bois, meubles design, deux TV, cuisine équipée avec micro-ondes et espace repas). Cet appart-hôtel offre le charme d'un appartement avec tout le confort moderne, complété par un service de conciergerie. Côté pratique, machines à laver le linge et la vaisselle et service de ménage quotidien.

Crowne Plaza London Kensington

100 Cromwell Rd, SW7 4ER • ⊖ Gloucester Road (2 min) • crowneplaza.com • 0871 942 9094
££ • 162 ch.
R Plan p. 40-41 8 E4

Façade chic de style victorien pour cet hôtel rénové en 2009 et situé à deux pas du métro et 10 min des musées. Cet établissement offre un bon rapport qualité/prix pour de vastes chambres familiales à doubles lits très confortables. Les enfants de moins de 18 ans logent gratuitement et repas gratuit pour ceux de moins de 13 ans pour tout adulte payant. Très beau jardin.

Citadines Prestige South Kensington

35A Gloucester Rd, SW7 4PL • ⊖ Gloucester Road (5 min) • citadines.com • 020 7543 7878
££ • 92 appart.
W K Plan p. 40-41 7 E4

À mi-chemin entre Hyde Park et les musées, cette résidence hôtelière offre des appartements au décor sobre. Les duplex sont tout à fait adaptés aux séjours en famille. Nombreux commerces et restaurants situés à proximité sur Gloucester Road.

Vancouver Studios

30 Prince's Sq, W2 4NJ • ⊖ Bayswater (3 min) • vancouverstudios.co.uk • 020 7243 1270
££ • 6 ch.
W K Plan p. 40-41 5 D2

Accueil chaleureux pour cet adorable petit hôtel. Des objets chinés ponctuent agréablement l'entrée et les couloirs. En hiver, vous pouvez profiter de la cheminée du salon et, en été, du petit jardin. Les studios et appartements disposent tous d'un coin kitchenette. Pour une famille de 4 personnes, l'option idéale est le *Two Bedrooms Apartment*. Le *One Bedroom Apartment* et le *Triple Studio* peuvent accueillir, sur demande, une famille de 4. Si vous réservez en ligne, précisez le nombre d'enfants dans les commentaires.

Marriott Marble Arch

134 George St, W1H 5DN • ⊖ Marble Arch (8 min) • marriott.fr • 020 7723 1277
££ • 240 ch.
R K P Plan p. 40-41 6 G1

À proximité de Hyde Park, cet établissement cossu, de standard international, dispose de grandes et belles chambres avec 2 grands lits doubles parfaits pour accueillir douillettement parents et enfants. Autre atout, une piscine de 15 m où petits et grands pourront barboter avec bonheur après une longue journée de visites.

Collingham Services Apartments

26-27 Collingham Gardens, SW5 0HN • ⊖ Gloucester Road (5 min) • 020 7244 8677 • collinghamapartments.co.uk •
£££ • 25 appart.
K Plan p. 40-41 1 D5

C'est dans un environnement très agréable composé de jolies bâtisses et de squares que cet ensemble d'appartements cosy a élu domicile. Vous allez pouvoir vivre comme une famille londonienne durant quelques jours. De 1 à 3 chambres, ils possèdent une cuisine très bien équipée (notamment avec lave-linge et lave-vaisselle). Le ménage est effectué tous les jours sauf le dimanche. Attention, certains appartements sont situés à mi-étage, donc il faut grimper quelques marches après l'ascenseur, pas très pratique avec de jeunes enfants et les bagages en prime !

LONDRES CENTRE

Covent Garden où abondent boutiques, cafés et restaurants permet de passer ses soirées dans le quartier, sans se lasser et en faisant tout à pied. Les théâtres sont à deux pas. Plus au nord se trouve le quartier chic de Bloomsbury qui héberge le célèbre British Museum.

Travelodge Covent Garden

10 Drury Lane, WC2B 5RE • ⊖ Holborn (5 min) • travelodge.co.uk • 0871 984 6245
£ • 163 ch.
Plan p. 56-57 6 F3

Si le confort n'est pas votre priorité, ce Travelodge est fait pour vous ! On y trouve des chambres familiales pour à peine plus de 100 £ et ce à 4 min du British Museum et 7 min de Covent Garden. C'est ce qu'on appelle une bonne affaire !

Citadines Prestige Holborn – Covent Garden

94-99 High Holborn, WC1V 6LF • ⊖ Holborn (3 min) • citadines.com • 020 7395 8800
££ • 192 appart.
W K Plan p. 56-57 5 G2

Ce Citadines est idéalement situé dans un quartier animé bien pourvu en restaurants et à seulement 10 min à pied du British Museum et de Covent Garden. Un atout majeur : la cuisine équipée avec lave-vaisselle et réfrigérateur !

Grange Holborn

50-60 Southampton Row, WC1B 4AR • ⊖ Holborn (3 min) • grangehotels.com • 020 7242 1800
££ • 201 ch.
W P Plan p. 56-57 4 G2

Bon rapport qualité/prix pour cet hôtel disposant de chambres familiales équipées de 2 grands lits doubles pour héberger votre couvée. L'isolation phonique est un peu faible, préférez les chambres donnant sur l'arrière. La piscine est un plus très appréciable.

The Montague on the Gardens

15 Montague St, WC1B 5BJ • ⊖ Russell Square (4 min) • 020 7637 1001 • montaguehotel.com •
££ • 99 ch.
Plan p. 50-51 2 F2

Logé dans une bâtisse datant de 1860 et surplombant des jardins privés, l'hôtel fait penser à un club anglais. Les chambres luxueuses sont toutes décorées de façon différente dans un style classique. Les *King Deluxe* possèdent un sofa convertible pour 2 enfants de moins de 8 ans. Si vos bambins sont plus âgés, vous serez obligé de réserver 2 chambres.

The Russell

1-8 Russell Sq, WC1B 5BE • ⊖ Russell Square (2 min) • 020 7837 6470 • londonrussellhotel.co.uk •
££ • 373 ch.
R Plan p. 56-57 1 F1

Vos petits princes et princesses vont avoir l'impression d'être dans un château, tant l'architecture de cet hôtel est extravagante. Outre sa façade victorienne, le Russell a conservé bon nombre de ses caractéristiques d'origine, dont des colonnes en marbre et des lustres immenses. Les chambres sont modernes et très confortables avec 2 grands lits doubles. Les jardins de Russell Square sont juste en face.

The Beauchamp

24-27 Bedford Pl, WC1B 5JH • ⊖ Russell Square (5 min) • grangehotels.com • 020 7016 2540
££££ • 47 ch.
R Plan p. 56-57 ③ F2

Avec sa jolie façade toute blanche et son jardin privé, The Beauchamp se fond parfaitement dans le décor très chic et très victorien du quartier de Bloomsbury. L'ambiance intimiste, le décor cossu dans des tons chocolat et beige, la moquette épaisse ainsi que les 2 grands lits des chambres *Doubles Executive* font de cet établissement une adresse parfaite pour les familles en quête d'un nid douillet pour un prix raisonnable.

LONDRES SUD

En logeant dans les beaux quartiers, à proximité de Green Park ou St James's Park, vous aurez l'assurance de dormir en bonne compagnie avec, pour voisine, la reine Élisabeth. Pour profiter de prix plus raisonnables, les environs de la gare de Victoria fourmillent de petits hôtels bon marché, mais la qualité est rarement au rendez-vous.

Premier Inn Victoria

82-83 Eccleston Sq, SW1V 1PS • ⊖ Victoria (7 min) • premierinn.com • 0871 527 8680
£ • 110 ch.
R Plan p. 68-69 ⑤ E4

Situé près de la gare de Victoria. Les prix serrés pratiqués compensent l'environnement plutôt tristounet. Le restaurant est également bon marché et le petit déjeuner buffet est à volonté.

B+B Belgravia & Studios@82

64-66 Ebury St, SW1W 9QD • ⊖ Victoria (7 min) • bb-belgravia.com • 020 7259 8570
££ • 17 ch. et 9 appart.
W K Plan p. 68-69 ① D3

Accueil sympathique dans ce B&B occupant 3 maisons de ville, situé dans un quartier résidentiel à proximité de la gare de Victoria. Les chambres sont propres et sobres. Vous avez le choix entre une chambre familiale ou 2 chambres communicantes pour un prix à peine supérieur. La même équipe propose des studios et des appartements sous l'appellation Studios@82. Le *Garden Apartment* doté de 2 chambres peut accueillir jusqu'à 5-6 personnes, mais sa situation à l'entresol n'est pas idéale.

Park Plaza Victoria

239 Vauxhall Bridge Rd, SW1V 1EQ • ⊖ Victoria (4 min) • parkplaza.com • 084 4415 6752
££ • 299 ch.
W R K Plan p. 68-69 4 E4

Les *Executive Studios* sont parfaitement adaptés pour les familles avec 2 zones séparées par une kitchenette et un claustra. Les *One Bedroom* et les *Two Bedroom* disposent de chambres séparées. Préférez les chambres donnant sur l'atrium plutôt que celles sur la rue.

Dolphin House

Dolphin Sq, Chichester St, SW1V 3LX • ⊖ Pimlico (4 min) • dolphinsquare.co.uk • 020 7798 8000
£££ • 148 appart.
W R K P Plan p. 68-69 6 F5

À 10 min à pied de la Tate Britain, cette résidence hôtelière offre des appartements confortables donnant sur un jardin de 1,5 ha. Les *Two Bed Apartments* (2 chambres et 1 living avec cuisine équipée pour 66 m^2) sont parfaits pour une famille de 4 personnes. Piscine et courts de tennis sont à disposition. Le quartier n'est pas très animé, mais bien desservi par le métro (à 20 min de St Pancras).

The Rubens at The Palace

39 Buckingham Palace Rd, SW1W 0PS • ⊖ Victoria (4 min) • 020 7834 6600 • rubenshotel.com • £££ • 143 ch.
Plan p. 64-65 2 E3

À deux pas du palais de Buckingham, vous pourrez côtoyer la royauté sans faire de folie, à condition de réserver bien à l'avance. Les *Executive King* sont très bien pour 3 personnes. Pour 4, les options se réduisent et les prix augmentent, mais en contactant l'hôtel vous pouvez réserver une *Executive Suite* (pour 2 enfants de moins de dix ans). Et si le prix n'est pas un critère, les *Master Suites* vous permettront de dormir, comme la famille royale, dans des lits à baldaquin !

St Ermin's

2 Caxton St, SW1H 0QW • ⊖ St James's Park (5 min) • 020 7222 7888 • sterminshotel.co.uk • £££ • 331 ch.
W R Plan p. 64-65 3 F2

À proximité de St James's Park, cet impressionnant bâtiment converti en hôtel, en 1899, a servi à plusieurs reprises de cadre pour des films. Plutôt dans la fourchette haute, les prix restent "raisonnables" compte tenu de la qualité des chambres et le service proposé. Certaines chambres familiales comportent 2 salles de bains, mais il est dommage que la disposition générale rende la circulation difficile. Les amateurs de miel seront ravis de savoir que celui qui leur est servi provient des ruches qui abritent 200 000 abeilles besogneuses, situées sur le toit.

LONDRES SUD-EST

Southbank s'étend le long de la rive sud de la Tamise face à Big Ben et au Parlement britannique. Ce quartier très animé de jour comme de nuit compte de nombreux hôtels et de restaurants. Une agréable promenade longe la Tamise et permet d'aller à pied du London Eye au Tower Bridge.

Premier Inn County Hall

Belvedere Rd, SE1 7PB • ⊖ Waterloo (6 min) • premierinn.com • 08715278648
£ • 314 ch.
R Plan p. 82-83 3 A3

Installé dans l'ancien County Hall (mairie), à une rue de la Tamise, du Sea Aquarium et du London Eye, il permet d'aller dîner à pied dans les nombreux restaurants situés à proximité. Les chambres sont très grandes pour cette gamme de prix.

Travelodge Southwark

202-206 Union St, SE1 0LH • ⊖ Southwark (8 min) • travelodge.com • 0871 984 6352
£ • 200 ch.
Plan p. 82-83 4 C2

Idéal pour les petits budgets, c'est l'un des moins chers de notre sélection, cet hôtel dispose de chambres familiales très basiques. La Tate Modern est à 400 m et les bords de la Tamise sont animés le soir, ce qui vous permettra d'aller dîner à pied.

Novotel London Greenwich

173-185 Greenwich High Rd, SE10 8JA • ⊖ Greenwich (2 min) • novotel.com • 020 7660 0676
£ • 151 ch.
R Plan p. 82-83 8 F5

Certes un peu excentré (la tour de Londres n'est qu'à 30 min de métro), ce Novotel propose des chambres familiales de qualité et bon marché. Il permet un accès facile aux nombreux musées et au marché de Greenwich (p. 234).

Park Plaza Westminster Bridge

200 Westminster Bridge Rd, SE1 7UT • ⊖ Waterloo (6 min) • parkplaza.co.uk • 020 7021 1800
££ • 1019 ch.
R K P Plan p. 82-83 1 A3

Même service, même confort, même gamme de prix que son voisin d'en face, le Park Plaza County Hall, mais en version XL et avec piscine en prime ! On est certes loin du B&B intimiste (plus de 1000 chambres), mais son cadre séduira les amateurs d'hôtels de style international. Les chambres *Iconic View* donnent sur Big Ben et le Parlement.

Park Plaza County Hall

1 Addington St, SE1 7RY • ⊖ Waterloo (6 min) • parkplazacountyhall.com • 0844 4156762
££ • 399 ch.
R K Plan p. 82-83 2 A3

Idéalement situé à 5 min à pied du London Eye et de Big Ben, cet hôtel offre un excellent rapport qualité/prix. Les *Studio Rooms,* grands et confortables, sont équipés d'une kitchenette (pour réchauffer des plats) et d'un coin salon. Certaines chambres offrent une vue sur le London Eye (avec supplément). Le soir, l'hôtel organise des séances ciné pour les *kids* avec boissons et pop-corn.

Novotel London City South

53 Southwark Bridge Rd, SE1 9HH • ⊖ Borough (5 min) • novotel.com • 020 7660 0676
££ • 182 ch.
R Plan p. 82-83 7 E2

L'environnement immédiat manque singulièrement de charme, mais ce Novotel est proche de la Tate Modern et de l'animation nocturne de Southbank, ce qui compense largement cette petite faiblesse.

Ibis London Southwark Rose

43-47 Southwark Bridge Rd, SE1 9HH • ⊖ London Bridge (9 min) • ibis.com • 020 7660 8090
££ • 114 ch.
W R K Plan p. 82-83 6 E2

Situé à 200 m de la Tamise, cet hôtel moderne aux couleurs acidulées (rose, violet, vert pomme, turquoise) possède 6 suites spacieuses dotées d'un canapé-lit et d'une kitchenette avec micro-ondes, le tout pour le prix habituel d'une simple chambre dans d'autres hôtels de la même catégorie.

CitizenM London Bankside

20 Lavington St, SE1 0NZ • ⊖ Southwark (7 min) • citizenm.com • £££ (2) • 192 ch.
W R Plan p. 82-83 5 D2

Cette nouvelle génération d'hôtels cherche à réconcilier confort, design et prix raisonnable. Dès la façade, on comprend qu'ici ce sera différent. "Another world is possible" s'affiche en toutes lettres. Une fois la porte passée, vous pénétrez dans un immense *lounge* à la fois design et chaleureux. Les chambres – qui ne peuvent héberger que 2 personnes – sont minimalistes, mais plairont aux amateurs de syle contemporain et de high-tech. Parfait si vous venez avec des ados qui veulent leur indépendance. Les prix fluctuent comme à la bourse : réservez très en avance pour avoir de bons prix.

LONDRES EST

La City se vide le week-end et les prix des hôtels de luxe deviennent alors bien plus abordables, de quoi ravir les futurs traders en culottes courtes et leurs parents ! Un peu plus à l'est, de nouveaux quartiers branchés en pleine effervescence tels Hoxton et Shoreditch (la Mecque du *street art*) regorgent d'hôtels branchés et de restaurants à la mode.

Novotel Tower Bridge

10 Pepys St, EC3N 2NR •
⊖ Tower Hill (2 min) • novotel.com •
020 7660 0675
£ • 203 ch.
R Plan p. 101 ③ E2

Situation assez pratique pour ce Novotel installé au cœur de la City et à deux pas de la tour de Londres.

Grange City Hotel

8-14 Coopers Row, EC3N 2BD •
⊖ Tower Hill (2 min) •
grangehotels.com • 020 7863 3700
££ • 307 ch.
W R P Plan p. 101 ② E2

Situé à proximité de la tour de Londres, cet hôtel de luxe au décor classique offre de vastes chambres avec au choix : soit un grand lit et un sofa convertible (*Executive Room*), soit 2 grands lits doubles (*Quad*), parfaite pour les familles avec des ados. Depuis certaines chambres, on peut même apercevoir la tour de Londres.

The Hoxton

81 Great Eastern St, EC2A 3HU •
⊖ Old Street (5 min) • 020 7550 1000 •
hoxtonhotels.com
£££ (2) • 208 ch.
Plan p. 100 ④ A2

Cet hôtel design s'est fait connaître par ses chambres à 1 £ ! Mais en vérité, peu de chance – pour ne pas dire aucune – d'en réserver une à ce prix. L'hôtel reste néanmoins attractif compte tenu de sa décoration très tendance et son standing. Si vous êtes une famille de 4 personnes, il vous faudra prendre 2 chambres côte à côte (il n'y a que 5 chambres communicantes). Les chambres sont petites mais ici au moins tout est *hype* et fonctionnel. Demandez des chambres dans les étages supérieurs car le soir l'ambiance du bar est assez bruyante (surtout le week-end).

Grange St Paul

10 Godliman St, EC4V 5AJ • ⊖ Tower Hill (2 min) • grangehotels.com •
020 7074 1000
£££ • 433 ch.
W R P Plan p. 101 ① A2

De nombreux atouts pour cet établissement à l'architecture moderne dont le magnifique lobby est paré d'écrans géants où défilent des poissons (spectacle très amusant pour les enfants... et les parents). Cet hôtel de luxe affiche des prix très attractifs le week-end. Les vastes chambres à la décoration sophistiquée abritent 2 grands lits doubles permettant d'héberger confortablement 2 adultes et 2 enfants. Certaines chambres donnent sur un atrium. En prime, un magnifique spa et une piscine sont à votre disposition pour vous relaxer en fin de journée.

LONDRES NORD

Le square arboré de Cartwright Gardens, à proximité du British Museum, recèle près d'une dizaine de petits hôtels aux prix serrés. Notre visite de contrôle nous a fait sélectionner ces deux adresses qui servent tous un véritable *English breakfast*. Les chambres en entresol sont en général correctes et relativement lumineuses. Préférez néanmoins les étages, mais ne comptez pas sur un ascenseur !

Crescent Hotel

49-50 Cartwright Gardens, WC1H 9EL • ⊖ Russell Square (4 min) • crescenthoteloflondon.com • 020 7387 1515
££ • 27 ch.
Plan p. 114-115 ❶ H3
L'accueil est plutôt froid et la décoration un peu surannée, mais cet hôtel offre un bon rapport qualité/prix et vous pouvez même louer des raquettes et des balles pour jouer au tennis dans le square. Choisissez la *Family Room*, idéale si vous voyagez avec des petits.

The Euro Hotel

51-53 Cartwright Gardens, WC1H 9EL • ⊖ Russell Square (4 min) • eurohotel.co.uk • 020 7387 4321
££ • 32 ch.
Plan p. 114-115 ❷ H3
L'accueil sympathique, la propreté irréprochable, la décoration sobre, et la clarté des chambres nous ont convaincus au regard du prix.

DES HÔTELS POUR FAIRE DES SPLASHS

Après une journée de visites, que diriez-vous d'emmener votre couvée s'ébattre dans l'eau ? N'oubliez pas vos maillots de bain dans la valise !

- Marriott Marble Arch p. 242
- Grange Holborn p. 243
- Dolphin House p. 245
- Park Plaza Westminster Bridge p. 246
- Grange St Paul p. 248
- Grange City Hotel p. 248

On fait comment ?

Pages réservées aux parents !

Elles ne sont pas interdites à nos plus jeunes lecteurs mais, soyons honnêtes, cela risque de leur sembler plutôt ennuyeux. L'organisation étant la base d'un séjour réussi, voici des informations pratiques pour faire de votre voyage à Londres en famille un succès !

FORMALITÉS D'ENTRÉE

Les ressortissants de la Communauté européenne et les Suisses n'ont pas besoin de visa mais doivent être en possession d'une carte d'identité ou d'un passeport en cours de validité.

À noter : si l'enfant est mineur et voyage sans ses parents, il lui faudra une carte d'identité ou un passeport à son nom.

ARRIVÉE

EN AVION

Plusieurs options vous sont proposées pour rejoindre le centre de Londres : transports publics, trains express avec connexion wi-fi, navettes ou *minicabs* qui ont des comptoirs dans les aéroports. Des lignes de trains régulières assurent aussi la connexion entre les aéroports et le centre de Londres. Consultez les sites tels que **nationalrail.co.uk** ou **thetrainline.com** pour choisir la compagnie ferroviaire qui vous convient le mieux.

Heathrow (LHR)

heathrow.com

• **EN TRAIN** • La solution la plus chère, mais la plus rapide, est le Heathrow Express qui relie l'aéroport à la gare de Paddington en 15 min seulement. Départ toutes les 15 min de 5h à 23h40. Bonne nouvelle, les enfants de moins de 16 ans voyagent gratuitement (un billet gratuit pour un billet adulte acheté). Vous pouvez acheter vos billets à bord (adulte 27£, CB acceptées), mais nous vous conseillons de les prendre directement au distributeur à l'aéroport (adulte 22£). Si vous repartez de Heathrow, bénéficiez d'une réduction de 25% en achetant un aller-retour et, en réservant en ligne, vous aurez accès au *Duo Saver* si vous êtes deux adultes (– 40 %). Informations et tarifs sur le site **heathrowexpress.com**.

Bon à savoir : si vous prenez l'Heathrow Express à la gare de Paddington, vous pouvez y effectuer directement les formalités d'enregistrement et obtenir votre carte d'embarquement au service enregistrement de l'Heathrow Express.

Heathrow Connect assure également la liaison en train pour rejoindre la gare de Paddington toutes les demi-heures. C'est certes plus lent (entre 20 et 30 min), mais les billets sont à moitié prix ; adulte 10,20 £, enfant (3-15) 5,10 £. Informations sur **heathrowconnect.com**).

• **EN MÉTRO** • Prenez la Piccadilly Line qui vous emmène au centre de Londres. C'est plus lent et moins confortable que le Heathrow Express mais plus économique. Comptez 50 min depuis Heathrow pour vous rendre à Piccadilly Circus (pour les horaires et les tarifs, voir détails p. 257).

• **EN BUS** • Les **bus National Express** relient l'aéroport au centre de Londres en 50 min ; adulte 6 £, enfant (3-15) 3 £. Informations sur **nationalexpress.com**.

• **EN TAXI** • Comptez 40 £ en *minicab* pour aller au centre de Londres.

◎ Gatwick (LGW)

gatwickairport.com

• **EN TRAIN** • Le **Gatwick Express** est le moyen le plus rapide pour se rendre dans le centre de Londres (gare de Victoria) en seulement 30 min. Départ toutes les 15 min de 5h50 à 1h35. Vous pouvez acheter vos billets aux guichets (adulte 19,90 £, enfant 5-15 9,95 £) ou en ligne pour économiser au moins 10 % sur l'achat d'un billet simple ou d'un aller-retour en allant sur **gatwickexpress.com**.

Le **Thameslink** dessert les gares de London Bridge et St Pancras International. Départ toutes les 30 min. Le trajet vers London Bridge dure 40 min ; adulte 10,30 £, enfant (5-15) 5,15 £. Vous pouvez acheter les tickets à l'avance sur le site **thameslinkrailway.com**.

Le **Southern Railway** assure un service entre Gatwick et Paddington toutes les 15 min, comptez environ 1 h ; adulte 19,40 £, enfant (5-15) 9,70 £. Consultez les horaires et achetez les billets en ligne sur **southernrailway.com**.

• **EN BUS** • **National Express** dessert plusieurs destinations dans le centre de Londres, il y a des bus environ toutes les 30 min. Comptez 1h30 de trajet ; adulte 8 £, enfant (3-15) 4 £. Informations sur **nationalexpress.com**.

Easybus relie directement le centre (Earl's Court) en 1h15 à partir de 2 £ par personne. Départ toutes les 15-20 min. Horaires et tarifs sur **easybus.com**.

Terravision dessert Hammersmith et South Kensington en 1h30. Départ toutes les 30 min ; adulte 6 £, enfant (2-12) 3 £. Horaires sur **terravision.eu**.

• **EN TAXI** • Comptez 80 £ en *minicab* pour aller au centre de Londres.

◎ Stansted (STN)

stanstedairport.com

• **EN TRAIN** • Le **Stansted Express** est le moyen le plus rapide pour rejoindre le centre. Les trains circulent de 5h30 à 0h30 toutes les 15 min. Comptez 40 min pour aller jusqu'à Liverpool Street. Les billets sont disponibles au guichet ; adulte 19 £, enfant (5-15) 9,50 £. Nous vous conseillons de prendre vos billets à l'avance sur **stanstedexpress.com** afin de bénéficier de 50 % de réduction.

• **EN BUS** • **National Express** rejoint différents points dans le centre de Londres en 1h30, départ toutes les 15 min (adulte 12 £, enfant (3-15) 6 £). Informations sur **nationalexpress.com**.

• **EN TAXI** • Comptez 100 £ en *minicab* pour aller au centre de Londres. **24x7stansted.com**.

◎ Luton (LTN)

london-luton.co.uk

• **EN TRAIN** • Une navette (à 1,60 £) assure en 8 min le trajet jusqu'à la gare ferroviaire Luton Airport Parkway. Vous pourrez d'ici prendre le train pour rejoindre le centre de Londres (gare de St Pancras) en 25 min. Départ toutes les 10 min environ. Prix indicatif : adulte 15 £, enfant (5-15) 7 £. Horaires et promotions sur les billets sur **thetrainline.com** et **eastmidlandstrains.co.uk**.

• **EN BUS** • **Easybus** vous emmène directement dans le centre en 1h. Départ toutes les 15-20 min. Horaires et tarifs sur **easybus.com** et **nationalexpress.com**. Il existe également le service d'autocar **Green Line** 757 qui fonctionne 24 h/24 et dessert la gare de Victoria en 1h30. Renseignements sur **greenline.co.uk**.

• **EN TAXI** • Comptez 85 £ en *minicab* pour aller au centre de Londres.

London City (LCY)
londoncityairport.com

• **EN TRAIN** • C'est le seul aéroport qui se trouve dans Londres même. Pour rejoindre le centre, le plus simple est le **DLR** dont la station se trouve dans l'aéroport. Les trains circulent de 5h30 à 0h30 (7h à 23h30 le dimanche) toutes les 5-10 min et vous emmènent jusqu'à la station Bank en 20 min seulement. Travelcard et Oyster Card (p. 256) acceptées. **tfl.gov.uk**

• **EN BUS** • Plusieurs lignes desservent l'aéroport, dont la 473 et la 474. Tarifs bus (p. 258).

• **EN TAXI** • Comptez 30 £ en *minicab* pour aller au centre de Londres. Réservation sur **minicabit.com**.

London Southend (SEN)
southendairport.com

• **EN TRAIN** • Cet aéroport étant situé à 65 km à l'est de Londres, la seule option pour rejoindre la capitale anglaise est de prendre le train. Une ligne régulière vous permettra de rejoindre Liverpool Street en 1h et Stratford en 45 min. La gare se trouve dans l'aéroport même. Départ toutes les 10-15 min ; adulte 15 £, enfant (5-15) 50 %. Infos sur **abelliogreateranglia.co.uk**

EN EUROSTAR

Les enfants de moins de 4 ans voyagent gratuitement en Eurostar, mais n'ont pas de siège attribué. Au moment de réserver, optez pour les voitures familiales (1 et 18) qui offrent un plus large espace pour les enfants. Si vous voyagez avec de jeunes enfants et que vous avez de nombreux bagages ou poussettes.

Eurostar offre un **service gratuit d'aide aux familles**. Un membre du personnel vient vous chercher au comptoir dédié à ce service et vous aide à passer toutes les formalités de sécurité jusqu'à vous accompagner directement à votre voiture. Ce service est disponible à la gare du Nord et à St Pancras. Au départ de Paris, le comptoir se situe au 1er étage à gauche. Au départ de Londres, le comptoir "Assistance" se trouve à droite des portes d'embarquement (en face de la boulangerie Paul).

À votre arrivée à Londres, la gare de St Pancras, située en plein cœur de Londres, permet de rejoindre facilement ses différents quartiers. Vous trouverez 6 lignes de métro. Vous pouvez acheter des tickets de métro ou des Oyster Cards (voir p. 256) directement dans l'**Eurostar**, dans la voiture-restaurant. Infos sur le site **eurostar.com**.

EN EUROTUNNEL

Londres est facilement accessible par la route grâce à l'**Eurotunnel** qui relie Calais à Folkestone en 35 min. Il y a jusqu'à 4 départs par heure de 2h45 du matin à 23h30. Si vous avez du temps avant de prendre votre *shuttle*, n'hésitez pas à faire prendre un grand bol d'air frais à vos enfants. Du côté français, vous trouverez dans le bâtiment "Passagers", un espace familles/bébés équipé de tables à langer, chaises hautes, chauffe-biberons et réchauds à proximité des toilettes. Du côté anglais, un espace avec balançoires et toboggans est à leur disposition pour se défouler. S'il pleut, ils pourront se poser dans l'aire de jeux matelassée, regarder un film familial sur grand écran ou jouer à des jeux interactifs sur iPad. Pour les tarifs, horaires et formalités, consultez le site **eurotunnel.com**.

TRANSPORTS

Les transports à Londres sont assez chers, il est donc recommandé de prendre soit l'**Oyster Card**, soit la **Travelcard** qui vous permettent de circuler pour beaucoup moins cher qu'avec des tickets achetés à l'unité (voir aussi les tarifs enfants p. 258). Renseignements sur le site **tfl.co.uk**. La capitale anglaise s'étend sur six zones. Il est donc indispensable d'avoir une *tube map* sur vous.

OYSTER CARD

La **Visitor Oyster Card** est une carte électronique bleue avec un forfait prépayé (+3 £ de frais d'activation non remboursables). Vous pouvez l'acheter directement au guichet de n'importe quelle station de métro, aux aéroports ou dans l'Eurostar. Vous pouvez également l'acheter à l'avance et la recevoir avant votre départ sur **visitbritainshop.com** ou **visitorshop.tfl.gov.uk**.

À chaque passage, votre carte est débitée, c'est le *pay as you go*. Le métro coûte 2,40 £ (au lieu de 4,90 £ pour un billet à l'unité), le bus 1,50 £. Vous pouvez aussi l'utiliser sur la DLR, l'Overground et tous les services du National Rail. Quel que soit le nombre de trajets effectués par jour, le système, très avantageux, plafonne le prix pour la journée (le *daily capping*) à un montant toujours inférieur au prix d'une Travelcard d'une journée (ex. : zones 1-2 : 6,40 £, zones 1-3 : 7,50 £, etc.).

Les Oyster Cards peuvent être rechargées en espèces ou avec une carte bancaire dans toutes les stations. Elles ne sont pas nominatives, vous pouvez donc la prêter ou la conserver pour de futures visites. S'il reste du crédit sur votre carte, vous pouvez vous faire rembourser au guichet.

Attention ! Vous devez aussi passer votre Oyster Card à la sortie du métro ou de l'Overground. Si vous oubliez, votre carte sera débitée du montant maximum sur une journée. Cette carte vous permet également de bénéficier de prix avantageux dans différents restaurants, attractions et musées. Renseignements sur le site **tfl.gov.uk/visitinglondon**

TRAVELCARD

Vous pouvez choisir une Travelcard pour 1 ou 7 jours, utilisable dans le métro et les bus, mais il faut définir les zones de validité et les horaires auxquels vous prévoyez de vous déplacer (ex : 12 £ zones 1-4). Très compliqué et finalement bien moins avantageux que l'Oyster Card.

CONTACTLESS CARD

Si vous égarez votre Oyster Card ou Travelcard et que vous êtes pressé, vous pouvez payer vos trajets en bus ou en métro directement en utilisant votre carte bancaire sans contact *(contactless card)* comme Oyster Card de remplacement. Votre compte sera débité au même tarif qu'une Oyster Card. Les cartes étrangères sont acceptées (Visa, American Express, MasterCard), mais certaines banques peuvent appliquer des frais.

LE MÉTRO

Il existe 11 lignes de métro (Tube), quatre lignes d'Overground, le DLR et un réseau de trains de banlieue. Le métro fonctionne de 5h à 0h30 et toute la nuit les vendredis et samedis sur les principales lignes de métro (Central, Jubilee, Northern, Piccadilly et Victoria). Vous pouvez planifier votre itinéraire *(journey planner)* sur **tfl.gov.uk**.

Notre conseil Vérifiez la direction du train à l'avant car plusieurs lignes peuvent partir du même quai.

LES BUS

Les plans aux arrêts de bus vous paraîtront certainement très compliqués à comprendre au début. Aucune indication n'est vraiment donnée à bord non plus ! Lorsque vous arrivez à l'arrêt de bus, repérez le panneau où sont indiquées les lignes de bus qui s'arrêtent à cet endroit, la direction et surtout le rond rouge où est indiquée la lettre correspondant à l'arrêt de bus (L ou BB, par exemple). Cherchez votre destination sur le plan ou le tableau se trouvant à l'arrêt de bus. À côté de chaque destination est indiqué un arrêt de bus bien précis.
En fonction de là où vous vous trouvez, vous devez chercher l'arrêt de bus correspondant sur le plan.
Il peut y avoir jusqu'à 15 arrêts de

bus différents indiqués, mais, si vous ne trouvez pas, n'hésitez pas à demander votre chemin. Des plans sont disponibles auprès des Travel Information Centres et dans les grandes stations de métro. Ils circulent de 6h à minuit (service réduit le dimanche) et la nuit un service très efficace prend le relais. Depuis 2014, on ne peut plus acheter de tickets directement dans les bus, donc prévoyez bien votre carte de transport ou vérifiez que vous avez une *contactless card* valable. Vous pouvez également acheter un Bus & Tram Pass d'une journée (5£ pour un nombre illimité de trajets en bus sur 24h). Si vous n'avez pas de carte de transport (voir plus haut), vous pouvez acheter des tickets aux distributeurs, à proximité des principaux arrêts de bus. 1 jour coûte 5£, 7 jours 19,60£. Une nouvelle génération de bus modernes, fortement inspirés des Routemasters à impériale, sillonne les lieux incontournables de la capitale. Pour découvrir les bords de la Tamise, prenez le RV1 (Covent Garden-Tower Bridge). Attention, aucun bus ne circule le 25 décembre.

LES TARIFS ENFANTS

Les enfants de moins de 11 ans voyagent gratuitement (jusqu'à quatre enfants accompagnés par un adulte) et n'ont pas besoin de carte de transport. Les enfants de 11 à 15 ans voyagent à moitié prix s'ils possèdent une Visitor Oyster Card. Vous pouvez l'acheter sur place à n'importe quelle station de métro ou aux Travel Information Centres. Il vous suffit de vous présenter au guichet avec votre enfant en confirmant son âge. Cette carte n'est valable que 14 jours. Renseignements sur **tfl.gov.uk**.

LONDON PASS

Il vous permet d'accéder gratuitement aux 60 sites les plus touristiques ainsi qu'à des offres spéciales dans certains magasins. Vous pouvez en outre voyager de manière illimitée en transport en commun dans les six zones de Londres. Vous pouvez acheter un London Pass pour 1, 2 ou même 10 jours – tarifs pour deux jours : adulte 93£, enfant (5-15) 67£.

Notre conseil Ne prenez pas de London Pass si vous comptez ne rester que dans le centre touristique (zones 1-2). De plus, comme la majorité des musées sont gratuits, le London Pass n'est pas vraiment rentable. Renseignements sur le site **londonpass.com**.

LES TAXIS

Les *black cabs* (même s'ils ne sont plus tous noirs) sont assez grands pour transporter cinq personnes, pratique pour les familles nombreuses. Vous pouvez même y faire rentrer une poussette sans la plier : idéal si votre petit a décidé de faire une sieste ! Les chauffeurs de *black cabs* connaissent Londres comme leur poche et utilisent rarement un GPS. En effet, l'examen de passage pour devenir chauffeur d'un de ces taxis est tellement difficile qu'on le surnomme The Knowledge ("Le Savoir"). Pour savoir s'ils sont libres, repérez la lumière orange. Il existe aussi des milliers de *minicabs*, très prisés car les prix sont fixés à l'avance. Informations sur **tfl.gov.uk/modes/taxis-and-minicabs**/

Enfin, le réseau **Uber** fonctionne très bien à Londres et les courses seront directement débitées depuis votre compte. Attention, lorsque vous indiquez votre destination, il est primordial de donner le *post code* (code postal) au chauffeur pour vous assurer d'arriver à bon port !

LES BUS TOURISTIQUES

Voici une très bonne idée pour une première approche de Londres. La plupart des bus touristiques permettent de monter et de descendre à loisir *(hop-on, hop-off)*, ce qui est un moyen très pratique pour découvrir les principaux sites. Des commentaires sont diffusés en plusieurs langues, dont le français. Il existe plusieurs compagnies et il vaut mieux réserver en ligne pour avoir des prix plus intéressants que sur place : The Big Bus Company (**bigbustours.com/london**, tarifs : adulte 24,50 £, enfant (5-15) 12,50 £, famille (2 + 2) 61,50 £), The Original Sightseeing Tour (**theoriginaltour.com**, tarifs : adulte 26 £, enfant (5-15) 12,50 £, famille (2 + 2) 75 £)... Sinon, certaines lignes de bus normales vous offriront un beau tour de Londres au prix d'un ticket de bus (1,50 £) : lignes 9, 11, 23, 24, 38, C2, 390.

VIE PRATIQUE

APPAREILS ÉLECTRIQUES

Le voltage utilisé au Royaume-Uni est de 240 V. Les fiches comportent trois broches de section rectangulaire. Il faudra donc un adaptateur (la plupart des hôtels en prêtent, mais il est préférable d'en acheter avant de partir).

APPLIS

Il n'y a rien de pire que de se perdre et passer du temps à chercher son chemin quand on voyage avec des enfants ! Pour réussir votre séjour à Londres, nous vous conseillons de télécharger les applications gratuites suivantes sur votre Smartphone ;

elles vous aideront à vous repérer dans la ville, à convertir les prix ou encore à réserver un restaurant.
London Official City Guide : pour avoir accès au plan de la ville et à toutes les informations touristiques.
Citymapper : pour simplifier vos trajets en transports en commun.
Great Little Place : pour trouver des adresses insolites.
Street Art London : pour dénicher les dernières œuvres murales.
OpenTable : pour être sûr d'avoir une table.
XE Currency : pour maîtriser vos dépenses.
Wordreference : pour donner l'impression que vous comprenez le *british*.

BABY-SITTING

Pour trouver la perle rare qui s'occupera de vos enfants, consultez les sites suivants :
butterflynannies.co.uk
rockabyebabysitters.co.uk
Le concierge de votre hôtel pourra également vous fournir des contacts.

BANQUES

Les banques sont ouvertes du lundi au vendredi, de 9h30 à 16h30. La plupart d'entre elles disposent de distributeurs automatiques.

MONNAIE

Le Royaume-Uni est membre de l'Union européenne mais il ne fait pas partie de la zone euro. Sa monnaie est donc toujours la livre sterling *(pound)*.

MUSÉES

Les musées nationaux sont gratuits, sauf pour les expositions temporaires. Ils disposent de toilettes gratuites et d'excellentes cafétérias avec menu enfant. Ouverts tous les jours, sauf les 24, 25 et 26 décembre et le 1er janvier.

POURBOIRE

Il est commun au restaurant et au café de laisser un pourboire de 10 à 15 %. Attention, de nombreux restaurants appliquent d'office un service à 12,50 % *(service charge)*.

POUSSETTE OU PAS POUSSETTE ?

Si vous voyagez avec des tout-petits, il est en effet préférable de prendre une poussette-canne, car visiter Londres peut s'avérer très fatigant aussi bien pour les enfants que pour les parents ! **Bon à savoir :** certains hôtels Novotel (p. 238) prêtent des poussettes à leurs clients ! Tous les bus ont un large espace dédié aux poussettes et vous pourrez même monter par la porte centrale.

Les *black cabs* sont également un moyen idéal pour voyager avec une poussette. Le métro, avec ses longs escalators et ses escaliers, est moins pratique. Certaines stations possèdent des ascenseurs, mais ce n'est pas le cas pour toutes. Les Londoniens sont extrêmement attentionnés et il n'est pas rare que des voyageurs vous donnent un coup de main pour porter votre attirail dans les escaliers.

INFOS TOURISTIQUES

Le **Tourist Information Centre** situé au 1 Regent Street (⊖ Piccadilly Circus) fournit des informations complètes. Il en existe dans les principales stations de métro : King's Cross/St Pancras, Liverpool Street, Piccadilly Circus, Victoria, Euston et même Heathrow.

Le **City of London Information Centre**, en face de la cathédrale St Paul (⊖ St Paul) constitue également une bonne source d'information, disponible en français. Vous pourrez même y changer vos euros en livres à 0 % de commission.

SANTÉ

On trouve des pharmacies dans les supermarchés et des pharmacies de garde dans tous les quartiers. Vous trouverez de tout également dans les magasins Boots (couches, paracétamol, petits pots...).

Zafash est une pharmacie ouverte tous les jours, 24h/24. Vous y trouverez médicaments, conseils et soins pour petits bobos, même en pleine nuit (233-235 Old Brompton Rd, SW5 0EA, ⊖ Earls Court, 020 7373 2798).

Pour trouver un médecin français, consultez les sites :
medicare-francais.co.uk
lamaisonmedicale.co.uk

URGENCES

Pour contacter la police, les pompiers ou une ambulance par téléphone, composez le **999** (appel gratuit). Un opérateur vous demandera de sélectionner un service. Le **112** est le numéro d'urgence unique européen, et fonctionne donc au Royaume-Uni.

SITES INTERNET

Quelques sites en français :
lostinlondon.fr
visitbritain.com/fr
visitlondon.com/fr
voilalondres.com
doitinlondon.co.uk
lespetitesjoiesdelavielondonienne.com

VISITES GUIDÉES

Eve Milner, guide professionnelle accréditée Blue Badge, connaît très bien Londres. Elle a participé à l'élaboration de ce guide et parle merveilleusement le français. Elle sera ravie d'être votre guide privée (**leisureroundlondon.com**).

Alternative London organise des visites uniquement sur le *street art* dans le quartier de Shoreditch. Le samedi à 11h30, des guides français vous attendent pour vous montrer les œuvres les plus belles (voir détails p. 108).

WI-FI

L'accès wi-fi est gratuit dans la plupart des cafés et restaurants (demandez le code au serveur). Le service The Cloud wi-fi a des bornes gratuites un peu partout dans Londres. Il vous permet de vous connecter dans toutes les stations de métro et les grands magasins.

BONS PLANS

Un séjour à Londres peut devenir vite très cher, surtout si on veut faire un maximum de choses avec les enfants. Voici quelques astuces pour épargner votre porte-monnaie tout en profitant au maximum de votre séjour.

RESTAURANTS

Si vous voulez gâter votre petite famille dans un superbe restaurant, réservez à l'heure du déjeuner. Des formules à 30 £ sont disponibles, même chez les chefs étoilés ! Certaines chaînes de restaurants et musées chouchoutent les bambins avec leur promotion *kids eat free* (repas gratuit pour les enfants pour un adulte payant). Cette offre est disponible à des jours variables et généralement le week-end. Voici quelques-unes de nos adresses préférées : Bodean's (p. 176 et 202), les restaurants de la Tate Britain et de Tate Modern (p. 196), Tramshed (p. 203), Gallery Cafe (British Museum, p. 63). Et en plus, c'est très bon !

SHOPPING

Londres ne plaisante pas avec les soldes qui peuvent aller jusqu'à –70% ! Les plus grosses périodes de soldes se situent à Noël (à partir du 26 décembre) et en été (à partir du mois de juillet). Le reste de l'année, la plupart des magasins organisent des *mid-season sales* (soldes de mi-saison) allant de – 20 à – 40 % de réduction. Des marques telles que Clarks, Paul Smith ou Burberry ont leur *outlet* ou leur *factory shop* dans Londres. Les *charity shops* sont aussi une bonne façon d'acheter malin. Voir notre sélection p. 212.

VISITES

De manière générale, il faut réserver à l'avance et en ligne. Certaines attractions offrent des promotions "early bird" (à l'avance) pouvant aller jusqu'à des réductions de 50 %, voire des entrées gratuites pour les enfants, notamment pendant les vacances scolaires. Et vous profiterez d'une réduction supplémentaire en hiver, notamment pour le London Zoo (p. 118) ou Kew Gardens (p. 130). Les attractions du groupe Merlin (Aquarium, Madame Tussauds, London Eye) sont beaucoup moins chères si vous achetez des tickets combinés (p. 81).

Certains sites proposent également des tarifs réduits si vous achetez des *late tickets*, généralement une entrée après 15h comme au London Zoo (p. 118), chez Madame Tussauds (p. 112), Harry Potter (p. 134). Cette offre n'existe pas toute l'année, donc vérifiez lors de votre réservation.

Eurostar et National Rail offrent des promotions 2FOR1 qui vous permettent d'obtenir deux tickets pour le prix d'un si vous réservez vos billets de train sur leur site. Eurostar propose principalement des entrées pour les expositions temporaires dans les plus grands musées, sur présentation de votre billet. National Rail a conclu un partenariat avec des attractions telles que le London Eye (p. 85), St Paul's Cathedral (p. 105) ou la tour de Londres. (p. 98) Informations pour les vouchers sur **nationalrail.co.uk**.

Voici quelques alternatives moins chères. Vous voulez voir le panorama de Londres dans des cabines ? Prenez le funiculaire (p. 36), plutôt que le London Eye (p. 85). Le Shard (p. 91) est trop cher ? Montez jusqu'au Sky Garden qui est gratuit (p. 103) ! Vos enfants rêvent d'aller à l'Aquarium ? Filez à celui de l'Horniman Museum (p. 128) plutôt qu'au Sea Life London Aquarium (p. 86) !

Où est passé mon enfant ?
Donnez à l'ado ou accrochez autour du cou de votre enfant une carte avec votre adresse locale et votre numéro de téléphone portable sans le 0.
Ex. : pour le 06 xx xx xx xx en France, écrivez +33 6 xx xx xx xx.

Réponses aux jeux de piste

Regardons si vous avez trouvé toutes les bonnes réponses.

JEU DE PISTE 1
De Trafalgar Square à Covent Garden (p. 144)

1. Amiral Nelson
2. Christmas Pudding
3. Tigre
4. Van Gogh
5. St Martin in the Fields
6. Honni soit qui mal y pense
7. Henry Irving
8. Piccadilly Circus
9. Gerrard Street
10. French House
11. Bateman Street
12. Un chien et un canard (Dog and Duck)
13. Pillars of Hercules
14. Théâtre Phoenix
15. Seven Dials
16. Covent Garden Hotel
17. Thomas Neal

JEU DE PISTE 2
De Westminster à la tour de Londres (p. 153)

1. Big Ben
2. Sealife London Aquarium
3. Un obélisque
4. Waterloo Bridge
5. 77
6. OXO
7. Doggett
8. Millenium Bridge
9. Centrale électrique
10. Shakespeare's Globe Theatre
11. Francis Drake
12. HMS Belfast
13. Tower Bridge

JEU DE PISTE 3
De Blackfriars à Monument (p. 162)

1. Un cheval
2. The Blackfriar
3. William Shakespeare
4. Anne
5. Un couple
6. John Smith
7. En latin
8. Bank of England
9. George
10. George & Vulture
11. 1652
12. Le Talkie-Walkie
13. St Mary-at-Hill
14. Thomas Farynor

LES PREMIERS MOTS

Oui : Yes
Non : No
Merci : Thank you
S'il vous plaît : Please
Pardon, excusez-moi : Excuse me
Désolé(e) : Sorry
Bonjour : Hello
Au revoir : Goodbye
À bientôt : See you soon
Bonjour : Good morning
Bon après-midi : Good afternoon
Bonsoir : Good evening
Bonne nuit : Good night
Je ne comprends pas : I don't understand
Comment dit-on en anglais... ? : How do you say in English... ?
Je : I
Tu : You
Il : He
Elle : She
Nous : We
Vous : You
Ils, elles : They
Comment allez-vous ? : How are you ?
Enchanté ! : Nice to meet you !
Bien, bon : Good
Mal, mauvais : Bad
Femme, épouse : Wife
Mari : Husband
Fille : Daughter
Fils : Son
Mère, maman : Mother, mummy
Père, papa : Father, daddy
Grand père : Grandfather
Grand mère : Grandmother
Ami : Friend

SHOPPING

Combien ça coûte ? : How much is it ?
Qu'est-ce que c'est ? : What is this ?
Je le prends, je l'achète : I'll buy it
Je voudrais acheter... : I would like to buy...
Avez-vous... ? : Do you have... ?
Acceptez-vous les cartes de crédit ? : Do you accept credit cards ?
Ouvert : Open
Fermé : Closed
Plus grand : Bigger size
Plus petit : Smaller size
Je voudrais un paquet cadeau : I would like a gift wrap
En solde : On sale

AU RESTAURANT

Petit déjeuner : Breakfast
Déjeuner : Lunch
Dîner : Dinner
Végétarien : Vegetarian
À votre santé ! À la vôtre ! : Cheers !
J'ai faim : I'm hungry
J'ai soif : I'm thirsty
Menu enfant : Kid's menu
L'addition, s'il vous plaît : The bill, please
Chaud : Hot
Froid : Cold
Un peu : A little
Beaucoup : A lot
Bien cuit : Well done
Saignant : Rare
À point : Medium rare
Agneau : Lamb
Bière : Beer
Bœuf : Beef
Café : Coffee
Chocolat : Chocolate
Chocolat chaud : Hot Chocolate
Confiture : Jam
Crème chantilly : Whipped cream
Eau plate : Still water
Eau gazeuse : Sparkling water
Fruit : Fruit
Frites : Chips
Gâteau : Cake
Glace : Ice cream
Glaçons : Ice, ice cubes
Jus : Juice
Lait : Milk
Œuf : Egg
Pain : Bread
Poisson : Fish
Poivre : Pepper
Pomme de terre : Potato
Porc : Pork
Poulet : Chicken
Salade : Salad
Saucisse : Sausage
Sel : Salt
Sucre : Sugar
Thé : Tea
Viande : Meat
Vin : Wine

SE DÉPLACER

Où est... ? : Where is... ?
Billet : Ticket
Train : Train
Autobus : Bus
Métro : Tube, underground
Aéroport : Airport
Gare : Train station
Station de métro : Tube station

À L'HÔTEL

Départ : Departure
Arrivée : Arrival
Chambre : Room
Réservation : Reservation
Réserver : To book
Complet : Full
Calme : Quiet
Étage élevé : Higher floor

Rez-de-chaussée : Ground floor
Chambre communicante : Inter connecting room
Petit déjeuner inclus : Breakfast included
Lit supplémentaire : Extra bed
Lit pour bébé : Baby cot
Gratuit : Free of charge
C'est trop cher : It's too expensive
Ascenseur : Lift

SE REPÉRER

À gauche : Left
À droite : Right
Tout droit : Straight
En haut : Up
En bas : Down
Loin : Far
Près, proche : Near
Long : Long
Court : Short
Carte : Map
Information touristique : Tourist information
Musée : Museum
Banque : Bank
Poste de police : Police station
Hôpital : Hospital
Docteur : Doctor
Pharmacie : Pharmacy, chemist
Magasin : Store, shop
Restaurant : Restaurant
Toilettes : Toilet
Rue : Street
Place : Square
Piscine : Swimming pool
Tour : Tower
Pont : Bridge
Distributeur : ATM, Cash dispenser
Sortie : Way out

HEURE ET DATE

Quelle heure est-il ? : What time is it ?
Jour : Day
Semaine : Week
Mois : Month
An, année : Year
Lundi : Monday
Mardi : Tuesday
Mercredi : Wednesday
Jeudi : Thursday
Vendredi : Friday
Samedi : Saturday
Dimanche : Sunday
Aujourd'hui : Today
Hier : Yesterday
Demain : Tomorrow
Joyeux anniversaire ! : Happy birthday !

Index

Crédits iconographiques

Photos

2benny p. 71 (a) ; A-L Heinrichs p. 39 (c) ; A. Brown p. 74 (a) ; A. Gennari p. 51 (a) ; A. Goosev p. 174 (b) ; A. Gregor p. 152 (c) ; A. Guichard p. 235 (a) ; A. Hay p. 145 (c) ; A. Lee p. 63 (a) ; A. M. Eckert p. 90 (a) ; A. Mendrek p. 143 (a) ; A. Skipp p. 25 (c) ; A. Torres p. 102 (b) ; A. Wacquier p. 263 (a) ; A. Zubkonis p. 144 (c) ; Ati4850 p. 170 (a) ; B. Moss p. 58 (c) ; B. Watkin p. 73 (a) ; B. Zillich p. 130 (c) ; Bank of England Museum p. 105 (a) ; Barrett p. 62 (b) ; BB Bakery Bus p. 174 (a) ; Beaba p. 13 (c) ; Beboy p. 23 (b) ; Bellaphon p. 27 (b) ; Bikeworldtravel p. 3 (b) ; Bilette70 p. 118 (b) ; Blowing Puffer Fish p. 152 (c) ; Bodil p. 159 (c) ; Brad Pict p. 127 (b) ; Brad Pict p. 265 (a) ; British Museum p. 64 (b) ; Buddy p. 170 (b,c) ; C. Bortes p. 122 (b) ; C. BostYn p. 51 (b) ; C. Lacourarie p. 139 (b) ; CC-BY p. 43 (b), p. 171 (c) ; Ch. Larue p. 12 (a) ; Ch. Ruedy p. 5 (a) ; Ch. Seary p. 84 (d) ; Ch. Taylor p. 111 (a) ; Che1899 p. 84 (c) ; Chrisdorney p. 92 (b) ; Coprid p. 26 (e) ; D. Benbrook p. 95 (a) ; D. Bonardelle p. 44 (a) ; D. Catchpole p. 25 (d) ; D. Clarke p. 58 (b) ; D. Crossley p. 169 (c) ; D. D'Amico p. 160 (b) ; D. Debressy p. 135 (a) ; D. Divina p. 105 (c) ; D. Drower p. 63 (b) ; D. Guidhall p. 168 (b) ; D. Howarth p. 129 (c) ; D. Holt p. 34 (c) ; D. Luri p. 110 (b) ; D. Neiner p. 114 (b) ; D. Perry p. 167 (a) ; D. Stanley p. 132 (a) ; D. Stokes p. 25 (a) ; D Brady p. 108 (c) ; Dark Dwart p. 97 (c) ; Datagraph p. 128 (c), p. 142 (c), p. 154 (b) ; David p. 123 (a) ; DeVIce p. 10 (b) ; Dimdimich p. 167 (b) ; DM7 p. 43 (a) ; DncnH p. 73 (d) ; Dreamwork p. 81 (a) ; E. Brown p. 14 (a), p. 61 (c), p. 96 (a) ; E. Fontanille p. 24 (d), p. 53 (a), p. 64 (a), p. 71 (b), p. 80 (a), p. 85 (b), p. 90 (b) ; p. 102 (a), p. 120 (a), p. 164 (a), ; E. Isselée p. 30 (b) ; E. Mactans p. 136 (b) ; E. Webster p. 164 (b) ; Eléonore H. p. 215 (a) ; English Heritage p. 121 (a,b,c) ; F. Loudenot .27 (a), p. 143 (b), p. 148 (a,c) ; F. Vassen p. 77 (c) ; F. Decomite p. 38 (a) ; Finnegan p. 156 (b) ; Fl p. 131 (c) ; Francesco p. 166 (b) ; Frankwalker.de p. 11 (a) ; G. Batistini p. 137 (c) ; G. Bembridge p. 134 (a) ; G. Besnard p. 106 (b) ; G. J. Wood p. 33 (a) ; G. Kate p. 48 (b) ; G. Knight p. 146 (c) ; G. Knight p. 35 (c) ; G. Knight p. 97 (a) ; G. Samuels p. 112 (a) ; G. Tomlin p. 144 (b) ; Geffrye Museum p. 109 (a) ; Geofff p. 13 (a) ; H. R. Macdonald p. 125 (c) ; Hampton Court Palace p. 131 (a,b) ; Hornbeam Arts p. 149 (b) ; HRP p. 50 (a) ; I. Leonid p. 238 (a) ; I. Macaulay p. 118 (a) ; I. P. Duarte p. 169 (b) ; I. Peralta p. 52 (a) ; Igorfp p. 31 (a) ; Imperial War Museum p. 76 (a,b), p. 77 (a), p. 93 (a) ; IWM p. 92 (c) ; J-P Dalbéra p. 88 (c), p. 89 (c) ; J. Bahra p. 99 (a), p. 161 (c) ; J. Bointon p. 154 (a) ; J. Brett p. 120 (b) ; J. Chant p. 55 (b) ; J. E. Petts p. 145 (a) ; J. Esteban Egurrola p. 232 (a) ; J. Lim p. 147 (b) ; J. Linwood p. 130 (b) ; J. Morley p. 130 (a) ; J. Morrow p. 106 (a) ; J. Thompson p. 160 (a) ; Jacky p. 164 (c) ; Javier p. 123 (b) ; Jess R. p. 59 (b) ; Jimlinwood p. 168 (c) ; Jo Chambers p. 78 (a) ; John p. 78 (c) ; Juanfran p. 42 (a) ; Kidzania p. 29 (d), p. 53 (c) ; K. Erdős p. 149 (a) ; K. Hackert p. 125 (a) ; K. Lynam p. 157 (b) ; K. Mtp p. 52 (c) ; K. Roe p. 51 (c), p. 113 (c), p. 134 (b), p. 135 (b) ; L. Jackson p. 169 (a) ; L. Klimova p. 85 (a) ; L. Thumann p. 72 (b) ; Laika Ac p. 45 (c) ; Le Roi Lion p. 138 (a) ; Lego p. 133 (a,b,c) ; London Dungeon p. 84 (b) ;Lucky Dragon p. 140 (b) ; Lsantilli p. 182 (a) ; M. Aschehoug-Clautea p. 108 (b) ; M. Buck p. 36 (a), p. 81 (b), p. 126 (c) ; M. Liu p. 147 (c) ; M. Pettitt p. 35 (b), p. 36 (c), p. 141 (b) ; M. Tollerman p. 47 (c) ; M. Zappa p. 151 (c) ; Malte-Nils Sörensen p. 133 (a) ; Marcolavagnini p. 48 (a) ; Meneya p. 155 (b) ; Morgaine p. 117 (a) ; Mrkvica p. 148 (b) ; MrT HK p. 117 (c) ; MsSaraKelly p. 28 (a) ; Museum of London p. 107 (b), p. 127 (a) ; N. Bornemann p. 4 (c), p. 23 (d) ; N. Hotsuma p. 86 (a) ; N. Raymond p. 139 (a) ; Namco p. 143 (c) ; National Maritime Museum p. 95 (b) ; National Portrait Gallery p. 158 (c) ; Natural History Museum p. 44 (c) ; Nick p. 109 (b) ; Nico p. 24 (b) ; Niesim p. 60 (b) ; Orbit p. 126 (a,b) ; P-A Dutheil p. 31 (d) ; P. Fournier p. 47 (a) ; P. Hudson p. 117 (b) ; P. Jane p. 59 (a) ; P. Robertson p. 163 (c) ; P. Simpson p. 158 (b) ; P. Stark p. 27 (c) ; P. Terjan p. 52 (b) ; P. Winch-Furness p. 196 (a) ; Photo World p110 (c) ; Picsfive p. 30 (c) ; Pict Rider p. 93 (b) ; R. Black p. 4 (d) ; R. Cloff p. 13 (d) ; R. Debatty p. 128 (b) ; R. Gillin p. 55 (a) ; R. Hodgson p. 105 (b) ; R. Myerscough p. 15 (a) ; R. Stan p. 167 (c) ; R. Stan p. 49 (a) ; RAF Museum p. 124 (c) ; Rosa G. p. 94 (b) ; Royal Armouries p. 23 (d) ; Royal Collection p. 132 (b) ; RTimages p. 54 (a) ; S. Garcia p. 242 (a) ; S. Giusti p. 123 (c) ; S. Inacio p. 22 (d) ; S. Khan p. 37 (a) ; S. Krishnamurthy p (a) ; S. Pakhrin p. 147 (a) ; Sammy p. 4 (b), p. 22 (b) ; Saris0000 p. 142 (a) ; Sashkin p. 30 (a) ; Scanrail p. 4 (a) ; Sea Life London aquarium p. 86 (c), p. 87 (b), p. 91 (a), p. 141 (a) ; Son of Groucho p. 23 (a) ; Smuconlaw p. 159 (b) ; Springfield Gallery p. 13 (b) ; Stefan M p. 120 (c) ; T. S. Gidlof p. 90 (c) ; T. Vinicombe p. 134 (c) ; Tate Britain p. 79 (b) ; Tate Modern p. 29 (c), p. 88 (b),p. 89 (a,b) ; Teefa p. 155 (a) ; Thames Clippers p. 33 (b,c), p. 34 (a) ; The National Gallery p. 59 (c) ; Toanet p. 88 (a) ; Trecca p. 122 (c) ; V. Gasperini p. 14 (b) ; V&A Museum p. 46 (a), p. 47 (b), p. 111 (b) ; Vishpool p. 45 (a) ; W. Kusiak p. 247 (a) ; Wagamama p. 177 (a) ; Warner Bros. Entertainment Inc p. 135 (c), p. 136 (c), p. 137 (a,d), p. 157 (c) ; WITTY p. 3 (c), p. 174 (c) ; WWT Wetland Centre p. 129 (b) ; Xy p. 239 (a) ; York p. 44 (b) ; Z. Whisk p. 154 (c) ; ZSL p. 118 (c), .119 (a,b)

Illustrations

Sauf mention contraire, toutes les illustrations de ce guide ont été réalisées par notre talentueuse dessinatrice lili Bé